Erwin Maderholz

Hoch auf dem gelben Wagen

Erwin Maderholz

Hoch auf dem gelben Wagen

W. Ludwig Verlag

Meinen Enkeln
Michael und Thomas

Abbildungen mit freundlicher Genehmigung
der Gesellschaft zur Erforschung der Postgeschichte in Bayern,
des Bundespostmuseums in Frankfurt/Main
und des Postmuseums in Nürnberg.

2. Auflage 1990

ISBN 3-7787-2052-X

Printed in Germany
Druck und Bindung:
Kösel, Kempten

Inhalt

Königlich-Bayerische Post

Zum Geleit

Die Postkutsche ist ein Symbol für die „gute alte Zeit". Sie ist als eine Art Idylle auf Rädern überliefert. Nach landläufiger Ansicht wurde das Gefährt von einem schmucken Postillion begleitet, der ein strammes Rossepaar lenkte und auf dem Posthorn zu Herzen gehende Lieder blies.

Dieses Bild hat seinen Ursprung im 19. Jahrhundert, wo Dichter wie Joseph Freiherr von Eichendorff, Viktor von Scheffel und Nikolaus Lenau dem Postkutschenreisen gefühlvolle Verse widmeten. Ihresgleichen war auch der 1840 geborene Thüringer Rudolf Baumbach. Er trug den Beinamen „Butzenscheibenromantiker" und machte ihm Ehre mit Versen wie:

„Hoch auf dem gelben Wagen
Sitz ich beim Schwager vorn.
Vorwärts die Rosse jagen,
Lustig schmettert das Horn.

Berge und Wälder und Matten,
Wogendes Ährengold –
Möchte wohl ruhen im Schatten,
Aber der Wagen, der rollt.

Postillion in der Schänke
Füttert die Rosse im Flug.
Schäumendes Gerstengetränke
Reicht der Wirt mir im Krug.

Hinter den Fensterscheiben
Lacht ein Gesicht so hold.
Ich möchte so gerne noch bleiben,
Aber der Wagen, der rollt.

Flöten hör ich und Geigen,
Lustiges Baßgebrumm.
Junges Volk im Reigen
Tanzt um die Linde herum.

Wirbelt wie Blätter im Winde,
Jauchzt und lacht und tollt.
Ich bliebe ja so gerne bei der Linde,
Aber der Wagen, der rollt.

Sitzt einmal ein Gerippe
Dort bei dem Schwager vorn,
Schwingt statt der Peitsche die Hippe,
Stundenglas statt des Horn,

Sag ich ade nun ihr Lieben,
Die ihr nicht mitfahren wollt.
Ich wär ja so gerne noch geblieben,
Aber der Wagen, der rollt."

Kurbrandenburgische Personenpost im 17. Jahrhundert

Richtig volkstümlich wurden die Verse vom „Gelben Wagen" erst noch, als sie der junge Komponist Heinz Höhne 1922 vertonte. Der gleiche Dichter, der es schaffte, daß seine Leser in Fernweh schwelgten und Heimweh spürten, reimte ein andermal zum Thema:

„Es melden Bücher und Sagen
So manches Wunderding
Von einem gelben Wagen,
Der durch die Länder ging.
Die Kutsche fuhr, man denke,
Des Tags drei Meilen weit
Und hielt vor jeder Schenke.
O gute, alte Zeit!

Es ward von den Passagieren
Zuvor das Haus bestellt.
Sie schieden von den Ihren,
Als ging's ans End der Welt.
Sie trugen die Louisdore
Vernäht in Stiefeln und Kleid,
Im Sack zwei Feuerrohre –
O gute, alte Zeit!

Oft, wenn die Reisegenossen
Sich sehnten nach Bett und Wirt,
Da brummte der Schwager verdrossen:
Potz Blitz! Ich hab mich verirrt!
Von fern her Wolfsgeheule,
Kein Obdach weit und breit;
Es schnaubten zitternd die Gäule –
O gute, alte Zeit!

Auch war es sehr ergötzlich,
Wenn mit gewaltigem Krach
In einem Hohlweg plötzlich
Der Wagen zusammenbrach.
War nur ein Rad gebrochen,
So herrschte Fröhlichkeit.
Mitunter brachen auch Knochen –
O gute, alte Zeit!

Der Abenteuer Perle
War doch das Waldwirtshaus.
Es spannten verdächtige Kerle
Die müden Schimmel aus.
Ein Bett mit Federdecken
Stand für den Gast bereit,
Das zeigte blutige Flecken –
O gute, alte Zeit!

Und waren der Gäste hundert
Verschwunden im Waldwirtshaus,
Dann schickte der Rat verwundert
Berittene Häscher aus.
Die Leichen wurden gefunden,
Bestattet und geweiht,
Der Wirt gerädert, geschunden –
O gute, alte Zeit!"

Wie ist man auf der Postkutsche nun wirklich gereist? Wie schnell oder langsam, wie bequem oder unbequem, wie sicher oder gefährlich? War das Reisen Erleben oder war es Erdulden? Auf solche und ähnliche Fragen will dieses Buch eine Antwort versuchen. Es will ferner von den Betriebsmitteln der Post erzählen und von den Menschen, die als „Amtspersonen" die Post verkörperten – von ihren Aufgaben, ihrem Ansehen, der sozialen Stellung und von ihrem Alltag. Vorweg aber ist von den Anfängen der Nachrichtenübermittlung die Rede und von dem schauderhaften, postalischen Durcheinander, aus dem zu guter Letzt eine weltumspannende Einrichtung gewachsen ist, die wir heute mit großer Selbstverständlichkeit benutzen. Der Text stützt sich auf postgeschichtliche Literatur, die es seit Jahrhunderten gibt sowie auf zeitgenössische Postvorschriften und Polizeiberichte. Als Quelle dienten auch Akten der Königlich bayerischen Staatspost, die heute im Archiv der Oberpostdirektion München verwahrt sind, ferner die Zeitschriften „Archiv für Postgeschichte in Bayern" und „Archiv für deutsche Postgeschichte", die in München bzw. Frankfurt erscheinen.
Geschrieben ist dieses Buch in der Meinung, daß es zu einer Kulturgeschichte der Post und des Reisens ein wenig beiträgt. Nicht minder aber in der Hoffnung, daß es den Leser ein paar vergnügliche Stunden lang „Hoch auf dem gelben Wagen" entführt.

DEr poſt Reutter bin ich ge-
nandt/
Dem Hinckenden Bothen wol bekand/
Dieweil er iſt mein gut Geſell/
Drumb bin ich kommen auch zur ſtell/
Vnd wil euch machen offenbar/
Was ſich des Neun vnd Achtzigſt Jar/
Vor Wunder ferner han verlauffen/
Lieber lies mich/ vnd thu mich kauffen.

15  90.

Dem Poſt Reutter vorehrt zu danck/
Den groſſen Wilkumb/ machts nicht lang.

11 *Der Postreiter und der hinkende Bote (Flugblatt aus dem Jahr 1590)*

Nürnberger Briefbote im 16. Jahrhundert

Vor der Post gab es die Boten

„Der fängt bei Adam und Eva an", heißt es, wenn jemand weit ausholt, um etwas zu erzählen. Ein Thema, das sich in der Tat derart ausdehnen ließe, ist die Geschichte der Post, weil das Mitteilungsbedürfnis der Menschen und der Wunsch nach Kontakt zueinander so alt wie die Geschichte der Menschheit ist.

Über die Post sind im Verlauf der Jahrhunderte zahllose Bücher geschrieben worden. Die Verfasser waren Rechtsgelehrte und Politiker, Staatsökonomen und Historiker und nicht zuletzt eine Legion von Postgeschichtsforschern. Wir wissen von ihnen, daß es die Post, oder besser gesagt Einrichtungen, die man als solche verstehen konnte, tausend und noch mehr Jahre vor unserer Zeitrechnung z. B. bereits in China gab. Auch die Perser, die alten Griechen und die ägyptischen Pharaonen wußten bereits eine „Post" zu schätzen. Im europäischen Kulturkreis ist die römische Staatspost, der „cursus publicus", berühmt geworden, ohne den die Römer in ihrem ausgedehnten Reich nicht hätten bestehen können. Damit die Geschichte nun nicht tatsächlich ins Uferlose gerät, mag es mit dieser von weit hergeholten Aufzählung genug sein.

Nach dem Untergang des römischen Imperiums gab es in Mitteleuropa lange Zeit keine staatlichen Einrichtungen mehr, die den Namen einer organisierten Verkehrsanstalt verdient hätten. Um das Jahr 800 schuf zwar Karl der Große einen staatlichen Beförderungsdienst, dieser hatte jedoch ebensowenig Bestand wie die Vorläufer im Altertum.

Einen regen Nachrichtenaustausch bauten die geistigen Zentren des Mittelalters, die Klöster, untereinander auf, die ja über das ganze Land verstreut lagen. Die „Klosterboten" waren zu Fuß unterwegs und galten als besonders zuverlässig. Sie nahmen auch private Nachrichten mit und erhielten als Entgelt für ihren Dienst Verpflegung und Unterkunft geboten; bisweilen aber auch ein Reisegeld. Welche nahezu unglaublich langen Strecken solche „Bettelmönche" hinter sich brachten, beweist eine Art Rundschreiben, „rotula" genannt, das von der Benediktinerabtei St. Lambrecht in der Obersteiermark seinen Ausgang nahm. Der hierzu verwendete Pergamentstreifen ist fünf Meter lang und 12 ½ cm breit und enthält 200 Eintragungen von Klöstern in der Steiermark, Ober- und Niederösterreich, Bayern, Württemberg, Baden, der Schweiz, dem Elsaß und Nordwestdeutschland, die der Bote im Verlauf von zehn Monaten besucht hat. Auf diese Weise erfuhr man das „Neueste".

Neben den Klosterboten zogen seit dem 12. Jahrhundert auch die sogenannten Universitätsboten des Weges. Ihre Aufgabe war es, den Gedankenaustausch zwischen den Professoren der einzelnen Hochschulen zu vermitteln. Außerdem hielten sie die Verbindung zwischen den Studenten und deren Angehörigen aufrecht, indem sie Briefe, Geld und Kleidung beförderten. Am besten organisiert war die Botenanstalt der Universität Paris mit ihrer Gliederung nach einzelnen Landsmannschaften. Von der Botenstube der Wiener Universität eilten die Boten nach Breslau, Leipzig, Nürnberg, Prag, Linz usw. Daß sie wirklich geeilt sind, läßt sich von ihrem Beinamen „fliegende Boten" ableiten. Die Universitätsboten waren beritten und sollen mit Pferd und Wagen manchmal auch schon Personen befördert haben. Das Absteigen der Boten vom Pferd, um zu rasten oder um zu übernachten, findet sich in unserem Sprachgebrauch noch in der Redewendung vom „absteigen" in einem Hotel oder Gasthaus.

Dem aufstrebenden Handelsstand nutzten Postverbindungen bestimmter Gesellschaftsschichten, die sich mehr oder minder zufällig anboten, recht wenig. Fast zwangsläufig mußten deshalb die Kaufmannsboten auftauchen. Sie wurden zunächst bei Bedarf eingesetzt. Später lohnte sich bereits die Zuteilung einzelner Strecken an bestimmte Boten. Diese Strecken führten oft weit aus Deutschland hinaus, wie etwa nach Venedig, wo es seit dem 11. Jahrhundert ein deutsches Warenlagerhaus gab. In der Regel trugen die Kaufleute einer Stadt die Kosten einer Botenanstalt gemeinsam. Dagegen unterhielten große Handelshäuser wie die der Fugger oder Welser in Augsburg eigene Botenverbindungen zu den wichtigsten Handelsplätzen. Der mittelalterliche Handel erreichte mit der Gründung von Handelsgesellschaften seinen Höhepunkt. Zum Schutz der gemeinsamen Interessen wurden Bündnisse abgeschlossen, die sich zu förmlichen Städtebünden auswuchsen. Neben dem Rheinischen und dem Schwäbischen Städtebund war es vor allem die Hanse, die sich hervortat. Mittelpunkt ihres Wirkens waren Lübeck, Danzig, Braunschweig und Köln. Ihr Reise-, Güter- und Nachrichtenverkehr erstreckte sich im Osten über Rußland bis nach Asien und im Westen über Flandern bis in das südliche Europa. Die Hauptstützpunkte des Außenhandels mit Lagerhäusern und Kontoren befanden sich in

15

Der kleine Postreiter

London, Brügge, später Antwerpen, Bergen und Nowgorod. Nach der Überlieferung betrieb die Hanse vier Hauptbotenzüge. Der erste führte von Hamburg aus über Lübeck, Rostock, Stettin, Danzig und Königsberg nach Riga. Der zweite, der ebenfalls in Hamburg begann, zog sich in einem Zweig über Bonn nach Amsterdam und in dem anderen über Celle und Braunschweig nach Nürnberg. Von Nürnberg, dem Stapelplatz zwischen Hamburg und Italien, lief der dritte Botenzug nach Salzburg und Wien, aber auch nach Stuttgart, Leipzig und Breslau. Der vierte Kurs schließlich nahm von Köln seinen Ausgang. Kölner Boten verbanden die Stadt mit Augsburg, Nürnberg, Aachen und Amsterdam.
Wie den Universitätsboten wurde auch den Kaufmannsboten eine große Geschwindigkeit nachgerühmt, die angeblich dazu beitrug, daß der Handelsstand manchmal lange vor dem Kaiser über politisch wichtige Nachrichten informiert war. Gemessen an ihrer Bedeutung, ist über die Kaufmannsboten sehr wenig überliefert. Das ist deshalb verwunderlich, weil die „Geschäftspost", wie man sie nennen könnte, zu ihrer Zeit von keiner vergleichbaren Einrichtung übertroffen wurde.
Ebenbürtig waren ihr allenfalls noch die Botenanstalten der Städte, die sich im 13. Jahrhundert gebildet und mit ihren Botenkursen die Länder Mitteleuropas überzogen hatten. Die Städteboten reisten zu Fuß, aber auch mit Pferd und Wagen und wurden von Botenmeistern beaufsichtigt. „Die so reuten und fahren", heißt es in einem alten Werk, „haben gemeiniglich etwas weite Reisen nach berühmten Residenz- und Handelsstädten, daher sie nicht nur die Reisenden, mit sich führen, sondern auch Brieffe, Paquete und andere Waren, die in den Boten-Häussern, als welche man in großen Handelstädten angeordnet findet, aufgezeichnet werden."
Die Städteboten unterschieden sich in Rats- und gewerbliche Boten. Als solche wies sie ein Abzeichen mit dem Stadtwappen aus, das auf der Brust getragen wurde, ferner ein „Patent" genannter Paß, um allerorts „Fürschub und Fürdermuß" zu bewirken. Zur Aufbewahrung der Briefe dienten Büchsen, die nur von den Boten verwendet werden durften und außerdem auch lederne Taschen. Als Bewaffnung trugen die fußgehenden Boten einen Speer, die berittenen waren mit einem Schwert ausgerüstet. Die Städteboten mußten sich bereits an bestimmte Vorschriften, die „Boten-Ordnung" halten und sich eidlich verpflichten, ihren Dienst treu zu erfüllen. Dieses Verlangen war für

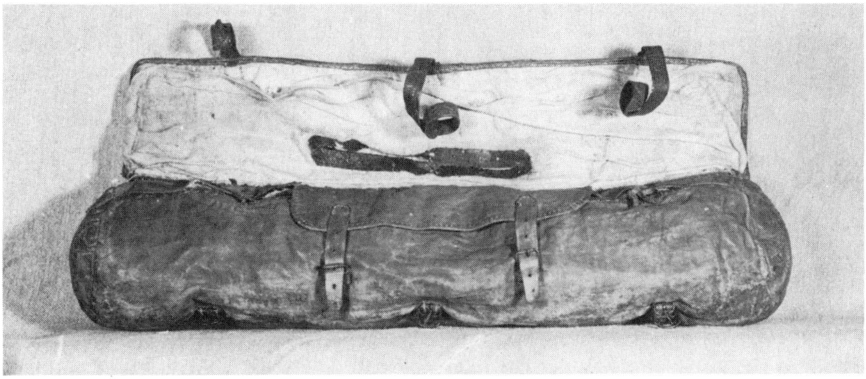

Postfelleisen (18. Jahrhundert)

manchen Boten leichter beschworen als gehalten, will man einem mittelalterlichen Schreiber Glauben schenken. Er berichtete, daß die Boten „Allerhand Beschwerung auf dem Wege dabei müssen ausstehen, von Banditen, Räubern, Spitzbuben, Mördern, item von Wasserfluten, zerbrochenen Brücken, Ungewitter, Regen, Kot, Hitze, Frost, Schnee, Wind, in summa tausenderlei Unfall. In Kriegs- und Pestilenzläufen haben die Boten ihr größtes Fieber, sintemal es dann nirgends mit ihnen fortwill, sondern werden überall aufgehalten, die Briefe und Geld genommen, die Haut vollgeschlagen und was dergleichen Unfälle mehr sind."

Nach alldem durften die Boten beileibe keine zimperlichen Gesellen sein. Manche waren es freilich so wenig, daß sie mit ihrem schlechten Ruf dem Gewerbe schadeten. In der Literatur der damaligen Zeit wurden sie oft – ganz gewiß zu Unrecht in Bausch und Bogen – der Völlerei, der Unzuverlässigkeit und der Geschwätzigkeit bezichtigt. Von ihren Fehlern hieß es: „Was aber die Boten selber anbelangt, findet man auch ihre Mängel. Denn beneben anderer Untreu, so offtermahls gespüret wird, daß sie die Brieffe aufbrechen, die Siegel verfälschen, Heimlichkeiten verrathen, sind sie auch meisterlich darauf abgerichtet, daß sie Päck und Geld aufmachen, verspielen, versauffen etc., und geben hernach für, sie seyn angegriffen worden, beklagen sich auch ihres Leibs, als übel geschlagen, und reden den Leuten einen solchen Seubert ein, daß sie Mitleyden mit ihnen haben, und ihnen noch Geld dazu geben. Und wenn ihnen solches einmal angehet, wagen sie es noch mehr. . ."

Postbote im 16. Jahrhundert

Unter den Städten, die einen regelmäßigen Botendienst besaßen, ragen Frankfurt, Köln, Augsburg, Nürnberg, Bamberg, Schweinfurt und Lüneburg hervor. Der Messeplatz Leipzig unterhielt Botenverbindungen nach Augsburg, Nürnberg, Braunschweig, Magdeburg, Hamburg, Kölln (Berlin-Neukölln), Dresden, Prag und Wien.
Etwa zur gleichen Zeit, als sich in den Städten das Botenwesen ausbildete, entwickelte sich in Ost- und Westpreußen das Nachrichtenwesen des Deutschen Ritterordens. Von Marienburg aus reichten die Verbindungen des Ordens zu den Niederlassungen in Mittel- und Süddeutschland, Flandern, Burgund, Frankreich und Italien und hier insbesondere nach Rom, so daß einzelne Boten sogar als „Romläufer" bekannt wurden. Bei günstiger Witterung dauerte eine solche Reise zwei Monate. Die „Ordenspost" war straff organisiert. Sie wurde vom Ordensmarschall geleitet, dem berittene „Briefjungen" unterstanden. Ihre Aufgabe bestand darin, die Briefsäcke entweder von Ordenshaus zu Ordenshaus oder auch durchgehend bis zum Ziel zu

befördern. Die Einrichtung blieb ausschließlich der Ordensregierung vorbehalten; selbst Briefe von Ordensangehörigen durften nur mit besonderer Genehmigung mitgenommen werden.
Mit den Boten des Deutschen Ritterordens ist die Aufzählung noch keineswegs erschöpft. In wessen Auftrag andere ihr Geschäft ausüben, verraten zumeist die Namen. Da gab es die landesherrlichen Boten, dann Ämterboten, eigene Gerichtsboten, Adelsboten, Kanzlei- oder Ratsboten, in Preußen viel später noch die Schulzen- und Dragonerposten und nicht zu vergessen, die Landboten und die Gelegenheitsboten. Eine Besonderheit waren in Süddeutschland, vor allem im Württembergischen, die Metzgerposten. Die Metzger kamen auf ihren ausgedehnten Ritten und Fahrten „ins Gäu" auch in die Gegenden abseits der Hauptstraßen. Wenn sie von dort Nachrichten, Waren oder Personen mitnahmen, war es zunächst wohl eine Art Kundendienst, der sich aber allmählich zu einem Nebengewerbe auswuchs. Dies um so mehr, als sie schließlich mancher Magistrat zum Botendienst förmlich unter Vertrag nahm und dafür die Befreiung von Abgaben gewährte. Auf ihre Verträge pochten die Metzger noch, als die Post längst zum Staatsmonopol erklärt worden war.
Außer den privilegierten Städteboten, die „Ordinari-Boten" hießen, bestanden über Jahrhunderte nur die Botendienste, die vom Handelsstand und anderen Personen privat betrieben wurden. Als Nebenboten hatten sie kein leichtes Los. Immer wieder in ihrer Existenz bedrängt, haben dennoch viele die schlimmsten Zeiten überlebt und manche firmieren sogar in unseren Tagen als namhafte Transportunternehmen.
Die Botenanstalten waren die Vorläufer der Post. Keine wies jedoch alle die Merkmale zusammen auf, die nach unserem Verständnis das Wesen der wirklichen Post ausmacht. Was diesen Begriff rechtfertigt, hat noch niemand in einen kurzen Satz kleiden können, um so weniger, als sich der Begriff mit neuen Diensten ständig erweitert hat. Nach neuerer Auffassung ist die Post „eine dem Gemeinwohl bestimmte, dauernd betriebene staatliche Anstalt zur Beförderung von Personen, Nachrichten und Kleingütern sowie zur Abwicklung von Geldverkehr und Urkundgeschäften, die ihre Einrichtungen jedermann gegen verordnete Benutzungsbedingungen, nach bestimmten Verkehrsplänen und unter Verwendung aller zur Beschleunigung des Betriebs dienenden Verkehrsmittel zur Verfügung stellt."

Der Neüe Allamodische Postbot.

Ich bin die Post zü Füß: Ich trage diß; ünd das:
Denck an den kühlen Wein, so bald ich werde naß:
Geh ich dürch einen Thal, ünd höre Vögel singen,
so denck ich zü dem Tisch, da die Schalmeyen klingen
Ich gehe dürch den Wald ünd manchen Dörner Straüß;
ünd traüre, daß noch weit ist zü deß Wirthes haüs.

Geh ich aüf einen Weg da fleüsst ein Wässerlein,
So denck ich Morgens gleich an den gebränden wein
So bald ich angelangt, will jeder Zeitüng fragen:
Da kan ich unverschnaufft, 12 Düzet Lügen sagen
Fraü wirtin traget aüf, ünd setzt daß beste zü;
Es zahlen diese Zech, deß Botten neüe Schüh.

Paulus Fürst Excudit.

Die Postpraxis der Herren von Thurn und Taxis

Die Geschichte der deutschen Post ist auf das engste mit dem Namen der Familie Thurn und Taxis verbunden. Als „obriste Postmeister" betrieben die Taxis im Auftrag und unter dem Schutz der deutschen Kaiser Jahrhunderte die Reichspost als Lehenspost. Dementsprechend ist ihre Geschichte schicksalhaft mit dem Herrscherhaus der Habsburger verknüpft.

Es begann damit, daß der Erzherzog und nachmalige Kaiser Maximilian I. im Jahre 1477 Maria von Burgund, eine Tochter Karls des Kühnen, ehelichte. Diese Heirat brachte ihm zu den althabsburgischen Ländern Österreich, Steiermark, Kärnten und Krain auch das Gebiet der heutigen Niederlande und Teile des heutigen Belgien mit der Hauptstadt Brüssel ein. 1490 erbte Maximilian von seinem Vetter Sigismund dazu noch das Land Tirol. Im gleichen Jahr drang Maximilian siegreich in Ungarn ein und wurde außerdem Alleinbesitzer der böhmischen Erblande. Diesen ausgedehnten Länderkomplex auch nur in loser Verbindung zu halten, erforderte zwischen dem Herrscher und seinen Statthaltern, Pflegern und Beamten einen zuverlässigen und lebhaften Nachrichtenverkehr. Maximilian ebnete diesem Verkehr den Weg, indem er Innsbruck zum Verwaltungsmittelpunkt bestimmte und danach trachtete, von dort aus Verbindungen zu seinem jeweiligen Aufenthaltsort herzustellen. Es wird angenommen, daß ihm dabei das Beispiel der französischen Stafettenreiter vor Augen stand. Von diesen, mit „postes" bezeichneten Botenritten soll auch das Wort Post hergeleitet sein. Die Wurzel des Wortes steckt vermutlich in dem „Posita statio equorum" der römischen Staatspost, die mit dem Ende der Römerherrschaft verschwand.

Zu den Leuten, die von der Nachrichtenübermittlung etwas verstanden, zählten damals Angehörige der Familie Tassis. Sie waren im langobardischen Cornello nördlich von Bergamo beheimatet und übten Kurierberufe aus. Ihre Herkunft von italienischen Vorfahren „della Torre", zu deutsch „vom Thurm", brachten die „Tassis" in dem entsprechenden Doppelnamen zum Ausdruck, unter dem sie international bis in unser Jahrhundert bekannt sind: „Thurn und Taxis."

Ein Joanettus de Pergamo, der wahrscheinlich mit Janetto von Tassis personengleich ist, war als päpstlicher Kurier wiederholt an den

habsburgischen Hof gekommen. Ihn berief Maximilian in seine Dienste nach Innsbruck. In kaiserlichem Sold scheint sein Name erstmals in den Tiroler Rechnungsbüchern vom Jahr 1490 auf, wo es heißt, daß an „Johannetn Daxen, Obristn Postmaister durch Waptistum (Baptista) seinen Vettren (Vetter) zur nottdorft der Post" 300 rheinische Gulden verausgabt wurden. Eine Zahlung von 25 Gulden ist an „franziskum seinen brueder" ausgewiesen.
Franz von Taxis, um den es sich hier handelt, ist später niederländischer Generalpostmeister geworden. Er wird vielfach als der „Erfinder" der Post bezeichnet. Die Erfindung bestand darin, daß Taxis eine Kette von Stationen aufbaute, wo Roß und Reiter wechseln konnten, im Gegensatz zu früher, wo ein und derselbe Bote eine Nachricht vom Absender zum Empfänger trug. Nach dem neuen System kam eine Nachricht täglich etwa 160 Kilometer vorwärts, während die alte Leistung bei 25 Kilometern lag.
Über die erste deutsche, von den Taxis geschaffene Postlinie berichtet eine Memminger Chronik zum Jahr 1490: „In diesem Jahr fiengen die Post an bestellt zu werden auf Befelch Maximilians I. des römischen Königs, von Österreich biss in Niderland, in Frankreich biss nacher Rom." Und weiter: „Es lag allweg 5 Meil wegs ein Post von der andern, einer war zu Kempten, einer zu Bles (Pless, nördlich von Memmingen), einer an der Bruck zu Elchingen (donauabwärts nicht weit von Ulm) und also fortan immerdar 5 Meil wegs von einander und must alweg ein Post des andern warten, und so bald der ander zu ihm ritt, so bliess er ein hörnlein, das hört ein bott der in der Herberg lag und must gleich auf sein. Einer musste all Stund ein Meil, das ist 2 Stund weit reiten oder es ihm am Lohn abgezogen, und musten sie reiten Tag und Nacht. Also kam offt in 5 Tagen ein Brieff von hier bis nacher Rom."
Die ersten Postlinien dienten zunächst nur der Hofpost, nicht der Allgemeinheit, und mußten deshalb aus der Staatskasse finanziert werden. Wenn sich Maximilian I. mit dem Zahlen Zeit ließ – das soll öfter vorgekommen sein – dann ließ Taxis auch seine Postreiter warten. So ist zu verstehen, daß ihm einer schrieb: „. . . lieber Herr Postmaister schickt uns gelt. Denn wir haben gar kains mer. Können nit ein Eisen dem Gaul anschlagen. Auch sind wir den Wirten schuldig, und sagen, sie wollen uns bald die Roß nehmen für die Schuld, das wir bei ihnen verzehrt haben. . ."
Vielleicht wäre die Einrichtung zunächst wieder abgekommen, wenn

Franz von Taxis, Generalpostmeister

Postreiter um 1520

sich die Taxis mit der Zeit nicht auf eine Weise schadlos gehalten hätten, von der auch der Kaiser und seine Nachfolger Nutzen zogen. Dieser Nutzen entstand durch die Beförderung von Privatbriefen auf der ursprünglich nur für staatliche Zwecke eingerichteten Post. Die Einnahmen daraus ermöglichten es den Taxis, die Postlinien auszubauen und zu vermehren, ohne auf einen staatlichen Unterhalt angewiesen zu sein. Von Brüssel aus, das die Taxis sogleich der Post angeschlossen hatten, führten sie eine Abzweigung nach Frankreich, Wien wurde Ausgangspunkt einer Linie durch Tirol nach Mailand, Venedig und Rom. Es folgten Kurse zwischen Nürnberg, Frankfurt a. Main und Schaffhausen und schließlich wurde im Norden Hamburg erreicht. Über Frankreich bis zum spanischen Hof sandten die Taxis ihre Posten, als Philipp, der Sohn Maximilians I. durch Heirat König von Kastilien geworden war.

Derart gute und treue Dienste fanden ihren Lohn 1595, als Leonhard I. von Taxis von Kaiser Rudolf II. zum „Generaloberstpostmeister des Heiligen Römischen Reiches Deutscher Nation" ernannt wurde. Zwanzig Jahre später erhielt der Nachfolger Lamoral von Taxis dieses Amt für sich und seine Nachkommen als erbliches Lehen übertragen. Die Leitung des Unternehmens befand sich zuerst in Brüssel, später in Frankfurt a. Main und schließlich in Regensburg, wo die Familie heute noch ansässig ist.

Lamoral von Taxis, Reichs-General-Postmeister

Auf die territorialen Rechte und die Einsprüche der deutschen Landesherren, durch deren Gebiete die Kurse der Reichspost zogen, nahmen die Taxis wenig Rücksicht. Sie wußten sich im Schutz des Kaiserhauses, das den Postbetrieb als ein ausschließlich ihm vorbehaltenes Recht beanspruchte, das es nach seinem Ermessen ausüben lassen konnte.
Die Vorteile der Anstalt lernte vor allem bald der Handel schätzen, der „die Erfindung der Posten" als eine der „Glückseligkeiten jetziger Zeit" pries. „So zog sich", wie es in einem alten, postgeschichtlichen Werk heißt, „auf die neue taxissche Post eine so unbeschreibliche Menge Briefe zusammen, daß der von Taxis einen so reichen Überfluß von Geld hatte, als kaum ein mäßiges, deutsches Fürstentum austragen konnte." In diesem Sinne äußerte sich auch das Unternehmen einmal, indem es den jährlichen, reinen Überschuß von der Reichspost auf 100000 Dukaten bezifferte. „Denn", so verriet man, „es sei ein solcher Brunnen, darinnen alle Quellen zusammenflößen."
Angesichts solcher Erfolge traten schnell jene Kreise auf den Plan, die sich durch das Reichspostwesen finanziell oder in älteren Rechtsansprüchen benachteiligt fühlten. In fortwährender Fehde lagen die Taxis mit dem altüberkommenen Botengewerbe, insbesondere aber mit den städtischen Botenanstalten, die das einem „Fremdling" erteilte, ausschließliche Privileg der Postbeförderung nicht anerkennen mochten und sich deshalb wenig darum scherten. Das „Nebenpost- und Botenwesen", obwohl zu wiederholten Malen verboten, lieferte der Reichspost unentwegt Grund zu juristischen Gefechten, nicht minder aber gab es auch regelrechte Straßenkämpfe, wobei sich die verfeindeten Parteien wie in Zeiten des Faustrechts auf offener Landstraße gegenseitig „niederwarfen" und die Postsendungen abnahmen. Weniger brachial, jedoch nicht minder wirkungsvoll war die Verweigerung des gegenseitigen freien Durchgangs oder des Pferdewechsels, das absichtliche Hinhalten der Posten an Zoll- und Fährstellen und nicht zuletzt das nächtliche Aussperren der Konkurrenz vor den Stadttoren.
Jene deutschen Landesherren, die den Taxis verübelten, daß sie die Post ungefragt über fremdes Territorium führten, klagten mit Vorliebe wegen der Mißachtung ihrer Landeshoheit gegen die Reichspost. Den Grund zu Klagen lieferten die Vertreter der taxisschen Post häufig wohl auch durch ihr eigenes Verhalten. Insbesondere traf

manchen der Vorwurf, Gebühren nach Willkür zu fordern und so gehässig und überheblich aufzutreten, wie es einem „Ausländer" nicht zukam.
Als erster wandte sich Kurfürst Friedrich Wilhelm von Brandenburg-Preußen offen gegen die Reichspost, die er „ganzt verdrehet" fand. Er teilte dem Reichsgeneraloberstpostmeister von Taxis 1651 kurz und bündig mit, daß er in seinem Land bereits eigene Posten angelegt habe und „dahero zur Vermeidung von allerhand Ungelegenheiten keine andern gedulten könne." In der Tat hatte der Große Kurfürst bereits einen Hauptpostkurs von Memel bis nach Kleve am Niederrhein – also von Osteuropa nach Westeuropa – einrichten lassen, auf dem zweimal wöchentlich reitende Postillione mit stationsweisem Wechsel verkehrten. Diese Linie wurde zum Rückgrat der preußischen Post. Dem Hauptkurs schlossen sich bald darauf Abzweigungen von Königsberg nach Warschau, von Kleve nach Amsterdam und von Halberstadt nach Kassel an. Dieser letztgenannte Kurs entwickelte sich zu einem der wichtigsten Verkehrswege der brandenburgisch-preußischen Post durch die Gebiete am Ober- und Mittelrhein nach der Schweiz und Südfrankreich. Auf dieser Linie wurden deshalb schon 1693 neben der Reitpost sogenannte fahrende Posten zur Personen- und Güterbeförderung verwendet. Zwischen Kleve und Köln und später auch zwischen Kleve und Nymwegen besorgte ein brandenburgischer Hofmusikus als „Subunternehmer" mit kurfürstlichem Privileg die Postgeschäfte.
Auch gegen die brandenburgisch-preußische Post als einer „rechts- und verfassungswidrigen Anstalt" ging die Reichsgewalt nahezu unentwegt und mit Vehemenz vor, ohne etwas auszurichten. Die taxissche Postverwaltung versuchte u. a., das Konkurrenzunternehmen gegen seine Nachbarn zu isolieren und den auswärtigen Verkehr umzuleiten. Der brandenburgisch-preußischen Post gelang es, den bedeutenden Postverkehr zwischen Holland und Österreich, der auf dem taxisschen Postkurs über Nürnberg und Leipzig lief, über Berlin und Breslau abzulenken. Den österreichischen Generalpostmeister, der diesen Plan erst billigen mußte, hatten die Preußen durch „Überschickung einer wohlgemachten Berliner Chaise" in ihrem Sinne „günstig gestimmt."
Zwischen der taxisschen und der preußischen Post gab es zeitweise in einem wesentlichen Punkt Übereinstimmung: Beide Verwaltungen baten für ihre Dienste kräftigst zur Kasse. Das ging so weit, daß der

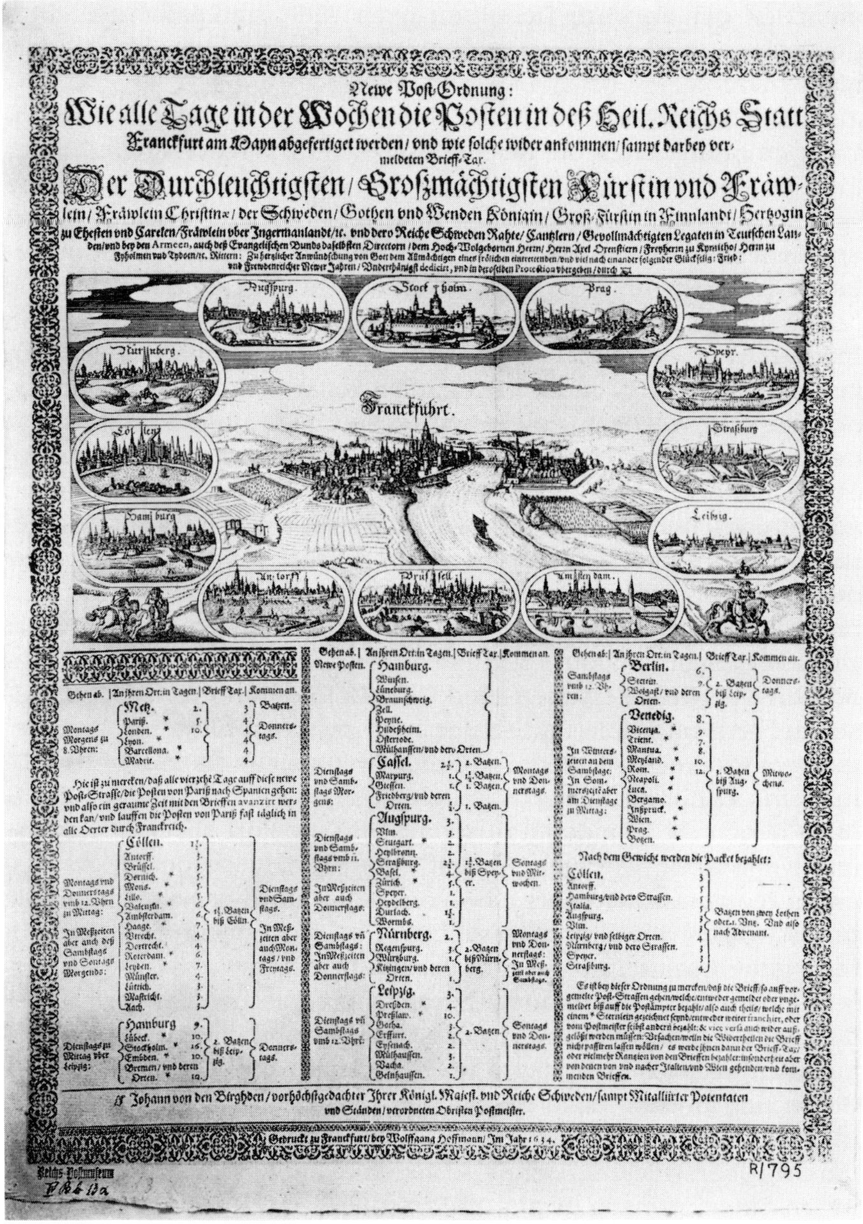
Newe Post-Ordnung:
Wie alle Tage in der Wochen die Posten in deß Heil. Reichs Statt Franckfurt am Mayn abgefertiget werden/ und wie solche wider ankommen/ sampt darbey vermeldeten Brieff-Tax.
Der Durchleuchtigsten/ Großmächtigsten Fürstin und Fräwlein/ Fräwlein Christinæ/ der Schweden/ Gothen und Wenden Königin/ Groß-Fürstin in Finnlandt/ Hertzogin zu Ehesten und Carelen/ Fräwlein uber Ingermanlandt/ etc. und dero Reiche Schweden Rahte/ Cantzlern/ Gevollmächtigten Legaten in Teutschen Landen/ und bey den Armeen, auch deß Evangelischen Bunds daselbsten Directorn/ dem Hoch-Wolgebornen Herrn/ Herrn Axel Orenstiern/ Freyherrn zu Kymitho/ Herrn zu Fyholmen und Tydoen/ etc. Rittern: Zu hertzlicher Anwündschung von Gott dem Allmächtigen eines frölichen eintrettenden/ und viel nach einander folgender Glückseelig: Fried- und Frewdenreicher Newer Jahren/ Underthänigst dedicirt/ und in dero selben Protection ubergeben/ durch

Johann von den Birghden/ vorhöchstgedachter Ihrer Königl. Majest. und Reiche Schweden/ sampt Mitallürter Potentaten und Ständen/ verordneten Obristen Postmeister.
Gedruckt zu Franckfurt/ bey Wolffgang Hoffmann/ Im Jahr 1634.

Verzeichnis der ankommenden und abfahrenden Posten in Frankfurt/ Main

preußische Graf v. Wartenberg schon bei seiner Verpflichtung zum Generalpostmeister im Jahre 1700 versicherte, er wolle „den Ertrag und Überschuß beim Postwesen so hoch treiben, als es das Publicum nur einiger Gestalt erleiden will." Die Postüberschüsse – im Jahre 1712 137450 Taler – mußten von Fall zu Fall an zuschußbedürftige Staatskassen abgeführt werden. Immerhin blieben die preußischen Postgelder somit öffentliche Mittel, während der Gewinn aus der Reichspost dem Hause Taxis zufloß.
Um das Postwesen seines Landes, das „vor den florissanten Zustand der Commercien hochnothwendig und gleichsam das Oel vor die ganze Staatsmaschine" sei, hat sich König Friedrich Wilhelm I. oft bis in das kleinste angenommen. Das beweisen seine zahlreichen, eigenhändigen Anmerkungen in den Akten. Als ihm das Finanzdirektorium vom Ausbau der Posten in Ostpreußen abriet, schrieb er beispielsweise an den Rand des Schriftstücks: „sollen die Posten anlegen in Preußen von Ort zu Ort, ich will haben ein landt, das kultivieret sein soll, höret Post dazu, sollen Brücken bauen und Posthäuser ist da Holtz genug."
Es dauerte nicht lange, bis das Streben nach eigenen Landesposten allerorten immer stärker hervortrat. Dahinter standen die bekannten politischen Interessen, bisweilen auch die Einsicht, daß Handel und Wandel davon profitieren würden und oft genug schlichtes Gewinnstreben. Friedrich Wilhelm I. nannte es später das Post*un*wesen des Heiligen Römischen Reiches Deutscher Nation, daß jeder Graf und Prälat, der ein paar Ellen Land besaß, eigene Posten unterhalten wollte. Wievieler zwischenstaatlicher Vereinbarungen es bald bedurft hätte, um das deutsche Postwesen damals unter einen Hut zu bringen, zeigt ein Blick in die Geschichtsbücher. Die Herzogtümer Bremen und Vorpommern sowie das Fürstentum Verden gehörten zu Schweden, Holstein und zeitweise auch Oldenburg zu Dänemark. Mit Brandenburg waren, voneinander durch fremde Hoheitsgebiete getrennt, im Nordosten Preußen und später Hinterpommern, im Westen Kleve, die Mark Ravensberg und Minden verbunden. Der Kurfürst von Sachsen war seit 1697 zugleich König von Polen, der Kurfürst von Hannover seit 1714 zugleich König von England und der Kurfürst von Hessen 1718–1752 zugleich König von Schweden. Diese Aufzählung will den Wirrwarr nur andeuten, denn in Wirklichkeit umfaßte das Reichsgebiet 114 deutsche Staaten und mehr als 300 selbständige Herrschaftsgebiete.

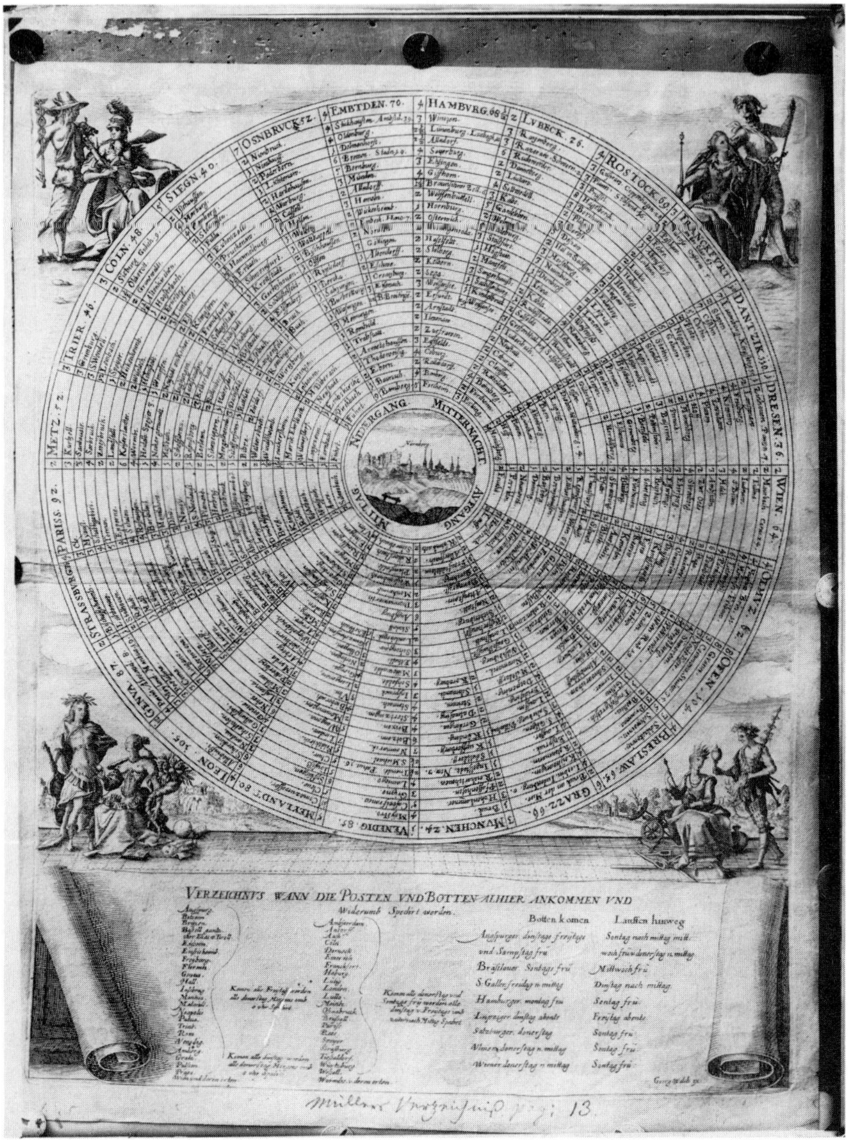

Ankommende und abgehende Posten und Boten in Nürnberg

Der politischen Zersplitterung des Reiches in kleine und kleinste Ländchen entsprach die postalische Aufspaltung wie etwa am Rhein und in Westfalen, wo es neben den preußischen noch kurkölnische, stadtkölnische, kurpfälzische, taxissche und fürstbischöfliche Posten gab. Ganz zu schweigen von vielen, amtlich genehmigten „Landkutschen" unter der Schirmherrschaft irgendeines Grafen oder Bischofs, die sich dafür mit einer jährlichen Abgabe bezahlen ließen. Neben dem Bischof von Münster leistete sich auch der Erzbischof von Salzburg ein eigenes Postwesen, ebenso die Herzöge von Mecklenburg und die Grafen von Ostfriesland. Dazu kamen in den Reichsstädten wie Danzig, Hamburg, Nürnberg und Köln bedeutende Botenanstalten. Auch die schlesischen Provinzialposten spielten ihre Rolle. Eigene Posten hatten in Süddeutschland vorübergehend auch Hessen-Darmstadt, Württemberg und Bayern. Sie konnten sich aber gegen die Reichspost nicht behaupten. Zu den bedeutendsten Territorialposten zählten neben den brandenburgisch-preußischen die sächsischen, die braunschweig-lüneburgischen und hannoverschen Landesposten sowie jene von Hessen-Kassel. Kurioserweise blieben die Taxis von ihrem kaiserlichen Protektor dort ausgeschlossen, wo sie im 16. Jahrhundert die ersten Hofpostkurse eingerichtet hatten: in den österreichischen Erblanden. Hier walteten im Auftrag des Kaisers die Grafen von Paar ihres Amtes. Wo sich Gebietsteile unter schwedischer Oberhoheit befanden, entstanden sodann noch schwedische Postämter, während die holsteinische Post von Dänemark verwaltet wurde. Ein dänisches Postamt gab es seit 1649 auch in Hamburg und dementsprechend einen Kurs, der über Flensburg und Lübeck nach Kopenhagen führte. Hamburg, Bremen und Lübeck wurden auch von der taxisschen Post bedient, die sich ihren Anspruch auf Zugang zu diesen bedeutenden Handelsstädten zu wahren wußte. Die preußische Post genoß in Hamburg ein besonderes Privileg. Sie durfte dort bis Mitternacht einreiten, während anderen Postillionen der nächtliche Zutritt verwehrt blieb. Deren „Felleisen" genannte, lederne Briefbehälter wurden an einem Seil hängend über den Stadtgraben gezogen.
Im 18. Jahrhundert entwickelte sich aus dem postalischen Chaos heraus allmählich die Einsicht, daß nur ein verträgliches Nebeneinander oder ein friedliches Miteinander dem Wesen und den Aufgaben der Post entsprechen konnte. Man begriff verschiedentlich, daß die Posten ineinandergreifen mußten und die Welt nicht an der Grenze des

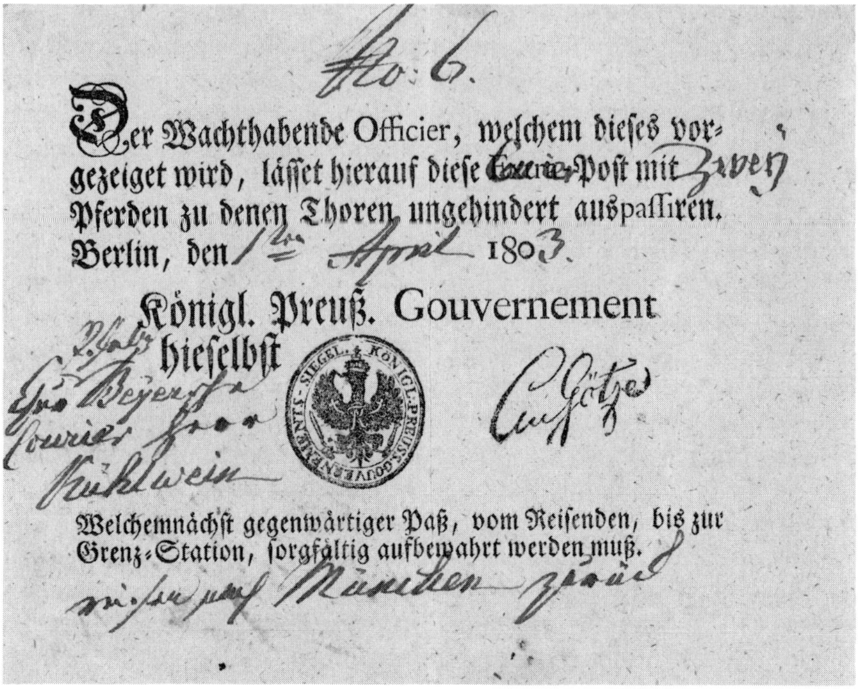

No: 6.

Der Wachthabende Officier, welchem dieses vorgezeiget wird, lässet hierauf diese Courier-Post mit Zwey Pferden zu denen Thoren ungehindert auspassiren.

Berlin, den 1ten April 1803.

Königl. Preuß. Gouvernement hieselbst

Götze

Welchemnächst gegenwärtiger Paß, vom Reisenden, bis zur Grenz-Station, sorgfältig aufbewahrt werden muß.

Passierschein aus dem Jahr 1802

nächsten Hoheitsgebiets zu Ende war. Es bildeten sich neue Formen des zwischenstaatlichen Verkehrs heraus. Die Reichsposten tolerierten die Landesposten und umgekehrt, vielfach traten die Landesposten Teile ihrer „Postgerechtsame" wie z. B. den Brieftransport an die Reichspost ab und behielten sich nur die Personenbeförderung vor und selbst Wettbewerbslinien mit dem gleichen Ziel auf verschiedenen Straßen konnten bestehen. Es wurde leichter, einfach durch fremdes Gebiet zu ziehen, hin und wieder durften im benachbarten Ausland Postillions- und Pferdewechselstationen eingerichtet werden und häufig entstanden sogar Kurse, die von verschiedenen Landesherren gemeinsam betrieben wurden. Man vertraute sich auch die Postsachen an den Landesgrenzen häufiger zum Austausch an oder war einverstanden, wenn ein Postmeister die Geschäfte gemeinsam für mehrere Landesherrn besorgte. In dieser Zeit fand das Reichspostwesen zu seiner höchsten Blüte; das Haus Thurn und Taxis stand auf dem Höhepunkt und erlebte seinen größten Glanz.

Diese fortschrittliche Entwicklung des deutschen Postwesens wurde jäh aufgehalten, als im Anschluß an die französische Revolution die Heere Napoleons Deutschland überfluteten und Europa aus den Fugen ging. Der Umsturz der alten Ordnung traf auch die Reichspost in ihrem Kern. Bereits 1790 gingen den Taxis die Posten in Flandern und Brabant verloren; in den österreichischen Niederlanden und dem linken Rheinufer fielen sie 1801 an Frankreich. Den entscheidenden Schlag erhielt die Reichspost im Jahre 1806, als sich 14 deutsche Staaten mit Ausnahme von Österreich, Preußen, Braunschweig und Kurhessen zum sogenannten Rheinbund zusammenschlossen und von der Reichsabhängigkeit lossagten. Kaiser Franz II. legte daraufhin die deutsche Kaiserkrone nieder. Mit diesem Verzicht erlosch auch der Erbanspruch des Hauses Taxis auf den Betrieb der Reichspost. Die deutschen Länder, die jetzt die uneingeschränkte Freiheit zur Einrichtung eigener Posten besaßen, übernahmen die taxissche Post teils in eigene Verwaltung gegen eine Entschädigung, wie es in Bayern und Baden geschah, teils wurde sie in ein Landeslehen umgewandelt. In Württemberg und im Großherzogtum Berg wurden die taxisschen Posten kurzerhand aufgehoben und durch den Staatsbetrieb ersetzt. Die norddeutschen Landesposten erfuhren, da sie ja längst Staatsbetriebe waren, keine Wesensveränderung. Sie erlitten jedoch große Gebietsverluste, die den politischen Verlusten entsprachen.
Die Taxispost, die ihr Unternehmen sowohl im Norden wie im Süden eingebüßt hatte, blieb nur noch im Gebiet der mitteldeutschen Kleinstaaten erhalten. Ihr Zentrum lag in der Hauptstadt des neugebildeten Großherzogtums Frankfurt am Main.

Mit dem Ausscheiden der Reichspost wurde das postalische Durcheinander nicht besser, sondern erneut schlechter. Denn während die Reichspost ohne wesentliche Behinderungen Grenzen überschritten und so den Fernverkehr zwischen wichtigen Haupt- und Handelsstädten besorgt hatte, zielten die Landesposten nur auf Verbesserungen innerhalb ihres Territoriums. Im vormaligen Reichspostgebiet schlugen sich jetzt 31 verschiedene Einzelpostverwaltungen herum. Nicht weniger als 26 davon drängten sich auf dem Gebiet des Rheinischen Bundes. Sie arbeiteten nach voneinander abweichenden Betriebsvorschriften und gestalteten Fahrpläne, die auf Anschlüsse nach außerhalb wenig Rücksicht nahmen. Zudem wurden die unterschiedlichsten Tarife gefordert, so daß bei den Grenzpostämtern ein umständliches Abrechnungsverfahren notwendig war. Das seinerzeit geläufige Wort vom „Post-Elend" war um so berechtigter, als es auf deutschem Boden immer noch auch dänische und schwedische und außerdem österreichische Postämter gab. Die Verwirrung wird am Beispiel Hamburgs deutlich, wo – noch 1864 – ein hansestädtisches, ein preußisches, ein hannoversches, ein dänisches, ein schwedisches, ein großherzogmecklenburgisches und ein Reichspostamt existierten. Der weiteren Entwicklung greift das Beispiel des Postamts Emden voraus, das 1807 holländisch war. Es wurde 1811 französisch, 1813 preußisch, 1815 großbritannisch-hannoverisch, 1837 hannoverisch, 1866 erneut preußisch, 1868 wurde es ein Postamt des Norddeutschen Bundes, von dem noch die Rede sein wird, und endlich 1871 einfach ein deutsches Postamt.

Den Weg zu „deutschen Postämtern" bereitete Preußen, das 1818 seine Binnenzölle abschaffte und 1834 einen Zoll- und Handelsvertrag mit Bayern, Württemberg, Sachsen, Hessen und Thüringen abschloß. Bis 1854 wurden die meisten deutschen Staaten darin Mitglieder. Wichtigste Beschlüsse des Deutschen Zollvereins waren die Festsetzung eines einheitlichen Zollgewichts und eine Verringerung der „Münzfüße" im Abrechnungsverkehr. Als prompte Reaktion trat eine Verkehrs- und Produktionssteigerung ein, die den Ruf nach einer Einheitspost immer lauter werden ließ. Ein erster Schritt hin zur Verwirklichung dieses Gedankens war der 1847 in Dresden auf preußische Initiative einberufene Deutsche Postkongreß, an dem die Vertreter von 17 Landespostverwaltungen teilnahmen. Wenn der Kongreß auch ohne greifbare Ergebnisse auseinanderging, so hatte er doch die Schwierigkeiten aufgezeigt, die sich dem Ziel durch die unterschiedliche Gesetzgebung der Länder und ihrer abweichenden Betriebsvorschriften, Tarife, Münzen, Maße und Gewichte in den Weg stellten. Den Durchbruch brachte schließlich das Jahr 1850, in dem ein Sondervertrag zwischen Preußen und Österreich zustande kam, dem unverzüglich Bayern beitrat. Der Vertrag wurde in seinen Grundzügen für die Einigung des Postwesens als so richtungsweisend anerkannt, daß sich ihm in kurzer Zeit alle deutschen Länder und die Thurn und Taxissche Postverwaltung anschlossen. Im einzelnen fielen zwischen den Vereinsländern die zeitraubenden kleinen Abrechnungen weg, die Transitgebühren wurden durch Pauschalzahlungen abgegolten und in der Annahme, daß jedem abgehenden Brief ein ankommender entsprach, behielt jedes Land die von ihm erhobene Gebühr für sich. Damit wurde möglich, was man so lange ersehnt hatte: die Freizügigkeit des Postverkehrs im gesamten Vereinsgebiet.

Zum neuen Jahr 1827, von F. v. Stadler.

Der Deutsch-Österreichische Postverein löste sich infolge des Krieges zwischen Preußen und Österreich zwar im Jahre 1866 auf, doch war die Einheit des Postwesens inzwischen so gestärkt, daß sie kaum Schaden nahm. An die Stelle der bisherigen Organisation trat ab 1868 die Post des „Norddeutschen Bundes". Dieser Bund war 1866 unter der Führung Preußens nördlich der Mainlinie als neues Staatengebilde entstanden. In ihm gingen auch die 19 in Deutschland noch vorhandenen taxisschen Postgebiete auf. Fürst Maximilian Karl von Thurn und Taxis, der letzte Post-Herr des Geschlechts, wurde mit drei Millionen Talern abgefunden. Die maßgebliche deutsche Postgeschichtsschreibung erkennt das Wirken der taxisschen Lehenspost mit den Worten an, „daß sie in den vorangegangenen drei Jahrhunderten innerhalb des vielgestaltigen, meist auseinanderstrebenden deutschen Staatsgefüges ein zusammenführendes Band gebildet und als ein nützliches Glied des öffentlichen Verkehrs zum Wohle des Ganzen gewirkt hat."
Außer beim Norddeutschen Bund bestanden 1868 selbständige Postverwaltungen nur noch in Baden, Bayern und Württemberg. Bei der Reichsgründung 1871 schloß sich die badische Post der Reichspost an, während Bayern und Württemberg erst 1920 auf ein eigenes Postwesen verzichteten. Die wechselseitigen Beziehungen der drei Verwaltungen untereinander waren indessen so eng und freundschaftlich, daß für den Postverkehr keine Hemmnisse mehr entstanden.

Von Straßen und von Reisekutschen

Straßen sind früher, von den Römerstraßen abgesehen, nicht künstlich gebaut worden. Sie entstanden auf höchst einfache Weise dadurch, daß zwischen zwei oder mehreren Orten ein regelmäßiger, steigender Querfeldeinverkehr von Personen, Reit- und Tragtieren einsetzte, der im Gelände Spuren hinterließ. So entstand ein Pfad. Lastfuhrwerke und Kutschen bahnten die geeignetsten Pfade zu Feldwegen. Ein solcher Feldweg konnte dann, wenn er 30 bis 40 Jahre oder mehr zu Handel und Wandel gedient hatte, mit „Wissen und Willen der Obrigkeit" zu einer Landstraße aufsteigen. Diese Landstraßen mußten unterhalten oder repariert werden. Dafür waren, je nach dem, die Regierung, die Städte oder Märkte oder die Grundherren zuständig. Unbezahlte Hand- und Spanndienste mußten die Anlieger leisten und als solche galten selbst jene noch, deren Grundstücke oft stundenweit von der Straße entfernt lagen. Das Geld für die Reparaturen brachte der Wegezoll, später „Chausseegeld" genannt, das jeden fremden Fuhrwerkslenker traf. Und als Fremder konnte schon gelten, wer in der angrenzenden Hofmark, oder im Nachbarort wohnte. Im Jahre 1490 – dem Geburtsjahr der Post in Deutschland – waren in München von dieser Straßensteuer sage und schreibe 90 000 Bauern- und Kaufmannswagen betroffen.
Daß man neben dem Wegezoll auch auf andere, zuweilen recht eigentümliche Einnahmequellen verfiel, um die Mittel für das Instandhalten der Straßen zu beschaffen, zeigt ein Auszug aus „SIGISMUNDI Reformation des weltlichen und Polizeywesens im Heil. Römischen Reich". Danach waren die wegen Zauberei, Kuppelei und Unzucht verhängten Geldstrafen zur Wegeverbesserung zu verwenden, denn, „was do die Unzüchter einnehmen, das soll auf die Ebenen und Pfizen gebraucht werden, wann als die Weg schwärlich unsauber sind, so soll man daß Geld männiglichen unter die Füße werfen; so würd das sündig Geld zu guten bracht, und wird die Sünd vertreten; also werden gute Straßen und soll niemand das Geld beseckeln, dann dazu es gehöret, es wär' anders aber eine große Tod-Sünd."
Das Geld nun wirklich für Straßenreparaturen auszugeben, das fiel den Einnehmern nicht weniger schwer als den Straßenanliegern der Scharwerksdienst. In aller Regel drückten sich denn auch beide Teile

Frachtwagen vor Nürnberg

von ihrer Pflicht und hielten es mit dem polnischen Sprichwort: „Am besten läßt man Gott die Wege bessern." Mit Gottes Hilfe wurden die Straßen tatsächlich zweimal im Jahr besser: im Sommer durch die Hitze und im Winter durch den Frost.
Was man unter einer Straßenreparatur verstand, ist durch die Redewendung „über Stock und Stein" überliefert. Sie stammt aus der Zeit, als es üblich war, die tiefsten Löcher und Geleise mit Steinen von den benachbarten Feldern, mit abgehacktem Strauchwerk und mit dem vom Regen abgeschwemmten Schlamm zu füllen. Die dementsprechenden Zustände schildert recht anschaulich ein Bericht aus jener Zeit, in dem es unter anderem heißt: „Die Straßen sind ziemlich breit, um nicht immer dasselbe Geleise fahren und dieses am Ende ganz unergründlich machen zu müssen. In den bergigen Gegenden sind die Landstraßen zwar auch breiter wie die Communalwege; diese haben überall nur eine Spur. Da sich auf diesen Vizinalwegen häufig

Wagen begegnen und ein Ausweichen unmöglich ist, müssen die Fuhrleute ständig mit der Peitsche knallen, damit ein ihnen begegnender Fuhrmann sich nicht gegen sie festfährt. Die Hohlwege sind mitunter so tief ausgefahren, daß der hochbeladene Wagen nicht aus ihnen herausragt und in Wäldern grünbedachte Tunnel entstanden sind, an deren Aushöhlung Jahrhunderte und viele Generationen gearbeitet haben. Nach Eintritt des Regenwetters arbeitet man sich so gut durch den Brei, als es gehen will, so daß nicht selten ein ganzer Tag damit hingeht, eine Stunde Wegs mit Hilfe drei- oder vierfachen Vorspanns zurückzulegen." Wie tief der „Brei" gelegentlich war, verrät eine Klage des Gemeindehirten von Sinbronn bei Dinkelsbühl, dem im Jahre 1597 „des bösen Wegs halber" drei Kühe stecken geblieben waren. „Die man kaum herausziehen konnte."
Besonders schlimm war es auch zur Zeit des Dreißigjährigen Krieges bestellt. „Die Straßen" so heißt es in einem Reisebuch von 1632, „sind so vor Gras und Unkraut überwuchert, daß man kaum das rechte Geleise finden mag." Der Autor schildert sie als „rauh, unlustig und tief" und einzelnen hat er sogar Beinamen wie „Mordweg" zugelegt. Nach seinen Ausführungen waren selbst zwischen bedeutenden Städten die Wege oftmals so grundlos, „daß 20 Pferde den Postkarren kaum durch den Dreck bringen können."
Unter den schlechten Wegen litt am ärgsten der Handelsstand. Häufige Beschwerden fruchteten indes kaum, da nicht wenige der unterhaltspflichtigen Grundherren und Wegzolleinnehmer die heillosen Wege so und nicht anders wollten. Durften sie doch lange Zeit das seltsame Recht der „Grundruhr" ausüben, das ihnen bei Rad- und Achsbruch Fahrzeug und Fracht des Verunglückten zusprach. Auch manche Posthalter drängten späterhin nicht sonderlich auf Besserung, denn schlechte Straßen verlängerten die Reisezeit und rechtfertigten verstärkten Vorspann, der wiederum mehr Geld brachte.
Wahre Gegner des Straßenbaus gab es nicht nur hierzulande. Sie saßen in ganz Europa und ihr gemeinsames Interesse, der Eigennutz, trieb oft die seltsamsten Blüten. Unübertroffen blieb hier ein Engländer, der sich in einer um das Jahr 1673 gedruckten Flugschrift gegen bessere Straßen und schnellere Verbindungen wandte und den herrschenden Zustand gar als lebenswichtig pries. Seine Polemik gipfelte in der Feststellung: „Das ganze Land wird ruinirt werden, besonders 40 oder 50 Meilen um die Hauptstadt herum, wenn die Straßen bedeckt sein werden durch Karavanen von Karos-

sen, die Gasthäuser werden sämtlich geschlossen werden müssen, denn man wird so schnell reisen, daß man nicht nöthig haben wird, einen Imbiß einzunehmen; die Race der ausgezeichneten englischen Pferde wird vernichtet werden, denn Niemand wird Reitpferde mehr brauchen, wenn er für einen mäßigen Preis sich von einer Stadt zur anderen fahren lassen kann. Auch die Manufakturen müssen darunter leiden, denn die Kleider, welche fortan weniger der Unbeständigkeit der Witterung ausgesetzt sind, werden sich zum großen Schaden der Schneider, Näher, Schuhmacher, Strumpfwirker x. weniger schnell abnutzen. Sollten diese unheilvollen Unternehmungen nicht vollständig unterdrückt werden, so werden 100000 Personen in kurzer Zeit dem Hungertode ausgesetzt sein."

Vierspänniger Frachtwagen

Mit dem Hungertod hatte es seine Weile. Als nämlich, so wird 30 Jahre später bezeugt, Prinz Georg von Dänemark den damaligen Bewerber um den spanischen Thron, den späteren Kaiser Karl VI. in Windsor besuchte, brauchte er für eine Strecke von neun englischen Meilen 14 Stunden, wobei „Se. Königliche Hoheit nur dann anhielt, wenn der Wagen umgeworfen wurde oder im Dreck stecken blieb."
Einige Straßen, die sich vom europäischen Standard vorteilhaft abhoben, besaß im 17. Jahrhundert nur Frankreich. Sie waren in hartem Frondienst von den Landbewohnern und Fuhrleuten geschaffen worden und erregten allgemein großes Aufsehen. Frau von Sevigné, eine zeitgenössische Chronistin, kam über diesen Fortschritt ins Schwärmen, als sie schrieb: „Es ist doch eine außerordentliche Sache um die Schönheit der Wege. Man hält keinen Augenblick still. Es sind Laufbahnen und Spazierplätze überall; alle Höhen sind abgetragen, die Straße zur Hölle ist ein Weg zum Paradies geworden.Aber nein, denn man sagt ja, daß der Weg zum Paradiese eng und mühselig sei und dieser ist breit, angenehm und herrlich. Die Intendanten haben Wunder vollbracht."
Im 18. Jahrhundert war der Straßenbau in Frankreich so weit fortgeschritten, daß sich das Land der besten Verbindungen Europas rühmen konnte. Ein neuer Begriff war entstanden: die „Chaussee". Die Chaussee vermied die Krümmungen der Naturwege, besaß einen festen Unterbau aus Steinen und eine gewölbte Decke aus Kies oder Sand und wurde von Entwässerungsgräben begleitet. Die bautechnische Leitung oblag Ingenieuren, für deren Ausbildung eine in Paris gegründete Fachschule, die spätere „Ecole Centrale des travaux publics" sorgte. Ihre Absolventen fanden sich bald auch nach Süddeutschland, in das Herzogtum Pfalz-Zweibrücken und in das Kurfürstentum Bayern berufen, um „Kunststraßen" anzulegen.
Deutschlands erste Chaussee wurde um 1750 zwischen Nördlingen und Öttingen gebaut, eine regelrechte Straßenbaubehörde gab es seit 1751 in München. Sie begann damit, die Straßen Landshut–Waldmünchen, Anzing–München und München–Wasserburg–Traunstein herzustellen; bis 1766 waren von den „in den Churlanden zu Baiern für dermal vorhandenen Haupt-, Land- und Commercialstraßen" fünf völlig und 17 weitere in Teilabschnitten „En chaussee" erhoben. Goethe, der, von Karlsbad kommend, 1786 eine dieser neuen Straßen, die „treffliche Chaussee von Granitsand" ab Tirschenreuth bereiste, rühmte diese: „Es läßt sich keine vollkomme-

nere denken, denn da der aufgelöste Granit aus Kiesel- und Tonerde besteht, so gibt es zugleich einen festen Grund und ein schönes Bindungsmittel, die Straße glatt wie eine Tenne zu machen. Da nun zugleich das Land abfällt, so kommt man fort mit unglaublicher Schnelle, die gegen den böhmischen Schneckengang recht absticht." Die „unglaubliche Schnelle", mit der Goethe fuhr, entsprach einer Geschwindigkeit von sechs Kilometern in der Stunde. Auf der Straße, die den Dichter so beeindruckte, mochte er sich einer Reise erinnert haben, die er 1765 von Frankfurt am Main nach Leipzig unternommen hatte. Er berichtet darüber in seinen Lebenserinnerungen: „Wir fuhren zwischen Hanau und Gelnhausen bei Nachtzeit eine Anhöhe hinauf und wollten, da es gleich finster war, doch lieber zu Fuß gehen als uns der Gefahr und Beschwerlichkeit dieser Wegstrecke auszusetzen . . . Durch Thüringen wurden die Wege noch schlimmer und leider blieb unser Wagen in der Gegend von Auerstedt bei einbrechender Nacht stecken. Wir waren von allen Menschen entfernt und taten das mögliche, uns loszuarbeiten." „Das Mögliche" hieß, daß die Reisenden, der Postillion und – wenigstens – zwei Pferde alle Mühe hatten, die leere Kutsche aus dem Dreck zu bringen.

Wagenumwurf

Steckenbleiben und Wagenumwürfe waren auch im ausgehenden 18. Jahrhundert keine Seltenheit. So mußten noch 1794 bei Weinheim, Lützelsachsen und Neuenheim fast täglich versunkene Fuhrwerke mit Winden gehoben werden, und zwischen Offenburg und Emmendingen waren im Jahre 1795 vierzig Güterwagen versunken. Der Knecht des Posthalters von Friesenheim war sogar im Straßenkot erstickt; kaum daß man noch die Pferde retten konnte. Jean Paul, der 1763 in Wunsiedel geborene Dichter, weiß ebenfalls von Postillionen, die im Straßenschlamm ihr Leben ließen. Einem englischen Kurier namens Flint widerfuhr dieses Schicksal 1793 in der Nähe von Hurlach bei Landsberg, wo ihm ein Straßengraben zum Verhängnis wurde.

Als das Land mit den schlechtesten Wegen galt im 18. Jahrhundert Preußen. Noch im Jahre 1782 beklagte ein „Circulare", daß es „in den Försten an der gemeinsten Vorsorge für die Güte und Bequemlichkeit der Landstraßen" fehle, daß diese nicht einmal planiert seien, daß man die Stubben stehen und es darauf ankommen ließe, „daß sie allmählich in Fäulniß" übergingen oder „mit dem Verluste mancher Räder und Achsen " abgefahren würden, oder daß man zwar die Stubben ausrode, „doch nicht einmal die Löcher derselben ausfülle." Unter solchen Umständen wird klar, weshalb ein Reisehandbüchlein jener Zeit zu den Erfordernissen eines „ordentlichen Passagiers" namentlich gute Leibeskonstitution und christliche Geduld zählte.

Einen umfassenden Plan zum Ausbau der Landstraßen gab es in Preußen schon unter der Regierung Friedrichs des Großen. Den Gemeinden wie der Staatskasse fehlte indes das Geld. Und auch die Postverwaltung sah keinen Anlaß, die Straßen zu bessern, obwohl mancher Postwagen schon nach zwei Jahren ruiniert war. Was die preußische Postverwaltung tat, war nur, daß sie im Jahre 1772 den Postillionen für jeden Umwurf 50 Stockprügel androhte. Ob dadurch die Umwürfe verringert wurden, ist nicht bekannt. Die Straßen selbst, so meinte dazumal ein Spötter, seien durch diese Maßregel auf keinen Fall besser geworden.

Als erbitterter Gegner der Kunststraßen gebärdete sich der Geheime Justizrat Justus Möser in Osnabrück. In seiner berühmt gewordenen Schrift „Patriotische Phantasien 1778" verglich er die neuen Straßen mit Palästen, die herkömmlichen Naturwege hingegen mit Strohhütten und folgerte: „Hier werden kunstmäßige Hände, gelehrte Aufseher, und viele Dinge erfordert, welche nicht anders als mit schwerem, baren Gelde angeschafft und bezahlt werden können, wenn die Hütte mit dem nächsten Lehm, mit selbstgebautem Stroh und einer unerfahrenen Hand bey Feyerabenden ausgeflickt werden kann. Die Erhaltung eines solchen künstlichen Weges ist also eine ewige Last für das Land, und diese zu den Zinsen des angelegten Kapitals gerechnet, eine solche Beschwerde, welche immer nur wenige Länder tragen können."

Das Land Preußen hat im Straßenbau später Vorbildliches geleistet. Ehe es jedoch so weit war, schien der gelehrte Herr recht zu behalten. Je mehr nämlich – und das galt nicht nur für Preußen – die Zahl der Chausseen zunahm, um so schwieriger und unzureichender erwies sich die Straßenunterhaltung durch staatliche Behörden. Bei der geringen Zahl der Straßenaufseher – Überreiter oder Straßenbereiter genannt – konnten weder die Straßentagewerker noch die Materialbeschaffung ausreichend kontrolliert werden. Der Staat fand sich „zu oft betrogen", die Straßen verdarben erneut. 1756 kam man daher in Bayern auf den Einfall, die Straßenunterhaltung zu verpachten. Als Straßenpächter traten vereinzelt Gemeinden auf, meist jedoch waren es Bauern und Wirte und insbesondere die Posthalter, die sich gegen einen „in quartalischen Datis" zahlbaren Pachtschilling verpflichteten, einen Straßenabschnitt in Obhut zu nehmen und „durchaus mit gutem Kies oder zerschlagenen Steinen zu bessern." Was die Straßenpächter unter bessern und die Behörden unter Zahlungsmoral verstanden, brachte häufig Streit. „Seinen Straßen-District zum schlechtesten unterhalten" hat angeblich der Posthalter Hirner von Anzing an der „Oberen Wiener Postroute". Er schimpfte, zur Rede gestellt, die Beamten Spitzbuben, Schliffel und Galgenschlängel, und forderte sie auf, „das Maul zu halten ausser dessen er sie aus seinem Haus hinausbrigeln wolle." Hirner, deshalb angezeigt, behielt seinen „Contract" dennoch bis zur allgemeinen Auflösung der Verträge im Jahre 1772.

Die Chausseen und Landstraßen blieben – mit wenigen Ausnahmen – noch viele Jahrzehnte, wie sie waren, nämlich holprig und bisweilen unpassierbar. In derlei Fällen durften die Postillione, „wann die Straßen und Weg wegen nassem und üblen Wetter, oder sich ergiessenden Gewässer also verderbet", über Felder und Wiesen fahren und hinderliche Zäune niederreißen. Wie es noch 1803 zwischen München und Freising aussah, schildert der bayerische Gesandte in Wien, Baron von Gravenreuth, in einem Brief an seine Frau. „Die Straßen", so schreibt er,

„waren in einem Zustand, von dem du dir so schnell keine Vorstellung machen kannst. Ich dachte, ich würde die Domtürme von Freising nicht mehr lebend sehen. Siebenmal sind wir bisher umgekippt, und es war wirklich eine besondere Fügung meines Schutzengels, daß ich jedesmal mit heilen Knochen unter der Kutsche hervorkam. Es war wirklich ein bißchen arg; wenn nicht mein guter Baldringer mit lautem Geschrei jedesmal vom Bock gesprungen wäre und mich so gewarnt hätte, ich weiß nicht, wie es ausgegangen wäre. Die Straße nach Moosburg soll besser sein. Ich bin ganz gerädert und wäre froh, wenn wir morgen vielleicht nur dreimal umwerfen würden."

„Nur elfmal" wurde der bayerische Postkondukteur Kirchmayr in 30jähriger Dienstzeit umgeworfen, was ihm ebenso glückliche Fügung wie eine Folge seiner Umsicht schien. Diese Umsicht, dem fahrenden Postpersonal von Amts wegen befohlen, war, wie ein Postillion auf der Strecke Northeim–Nordhausen bewies, indes eine Sache der Ansicht. Seiner Schuldigkeit kam der Gemütsmensch an bekannt gefährlichen Wegstellen stets mit dem Warnruf nach: „Herrschaften, bitte jetzt Vorsicht, da vorn wird umgeschmissen."

Häufig wurde beim Begegnen zweier Wagen umgeschmissen. Die Frage, wer, – mit einer Fracht von mehr als 100 Zentnern oft – ausweichen und aus den tiefen Gleisen fahren sollte, entschied im Zweifelsfall zumeist der Stärkere. Nicht selten kam es dann zu wüsten Szenen und die Redensart, daß jemand wie ein Kutschknecht fluche, die gibt es nicht von ungefähr.

Ein gewisser Fortschritt war es daher, als die stark befahrenen Straßen im Bereich der Städte ganz allmählich breiter wurden. Für eigene, von der Fahrbahn abgegrenzte Fußgängerwege sorgten als erste die Engländer; die Franzosen machten daraus das „Trottoir". In Bayern sind die Wegeränder seit 1782 landauf, landab mit Obstbäumen bepflanzt worden, um, wie es hieß, die „Landeskultur" zu heben und um den Bauern das Anpflügen der Straßen zu erschweren. Um die „Landeskultur" sorgte sich die kurfürstlich bayerische Straßenbaubehörde auch zwei Jahrzehnte später, als sie, vom Geist der Aufklärung durchdrungen, den Abbruch der Flurdenkmäler befahl und „menschenfreundlich" Weisung gab: „Da auf den Chausseen die Aushängeschilde der Religionsschwärmerei als Figuren, Kapellen, Martersäulen x. ohnehin nicht mehr geduldet werden, so sollen dafür vielmehr einzelne, von Stein erbaute Ruhebänke, dem müden Wanderer zur Labung, abwechseln . . ."

Entscheidendes geschah in den zwanziger Jahren des 19. Jahrhunderts. Damals sind die Macadamstraßen aufgekommen, benannt nach dem Engländer Mac Adam, der das Schottern des Straßenkörpers mit zerschlagenen Steinen bestimmter Größe empfahl. Mac Adam gilt als ein Pionier des modernen Straßenbaues; manche seiner Lehrsätze sind im Prinzip noch heute gültig.
Den Wegen entsprachen immer die Wagen: Zuerst waren es unmittelbar auf den Rädern aufsitzende, rumpelnde Truhen, die keinen Schutz vor der Witterung boten, Zum Sitzen dienten quergelegte, ungepolsterte Bretter ohne Rückenlehne. Später, als Rücken- und Armlehnen aufkamen, mußten die Postillione von Station zu Station prüfen, ob diese noch vorhanden waren. Nur ganz allmählich wurden die Karren auch überdacht. Von dieser Verbesserung erhoffte man sich, daß sie „einen Haufen" Reisende auf die Posten ziehen werde. Ein weiterer Fortschritt war es, als das Obergestell abnehmbar und mit Ketten, in Stützen schwebend, über dem Rädergestell aufgehängt wurde. Im ungarischen Ort Kocs in der Nähe von Raab ersetzte ein findiger Handwerker die Ketten durch elastische Lederriemen. Derart verbesserte Fahrzeuge rollten bald in ganz Europa. Der Ort der Erfindung ist in der deutschen Bezeichnung „Kutsche" im Englischen in „coach" und im Französischen in „coche" bewahrt. Freilich waren auch diese Kutschen mit ihren hölzernen Sitzbrettern noch rechte Marterkästen und daher Ansporn für manchen Zeitgenossen, Besseres oder vermeintlich Besseres zu erfinden. Zu den vermeintlichen Erfindern zählte zum Beispiel der sächsische Architektur-Oberdirektor Weigel in Jena, der 1673 in Wort und Bild eine von ihm erdachte „Feld-Kutsche" als „Ausbund alles Fahrzeugs" vorstellte. Von „Heng- und Schwangriemen" hielt der Verfasser nichts, um so mehr aber von seinem „Polsterwerke", als dessen Vorzüge er pries: „Man sitzet und lieget auf der Kutsche so sanfft und bequem, daß die sonst unausbleiblichen Stöße, weil die Wagen des ungleichen Weges halber immer hin und wieder schlagen, von der natürlichen Büge des Leibes gantz lieblich ausgenommen, und das Schuttern, es mag der Wagen über unsanfften Weg ausspringen, so hoch er will, von dem künstlichen Polsterwerke in ein lieblich hetzschen verwandelt wird." Daß sein Wagen wie die herkömmlichen noch umfallen könne, das schien dem Herrn Weigel unmöglich, vorausgesetzt, „daß die in demselben Sitzenden durch entsprechende Verlegung ihres Sitzes und durch Hinüberbeugen auf die andere Seite das Gleichgewicht herstellen." „Selbst wenn", so

schränkte er vorsichtig ein, „durch Verwahrlosung des Knechts der Wagen ausser dem Geleist, oder über einen hohen Stein und Hügel geführet, notwendig umfallen müste, zumahl an einer Seite des Berges: so können dennoch die drinnen sitzenden ohne Schaden seyn.

Preußischer Personenpostwagen (1. Hälfte des 18. Jahrhunderts) und Sächsische Fahrpost (Anfang des 19. Jahrhunderts)

Denn die zur andern Seiten können den Schlag geschwind aufmachen, zugleich alle mit einander herausspringen, die bei der fallenden Seiten können sich bald umbwenden, zugleich nach jenen herausspringen oder in dem umbfallenden Wagen sich nur contra weltzen, so werden sie von dem Wagen frey."
So einfach war das also.
Die taxissche Post wollte von der Personenbeförderung „per Achse" fast 200 Jahre nichts wissen. „Mit oder auf der Post" reisen hieß zunächst nur, daß sich Reisende zu Pferd gegen klingende Münze einem Postillion oder Kurier anschließen und so deren besonderen staat-

Postreiter und Postreisender (18. Jahrhundert)

lichen Schutz mit genießen konnten. Ein solches Unterfangen war ziemlich anstrengend; es wurde bei Tag und Nacht geritten und auf den Stationen durften nur kurze Pausen eingelegt werden.
Aus dem Umstand, daß man bei der taxisschen Reichspost nur zu Pferd reisen konnte, suchte als erste die Nürnberger reichsstädtische Botenanstalt Kapital zu schlagen. Sie vereinbarte sich mit dem sächsischen Oberpostamt und ließ vom Jahre 1686 an einen Postwagen, der außer Paketen auch Personen mitnahm, von Nürnberg über Bayreuth nach Hof und weiter nach Leipzig verkehren. Ein Jahr darauf setzten die Nürnberger auch noch eine „Postcalesche" über Coburg nach Jena in Fahrt.
Im Vorgehen der Nürnberger sah Taxis einen Eingriff in seine Rechte und klagte dagegen beim Kaiser. Dieser verbriefte ihm zwar, daß „kein Bürger oder Unterthan, der nicht von alters her Pferde zum eigenen Gebrauch nötig, wie die Metzger und diejenigen, so Ackerbau führen, auf bloß gewinnsüchtiges Absehen, Roß zu halten, vergönnt sein" solle, doch die Nürnberger und auch die privaten Fuhrleute, die neuerdings Personen beförderten, scherten sich vorerst keinen Deut darum. Da griff Taxis zu einem anderen Mittel: er nahm seinerseits, zunächst zwischen Nürnberg und Frankfurt, alsdann zwischen Nürnberg, Coburg und Leipzig, größere und bequemere Wagen als jene der unbequemen Konkurrenz in Betrieb.
Mit dem Nürnberger Magistrat, der seine eigenen Kutschen nicht aufgeben wollte, schlug sich die taxissche Post noch viele Jahre herum. Die taxisschen Postbeamten sind dabei dem Magistrat „mit nichts als lauter Unbescheidenheit" begegnet. Dieser hingegen besorgte, daß die „taxisschen Landkutschen . . . mit aller Bescheidenheit" vor den Stadttoren zurückgewiesen wurden.
Über die „Hemmnis" beschwerte sich Taxis schließlich beim Reichshofrat wie beim Reichskonvent zu Regensburg und dem Protektor des Reichspostwesens, dem Kurfürsten von Mainz. Worauf die Nürnberger auf's Neue zur Kenntnis nehmen mußten, daß ihren Stadtboten der Betrieb „eilends fahrender Posten" verboten, die Errichtung taxisscher Postfuhrwerke hingegen für gut und notwendig befunden sei. Taxis selbst versicherte dem Magistrat, er werde sich künftig gegen etwaige „Attentata" auf das Privileg zu schützen wissen, gleichwohl hoffe er, daß das bisherige „kultivierte gute Verständnuß" ferner fortgesetzt werde.

Taxis wußte im Jahre 1710 auch zu verhindern, daß die selbständige preußische Post über Duderstadt, Gotha, Coburg und Nürnberg Anschluß an die große Handelsstraße nach Hamburg fand. Ihre Post, so erfuhren die Preußen auf dem Umweg über den genannten Reichsprotektor, sei gar nicht erwünscht, weil sie, anders als die Privatfuhrwerke, keine Wegegelder zahle, weil sie, in Rücksicht auf die Wirte, Bäcker, Sattler, Schmiede, Brauer und Weinschenken viel zu schnell gehe und weil die Posten, da sie sich nicht wollten visitieren lassen, allerhand verdächtiges Gesindel ins Land schleppten. Der Kaiser dränge deshalb, in allen Landen sämtliche Personenposten wieder abzuschaffen.

Die Personenpost wurde natürlich nicht wieder abgeschafft, im Gegenteil. In den folgenden Jahrzehnten entstand ein Kursnetz, das sich schon sehen lassen konnte. Der Zuspruch des Publikums stieg enorm und die neue Einnahmequelle floß fortwährend besser.

Indessen war nicht jeder Reisende gern gesehen. „Kundbarlich verdächtige Personen", so befahl eine Verordnung von 1783, „werden platterdings abgewiesen." Und weiter: „Weiber mit kleinen Kindern, und Kranke, so nur den andern Reisenden in denen Postwägen zu Last fallen, seynd nur in äußersten Fällen, und wan Plaz genug übrig, anzunehmen, sonsten aber unter dem Vorwand: Daß kein Plaz mehr übrig, abzuweisen." Das Mitreisen der „Frauenzimmer" galt überhaupt lange für unschicklich, nicht der Strapazen wegen als vielmehr, „weilln solches Begeben unter frembde Leut wider die weibliche Zucht und Schamhafftigkeit lauffet, zumal der gleichen Reisen öfters Gelegenheit darwider zu handeln, zu pflegen geben." Jenen reisenden Damen, die von solcher „Gelegenheit" nichts hielten, empfahl im 19. Jahrhundert ein Reisehandbuch, „so es in der Ordinari dunkel wird", zwischen die Lippen Stecknadeln zu nehmen.

Den Begriff der „Ordinari" erklärte im 18. Jahrhundert ein Jurist folgendermaßen: „Eine fahrende ordinaire Post ist, wenn Jahr aus und ein, an gewissen Tag und Stunde ein bedeckt oder unbedeckter auf reisende Personen und Güter zugleich gerichteter Wagen, oder Kutsche, die vorhandenen Briefe, Personen und der Postordnung nach erlaubte Waaren oder auch nur Personen und Waaren, samt den zu diesen gehörigen Fracht-Briefen oder in Ermangelung der Waaren auch nur Personen vel vice versa auf der beständig einerley route behaltenen Poststrasse, gegen ein sicheres ein für allemal festgestelltes Geld, auf die nächste Station und so immer fort weiter geliefert werden."

Der Komponist Carl Friedrich Zelter, ein Freund Goethes, wollte für die regelmäßige Fahrpost ganz andere Merkmale gewertet wissen. Für ihn war die Ordinari eine Einrichtung, bei der man „freundlich, freiwillig und ordentlich um die Erlaubnis bitten muß, gerädert zu werden und dafür noch bezahlen und zwar im voraus bezahlen muß."

Postreise im 19. Jahrhundert

Boshafter als Zelter ließ sich nur noch der Physiker Georg Christoph Lichtenberg aus. Er, der auch einen Ruf als ebenso ausgezeichneter wie spöttischer Literat genoß, notierte zum Thema: „Sie streichen die Postwagen rot an, als die Farbe des Schmerzes und der Marter und bedecken sie mit Wachslinnen. Nicht, wie man glaubt um die Reisenden gegen Sonne und Regen zu schützen, denn die Reisenden haben ihren Feind unter sich. (Das sind die Wege und der Postwagen). Sondern aus der Ursache, warum man denen, die gehenkt werden sollen, eine Mütze über das Gesicht zieht. Damit nämlich die Umstehenden die gräßlichen Gesichter nicht sehen mögen, die jene schneiden."
Schier unerträglich schien dem Maler W. v. Kügelgen das Reisen, „hätte der Schwager nicht an jeder Schenke angehalten" und Gelegenheit geboten, „die Löcher wieder zuzustopfen, die Weg und Wagen unablässig in den Magen stießen."
Was die Schenke an Stärkung dem Leib bot, das war für die Seele des Reisenden ein passendes Gebet wie etwa: „Himmlischer Vater, Du weißt, daß ich diese Reise nicht aus Leichtfertigkeit, Fürwitz und Geiz, sondern aus dringender Not und Erfordernis meines Berufs auf mich genommen. Darum bitte ich Dich, bewahre mich auf den Straßen vor Räubern, böser Gesellschaft, Vergiftung und dergleichen Gefährden. Item vor ungeschlachten Wettern, gefährlichen Ungewittern und vor Verirrung und gar dunklen Nächten. Hieneben beschirme mich auch in allen Herbergen und Wirtshäusern vor Dieben und schalkhaften Wirten, bösem Geruch und allen anfallenden Seuchen, auf daß ich meinen angesetzten Ort mit Glück und Leibesgesundheit erreichen möge. Unterdessen, o Herr, siehe auch daheim wohl zu, bewahre meine Armut vor Feuer und alle die Meinigen vor Krankheit und einem schnellen Tod. Zu diesem gib auch Herr Deine Gnade, daß ich die Händel, Sachen und Gewerbe, so ich auszurichten habe, glücklich durchbringe und mit Nutzen vollführe, und wann nun das geschehen ist, so führe mich den Weg sicher wiederum zurück und bringe mich in aller Fröhlichkeit gesund und frisch zu den Meinigen."
Als ebenso sachlicher wie einfühlsamer Schilderer der „Postwagensverhältnisse" hat sich Gustav Freytag gezeigt. In dem kulturhistorisch aufschlußreichen Werk „Neue Bilder aus dem Leben des Deutschen Volkes" läßt der Autor die Zeit um 1750 aufleben, wobei er über das Reisen schreibt: „Unter den Tagesereignissen ist das Interessanteste Ankunft und Abfahrt des Postwagens. Gern bewegt sich der Spazier-

gänger um diese Zeit in der Nähe der Post. Die gewöhnliche Landpost ist ein sehr langsames unbehülfliches Beförderungsmittel, ihr Schnekkengang ist noch fünfzig Jahre später berüchtigt; Kunststraßen giebt es noch nirgends in Deutschland, erst nach dem siebenjährigen Kriege werden die ersten Chausseen gebaut, immer noch schlecht.
Wer bequem reisen will, nimmt Extrapost, sorgfältig wird darauf gehalten, zu größerer Geldersparniß alle Plätze zu besetzen, und in den Localblättern, welche seit kurzer Zeit in den meisten größeren Städten und Residenzen existiren, wird zuweilen ein Reisegefährte gesucht. Zu weiten Reisen werden eigens Wagen gekauft, am Ende der Reise wieder verkauft, die schlechten Wege geben den Posthaltern das Recht, auch einem leichten Wagen vier Pferde vorzuspannen; dann ist es wohl eine Bevorzugung des Reisenden, wenn ihm von der Regierung eine Licenz gegeben wird, nur zwei Pferde Extrapost nehmen zu dürfen. Wer nicht so wohlhabend ist, sucht einen Retourwagen, auch solche Reisegelegenheiten werden mehrere Tage vorher angekündigt. Ist zwischen zwei Orten starke Verbindung, so gehen außer der ordinairen Post und einer schnelleren Postkutsche auch concessionirte Landkutschen an bestimmten Tagen. Sie vorzugsweise vermitteln den Personenverkehr des Volkes. Von Dresden nach Berlin im Jahre 1750 alle vierzehn Tage, nach Altenburg, Chemnitz, Freiberg, Zwickau einmal wöchentlich, nach Bautzen und Görlitz war die Zahl der Passagiere nicht so sicher, daß der Kutscher jede Woche an bestimmten Tage abgehen konnte, nach Meißen gingen das grüne und das rothe Marktschiff, jedes einmal wöchentlich hin und zurück.
Man reiste auch mit der besten Fuhre sehr langsam. Fünf Meilen den Tag, zwei Stunden die Meile scheint der gewöhnliche Fortschritt gewesen zu sein. Eine Entfernung von zwanzig Meilen war zu Wagen nicht unter drei Tagen zu durchmessen, in der Regel wurden vier dazu gebraucht. Als im Juli dieses Jahres, welches hier geschildert wird, Klopstock mit Gleim im leichten Wagen, durch vier Pferde gezogen, von Halberstadt nach Magdeburg sechs Meilen in sechs Stunden fuhr, fand er die Schnelligkeit so außerordentlich, daß er sie mit dem Wettlauf der olympischen Spiele verglich.
Waren aber die Landstraßen grade schlecht, was in der Regenzeit des Frühlings und Herbstes regelmäßig eintrat, so vermied man die Reise, betrachtete die unvermeidliche als ein Wagniß, bei dem es ohne schmerzliche Abenteuer selten abging. Noch im Jahre 1764 war den Hannoveranern merkwürdig, daß ihre Gesandtschaft nach Frankfurt

Fahrender Post-COURS
Von Nürnberg über Coburg und Cassel nach Amsterdam.

Tour

				Meilen
Mittwochs/ Frühe	8 Uhr	von	Nürnberg	
Donnerstags/ Vormittags	10	aus	Coburg	14
, , , Abends	6	,	Hilperhausen	3
Freytags/ Frühe	8	,	Meiningen	3
, , Nachmittags	2	,	Schmalkalden	2
, , Abends	8	,	Salzungen	2
, , Mitternachts	1	in	Bacha	2
Sonnabends/ Frühe	5	aus	Bacha	
, , Mittags	1	,	Herßfeldt	3
, , Nachmittags	5	,	Bebra	$1\frac{1}{2}$
, , Nachts	9	in	Morschen	2
Sonntags/ Frühe	4	aus	Morschen	
, , Vormittags	8	,	Milsungen	$1\frac{1}{2}$
, , Mittags	12	in	Cassel	2

Ferner

, , Nachmittags	2	aus	Cassel	

Nach Hamburg

Deßgleichen

Montags/ Nachmittags	4	aus	Cassel	
Mittwochs/ Nachmittags	4	in	Münster	18
Donnerstags/ Frühe	8	aus	Münster	
Sonnabends/ Abends	6	in	Amsterdam	$22\frac{1}{2}$

Summa $76\frac{1}{2}$ Meilen

Retour

Donnerstags/ Frühe	6 Uhr	aus	Amsterdam
Sonnabends/ Mittags	12	,	Münster
Montag/ Mittags	12	in	Cassel
, , Nachmittags	4	aus	Cassel
, , Abends	10	,	Milsungen
Dienstags/ Frühe	3	,	Morschen
, , Morgens	8	,	Bebra
, , Mittags	1	,	Herßfeldt
, , Abends	10	,	Bacha
Mittwoch/ Frühe	4	,	Salzungen
, , Vormittags	10	,	Schmalkalden
, , Nachmittags	3	,	Meiningen
, , Nachts	10	,	Hilperhausen
Donnerstags/ Frühe	4	,	Rodach
, , Vormittags	8	in	Coburg
Freytags/ Vormittags	10	in	Nürnberg

Signatum Coburg den 1. May 1723.

Fürstl. Sächs. Gesamtes Post-Ambt daselbst.

Fahrender Post-Cours von Nürnberg über Coburg und Cassel nach Amsterdam, 1723

a. M. zur Kaiserkrönung trotz der schlechten Wege ohne allen Schaden, Umwerfen und Beinbruch durchgedrungen war, nur eine Achse war zerbrochen.

So ist eine Reise immer noch ein wohl zu überlegendes Unternehmen, welches schwerlich ohne längere Vorbereitungen durchgeführt wird; und das Eintreffen fremder Reisender in einer Stadt ist ein Tagesereigniß, neugierig umsteht die Menge den anhaltenden Wagen. Nur in den größeren Handelsstädten sind die Gasthöfe modisch eingerichtet. Leipzig ist deswegen berühmt. Gern kehrt man bei Bekannten ein, in steter Rücksicht auf die Kosten, denn wer auch reiste, der rechnete genau. Aber wer irgend Ansprüche machte, scheute eine Fußreise, die schlechten Straßen, die Unsicherheit, unsaubere Herbergen und rohe Begegnung. Noch waren wohlgekleidete Fußreisende, welche die Landschaft bewunderten, etwas ganz Unerhörtes. Der Reisende wurde nicht nur durch die lebhafte Theilnahme seiner Freunde begleitet, er wurde auch für ihre Geschäfte in Anspruch genommen, wie denn überall unter Bekannten das Hingeben und Zumuthen weit unbefangener war als jetzt. Er wurde reichlich mit warmen Kleidern, Empfehlungsbriefen, kalter Küche und klugen Regeln ausgestattet, aber er wurde auch mit „Commissionen" belastet, mit Einkäufen jeder Art, auch zarteren Angelegenheiten: Eintreiben von Schuldforderungen, Anwerben eines Hauslehrers, ja Kundschaften und Vermitteln in Herzenssachen. Wer vollends zu einer großen Messe reiste, der mochte für besondere Koffer und Kisten sorgen, um die Wünsche seiner Bekannten zu befriedigen. Zu dergleichen Dienst und Gegendienst zwang auch die Noth; noch waren Geld- und Paketsendungen auf der Post sehr theuer und nicht überall wurde das Institut für zuverlässig gehalten."

Um das Jahr 1790 stellte sich – so Gustav Freytag – ein „merkwürdiger Fortschritt" ein: Das Naturgefühl ergriff die Deutschen und trieb sie „in die blaue Ferne." Es wurde neuerdings gereist um des Reisens willen. Die aufgehende Sonne auf der Alm galt es zu bewundern und das Wogen des Nebels in den Schluchten und schon, so vermerkte der Chronist, „ziehen müßige Reisende nicht nur durch die Alpen, auch auf die Apenninen und den Aetna, aber Tyrol ist noch kaum entdeckt." Plötzlich schienen die Postwagen komfortabler und die Straßen ebener, doch, es schien eben nur so. Gustav Freytag erzählt dann weiter: „Noch waren die Verkehrsmittel schlechter als bei dem Aufschwunge des Handels und der vermehrten Reiselust erträglich war. Es gab erst wenige und kurze Kunststraßen; als die beste Chaussee Deutschlands wurde die Straße von Frankfurt nach Mainz gerühmt, mit Baumalleen, Steinreihen und getrennten Seitenpfaden für Fußgänger; die großen alten Völkerwege vom Rhein nach dem Osten waren noch breite Lehmpfade. Noch immer reiste mit Lohnkutsche oder Extrapost, wer irgend Ansprüche machte, denn die Wagen der ordinairen Post waren auf den Hauptstraßen zwar bedeckt, aber ohne Federn, mehr für Lasten als Personen berechnet, sie hatten keine Seitenthüren, man mußte unter der Decke, oder über die Deichsel hineinkriechen. Im Hintergrunde des Wagens wurden Packete bis an die Decke mit Stricken befestigt, Packete lagen auch unter den Sitzbänken, Häringstönnchen, geräucherter Lachs und Wild kollerten unermüdlich auf die Bänke der Passagiere, welche eine fortdauernde Beschäftigung darin fanden, sie zurückzudrängen, da man die Füße wegen des Gepäcks nicht ausstrekken konnte, hingen verzweifelte Passagiere wohl gar die Beine zur Seite des Wagens heraus. Unerträglich war immer noch der lange Aufenthalt auf den Stationen, unter zwei Stunden wurde der Wagen nicht abgefertigt, von Cleve nach Berlin fuhr man elf Tage und elf Nächte in tödtlicher Langeweile, zerstoßen und verlahmt."

Offener Postwagen (Anfang des 19. Jahrhunderts)

Eine Fahrt von Augsburg nach Frankfurt dauerte 68 Stunden, wobei man drei Nächte im Wagen zubringen mußte. Von München über Ingolstadt und Nürnberg nach Frankfurt fuhr man 74 Stunden bei vier Nachtreisen. Die Strecke Wien–Prag–Görlitz–Berlin wurde in 116 Stunden zurückgelegt.
Was Gustav Freytag 1859 als Vergangenheit beschrieb, war zu seiner Zeit nicht lange vorbei. Die Reiselust konnte einem nämlich noch 1835 gründlich vergehen, nachdem sich ausgerechnet ein „Neuestes Post- und Reisehandbuch" ausließ: „Reisen in Postwagen ermatten eben so sehr den Geist, als sie für den Körper schädlich sind. Wer nur ein paar Tage und eine Nacht im Postwagen gefahren ist, wird zu allen munteren Gesprächen nicht mehr fähig seyn, und alles was um und neben ihm vorgehet, fängt ihm an gleichgültig zu werden. Das unbequeme enge Sitzen oft bey schwüler Luft, das langsame Fortrutschen mit phlegmatischen und schlafenden Postknechten, der oft pestilenzialische Gestank unsauberer Reisegesellschafter, das Tobackdampfen und die zottigen schmutzigen Reden der ehrsamen bunten Reisekompagnie, lassen uns bald des Vergnügens satt werden, und verursachen schreckliche Langeweile und gänzliches Uebelbefinden in allen Gliedern. Sind diese Reisen schon wohlfeil, so führen sie doch einen andern Nachtheil mit sich, man kann so geschwind nicht wieder an seine Geschäfte gehen, sondern muß den Körper sich erst erholen lassen. Ist schon auch Vergnügen dabey, so ist auch vieles zu erdulden. Und was die Hauptsache ist, man siehet und höret im Postwagen nicht von der Welt; man fährt durch die schönsten Gegenden oft des Nachts. Von meinen Postwagenreisen erinnere ich mich gerade noch soviel, welche Wirthe ich gesehen; daß ich meistens schlechtes Essen in den Posthäusern fand, und theure Zeche zahlte; – manchmal ein angenehmer Gesellschafter auftrat, aber weit öfters Zotenreisser und Narren. Zuweilen in Postwagen zu steigen, etwa 2–3 Stationen mitzumachen, in Gegenden die man schon kennt, mag allenfalls angehen; aber ganze Wochen und mehrere Nachtwachen in solcher Gruft zuzubringen, ist eine wahre Galeerenstrafe. Die Gesundheit also wird fast allemal attaquiert, man mag noch von so starker Natur seyn, und ich rathe keinem Menschen, ohne Auszuruhen, sich für eine weite Reise einschreiben zu lassen. Was solche Reisen noch beschwerlicher und verdrüßlicher macht, ist der Verlust an Zeit. In allen Städten und Landflecken wird abgeladen und aufgeladen; Registrirt, und von vorne angefangen, was man kaum einige Stunden vorher an einem Hauptort

beendigt glaubte. Hat der Postmeister nicht Pferde genug, und ist zur Meßzeit der Wagen stark beladen, ist Vorspann nöthig, und gehen die Extraposten stark, so darf man sich es nicht verdrießen lassen, halbe und ganze Tage liegen zu bleiben. Wer zur Messe eilt, dem rathe ich ja nicht den Postwagen zu wählen. Lieber gehe er zu Fusse, er kommt geschwinder vom Wege. Man kann nie gewis rechnen, wenn man an Ort und Stelle kommt; die Kondukteure mögen auch sagen was sie wollen, so ist man niemals sicher ob man nicht einige Tage später eintrifft. Wie äußerst unangenehm es aber auch seyn muß, oft an einem ganz unbedeutenden Orte so lange liegen zu bleiben, lasse ich der Temperamentstugend eines jeden Passagiers anheim gestellt, wornach er sich prüfen kann. Man verzehrt bey dem Warten Geld, und ist doch dabey nicht froh; man darf weder ausgehen noch schlafen, weil man am Postwagen parat stehen und auf seine Sachen acht haben soll."

Wie es am Morgen nach einer Nachtfahrt im Innern der Kutsche aussah, zeichnete Heinrich Laube nach. Bei ihm wird „Atmosphäre" spür- und der Morgenmief beinahe „ruchbar", wenn er sich erinnert: „. . . Ein dunkler, tiefer Schlaf lag über dem Postwagen. Wer mit der Schnellpost gefahren ist, erinnert sich gewiß mit Interesse des höchst charakteristischen Anblicks, wenn die ersten Tagesstrahlen in die qualmende Kutsche fallen. Alle Häupter der Passagiere hängen welk vorne herunter auf die Brust oder auf die Seite. Selten schläft einer des Morgens im Postwagen mit Energie, er müßte denn ein sehr routinierter Reisender sein. Alles baumelt am Körper, der Mund ist halb geöffnet, damit kein Atom der noch rückständigen geringen Lebensluft dem Schläfer entgehe. Die Gesichtsfarbe ist offenbarungsgleich, ins trockene Gelb spielend, die Haare sind verwirrt, die Lippen unnatürlich geschwellt. Alle Sorgen, die den Passagier in den letzten Tagen beschäftigt haben, laufen hastig durch die Stirnfalten. Halbdunkle Träume stolpern an dem wankenden Körper auf und nieder. Niemand schläft mehr richtig, aber niemand hat ausgeschlafen. Niemand hat den Mut zu erwachen. Der und jener riegelt das Augenlid ein wenig auf, um zu sehen, ob es schon Tag sei."

Schnellposten, wie sie Laube erwähnt, sind um das Jahr 1820 aufgekommen, zuerst in Preußen, dann in Österreich und 1826 in Bayern, wo man sie „Eilpostwagen" hieß. Die Eil- oder Schnellpostwagen fuhren ohne Aufenthalt Tag und Nacht; nur für das Frühstück und Abendessen wurden je ½ Stunde Pause eingelegt, während zum Mittagessen eine ¾ Stunde Zeit blieb. Die Folge war eine Steigerung

der Reisegeschwindigkeit um 50 (!) Prozent, was einen staunenden Zeitgenossen zu der Feststellung hinriß, die Eilwägen „durchflögen" förmlich das Land. „Fliegen" hieß, daß die Meile (7,414 km) in einer Stunde zurückgelegt wurde statt zwei Meilen in drei Stunden (knapp 5 km in der Stunde) wie mit der herkömmlichen Ordinari.
Die Geschwindigkeiten der Eilwagen machte es ratsam, „sich nicht sogleich für eine zu weite Reise auf dem Postbüro einschreiben zu lassen und vorerst zu versuchen, wie dem Körper überhaupt eine solche Reise zusagt."
Das eigentliche Wesen der Eilpostwagen bestand in der Trennung von Personen- und Paketpost. Die Passagiere durften nur noch kleine Frachtstücke in geschlossenen Taschen mitnehmen; 40 Pfund Gepäck gingen kostenlos. Schwere Frachtstücke mußten auf eigenen Packwagen mit besonderen Begleitern und Frachtzetteln befördert werden. Dagegen wurde jetzt die Briefpost mit den Eilwagen befördert und zwar um vieles schneller als vorher, „wo faule, liederliche, oft kaum 15 Jahre alte Ordinari-Buben die Briefe in Felleisen zu Pferd fortschafften."
Die Post hat ihre Fahrgelegenheit nicht aus purer Menschenfreundlichkeit verbessert. Vielmehr steckte die Konkurrenz der privaten Unternehmer dahinter, die der „Postwagenanstalt" das Bestehen schwer machte. Die privaten Kutscher fuhren nämlich nicht schlechter, kaum langsamer und manchmal sogar um jeden Preis. Und, wie ein hoher bayerischer Beamter klagte, sie sahen „immer florisanteren Zeiten" entgegen. Als Vorteil der Postwagen erkannten die Reisenden schließlich nur noch, daß sie zu festgelegten Zeiten und einigermaßen pünktlich verkehrten.
In Bayern wurde der Eilwagenbetrieb auf der Strecke zwischen Nürnberg und Hof eröffnet, mit Wagen, die aus einer Münchner Werkstatt kamen und im Betrieb eine einzige Katastrophe waren. Über ihre Brauch- oder besser Unbrauchbarkeit urteilte der Leiter des Oberpostamts Nürnberg: „Der Bock, auf welchem der Postillion sitzt, berührt bei kleinen Wegunebenheiten den hinteren Teil der Pferde und veranlasst selbst die gutmütigsten Tiere auszuschlagen und durchzugehen. Die Wagen haben keine Türen, die Passagiere müssen vorn hinter der Deichsel aus- und einsteigen. Dies ist zumal zur Winterszeit höchst gefährlich, besonders für Reisende vom weiblichen Geschlecht oder demjenigen Teil des männlichen, welcher das Turnen nicht erlernt oder aus der Übung gebracht hat.
 In das Kabriolett kann man nur mit gekrümmten Rücken und gezoge-

Augsburger Eilwagen 9sitzig, brauchte 7 Stunden Fahrpreis 4 Gulden 12 Kreuzer die Person. (85 Klm.)

Courier musste Pferde bestellen. Stafeten-Reiter. Die ordinäre Post: Wien, Ulm, Paris

nem Hut eintreten, gewissermaßen einkriechen. Die Füße kann man nicht ausstrecken; unter dem dünnen Schutzleder läuft man im Winter Gefahr, die Füße zu erfrieren. Wenn einer der beiden im Fonds sitzenden Passagiere aus irgendeinem Grund aussteigen will, müssen alle miteinander aussteigen. Ist der Wagen voll besetzt, so befindet man sich eingeschlossen wie in einem Käfig und muß sich darauf gefaßt machen, bei einem leicht möglichen Umwurf des Wagens, Durchgehen der Pferde, mit halbem oder ganz zerschmettertem Leib durchzukommen oder gar sein liebes Leben zu lassen."

Selbst dann, wenn Wagenumwürfe glimpflich verliefen, blieb den Reisenden immer noch der Schrecken und nicht minder andere Unannehmlichkeiten. Dazu zählte die verschmutzte oder nasse Kleidung oder auch das Herumstehen in Kälte und Schnee. Und wohl oder übel war mit anzupacken, um den Wagen wieder aufzurichten.

Verbesserte, komfortablere Kutschen sind in Deutschland zuerst in der preußischen Hauptstadt gefahren. An Stelle der üblichen zwei Langbäume an den Längsseiten kamen sie mit nur einem unter dem Wagenkasten aus. Auf diese Weise wurden sie lenkbarer und leichter. Ein aufklappbares Verdeck, vier Achsen und seitliche Türen machten die „Berlinen", wie sie nach ihrem Herkunftsort hießen, für damalige Begriffe fast zu einem Luxusfahrzeug.

Nach und nach „schwebten" die Berlinen und Landauer, die Chaisen und Diligencen oder wie sie immer hießen, auf eisernen Blattfedern, die Reisenden konnten auf Roßhaarpolstern „schwelgen" und aus verglasten Fenstern blicken, Gepäck wurde in einem Anbau, oder auf dem Dach verstaut und dem bequemen Ein- und Aussteigen dienten eiserne Wagentritte. Die Fortschritte im Wagenbau zeigten sich insbesondere in der Vielfalt der Postwagen, die sich aus der Vielgestaltigkeit der Bedürfnisse ergab. Nach Heinrich von Stephan, dem späteren Generalpostmeister der Deutschen Reichspost, verfügte die preußische Post im Jahre 1856 über folgende, durch römische Ziffern unterschiedene Wagengattungen: „I. Neunsitzige Postwagen ohne Langbaum, nur für chaussierte Straßen, drei- bis vierspännig, Höchstgewicht des Wagens 26 Zentner, Spurbreite 5 Fuß 1 Zoll. II. Sechssitzige Wagen mit 2 Abteilen, für chaussierte Straßen, dreispännig, 22 Zentner, 5 Fuß. III. Sechssitzige Postwagen in Berlinenform, hauptsächlich für chaussierte Straßen, zwei- bis dreispännig, 18 Zentner, 4 Fuß 9 Zoll. IV. Sechssitzige Postwagen mit Kabriolett und Langbaum, hauptsächlich für nichtchaussierte Straßen, dreispännig, 18 ½ Zentner, 4 Fuß 4 Zoll. V. Viersitzige Postwagen ohne Langbaum, für chaussierte Straßen, zweispännig, 15 ¼ Zentner, 4 Fuß 4 Zoll. VI. Viersitzige Postwagen mit Langbaum, für nichtchaussierte Straßen, zwei- bis dreispännig, 14 ½ Zentner, 4 Fuß 4 Zoll. VII. Zweisitzige Postwagen, hauptsächlich für chaussierte Straßen, ein- bis zweispännig, 11 ½ Zentner, 4 Fuß 4 Zoll. VIII. Omnibuswagen ohne Abteil, für Lokalpostverbindungen auf chaussierten Straßen, zweispännig, 16 ½ Zentner, 6 Sitze im Wagen und 2 Bocksitze, Spurbreite 5 Fuß 1 Zoll. VIIIa. Omnibuswagen mit Abteil für Lokalpostverbindungen auf chaussierten Straßen, neunsitzig, dreispännig, 21 Zentner, 5 Fuß 1 Zoll. IXa. Güterpostwagen größerer Art für Orts- und Bahnhofsfahrten, zweispännig, 20 Zentner, 4 Fuß 9 Zoll. IXb. Güterpostwagen gewöhnlicher Art für denselben Zweck auf chaussierten Straßen, zweispännig, 16 ½ Zentner, 4 Fuß 4 Zoll. X. Güterpostwagen kleinerer Art für den gleichen Zweck, 11 ½ Zentner. XIa. Vierrädrige Karriolpostwagen mit Langbaum, nur zur Fortschaffung von Postsendungen, einspännig, 7 ½ Zentner. XIb. Zweirädrige Karriolpostwagen mit Langbaum für denselben Zweck in Gegenden, wo wie am Rhein hauptsächlich zweirädriges Fuhrwerk gebräuchlich, einspännig, 6 Zentner. Außerdem bestanden mehrere Arten von „Extrapostchaisen", und zwar halbverdeckte von 10 Zentnern Gewicht und 4 Fuß 4 Zoll Spurbreite sowie ganz verdeckte von

Preußischer Personenpostwagen, sechssitzig, Mitte 19. Jahrhundert

Preußischer Personenpostwagen, neunsitzig, Berlin 1854

Schnellpostwagen: Breslau-Ratibor, 1820

Personenpostwagen der Kaiserlich-Deutschen Post, 1873

Postkutsche der Königlich-Bayerischen Post, 1850

Postkutsche der Deutschen Reichspost, 1871

13 ½ Zentnern Gewicht, je ohne und mit Langbaum. In größeren Orten hatte man sogenannte Faktagewagen für die Paketzustellung. Im ganzen besaß die Postverwaltung im Jahre 1856 1948 Postwagen sowie 702 Schlitten. Daneben waren 4456 Posthaltereiwagen und 1472 Schlitten vorhanden. Die Gesamtzahl dieser Fahrzeuge betrug also 8578." Zu guter Letzt, als längst die Eisenbahnen dampften und als die Pferde vor den ersten Automobilen scheuten, da sind für den Winterbetrieb der Postkutschen sogar noch „Heizkörper" aufgekommen: flache, durchlöcherte Kästen mit Einsätzen aus Zinkblech, als „Bodenheizung" gedacht. Sie wurden mit aus Holzkohlepulver, Teer und Natronlauge gepreßten „Glühsteinen" gefüllt, die gleichermaßen wohlige Wärme wie stinkende Gase verströmten. Frierende Füße oder Kopfweh – die Reisenden konnten wählen.
In der Zeit des Übergangs zu anderen Verkehrsmitteln hat die Kutschenform sowohl die ersten Eisenbahnwagen wie die ersten Autos beeinflußt. Beide Neuheiten glichen in ihren Kindertagen Kutschen ohne Deichsel. In der Tat war das erste Daimler-Auto eine ganz normale Kutsche aus der Werkstatt des Kutschwagenbauers Wimpff in Cannstatt. Wie alle Kutschen hatte sie vorne kleinere Räder als hinten und dazu die übliche Drehschemel-Lenkung. Deshalb war vorne auch kein Platz für einen Motor und daher war der erste, vierrädrige „Motorwagen" ein Fahrzeug mit „Heckmotor".
Ein besonderes Relikt aus der Kutschenzeit bewahrt noch heutzutage die Eisenbahn. Ihre Spurbreite von 1,435 m ist haargenau dem Radstand alter (englischer) Postkutschen nachgebaut.
Daß die Eisenbahn einmal zur bösen Konkurrenz würde, daran mochte mancher Posthalter nicht glauben, häufig selbst dann noch nicht, wenn durch sie der Ruin ins Haus stand. So einer war zum Beispiel der Postwirt Franz Anton Gundlach von Lohr am Main. Er vertrat unentwegt die Ansicht, ein wirklich feiner Mann würde nicht mit der schmutzigen Eisenbahn reisen, „in der Kreti und Pleti zusammensitzt", sondern stets Wagen und Pferde bevorzugen.
Gundlach wurden nach und nach die Pferde versteigert. Aus Ärger verbrannte er schließlich die Papiere und Bücher der Posthalterei. Und nachdem er schon einmal dabei war, warf er auch gleich die Fremdenbücher mit Einträgen gekrönter Häupter und anderer berühmter Reisender ins Feuer.
An die Zukunft der Eisenbahn mochte mancher Posthalter um so weniger glauben, als es angeblich z. B. in einem Gutachten des

bayerischen Obermedizinal-Kollegiums geheißen haben soll, der Dampfbetrieb werde bei den Reisenden wie bei den Zuschauern unfehlbar schwere Gehirnerkrankungen erzeugen, und damit wenigstens die Zuschauer Schutz fänden, möge der Bahnkörper mit einem hohen Bretterzaun umgeben werden.
Ein Vierteljahrhundert, nachdem in Bayern als dem ersten deutschen Land der „Dampf" fuhr, waren die ehedem 65 Eilpostlinien auf der Strecke geblieben, buchstäblich „Zug um Zug" abgeschafft. Übrig blieben noch die Postkutschenlinien, die abgelegene Landgemeinden verbanden und jene, die als Zubringer zur Eisenbahn funktionierten. Je nach Verkehrsumfang wurden dafür ein- bis zweisitzige „Karriolposten", vier- bis sechssitzige „Ordinari-Kutschen" oder – als „Massenverkehrsmittel" sechs- bis zwölfsitzige „Omnibusse" verwendet. Der Omnibus, nach Straßenbeschaffenheit und Belastung von drei bis sechs Pferden gezogen, war mit einem Fahrpreis von 16 Kreuzern je Meile das billigste staatlichste Verkehrsmittel. Billiger, für höchstens 12 Kreuzer die Meile, reiste nur noch, wer sich eines privaten „Stellwagens" bediente. Mit ihm, so spotteten die Postillione, wurden 1., 2. oder 3. Klasse die Handwerksburschen gereist. Sie meinten damit: Wer gut „schmierte", der durfte bergwärts im Wagen bleiben, nebenher lief, wer ein weniges gab. Wer gar nichts gab, der mußte bergwärts schieben helfen. Im Preußischen hieß es, die Versäumnisse solcher Unternehmen ließen sich nach der Zahl der Wirtshäuser auf der Strecke berechnen.
Seit 1842 mußten die Stellwagen in Bayern eine Konzession haben. Sie verpflichteten den Unternehmer zum kostenlosen Transport von Briefpaketen der Post, die Wagen mußten acht oder mehr Sitzplätze aufweisen und durften „mit nicht mehr als zwei Pferden" bespannt sein. Karl Stieler hieß den Stellwagen deshalb einen „illegitimen Sohn der Post" und ein „Stiefkind des fahrenden Publikums". In seinen 1852 erschienenen „Reisebildern" plaudert er über die Einrichtung: „Du gelbe Idylle, die auf Vicinalstraßen spielt, die sich von Dörflein zu Dörflein schlängelt! Allen Schauder der Prosa haben sie in dich hineingepackt und doch bist auch du ein Ideal – freilich nur für die müden Füße der Handwerksburschen, für die zerrissenen Stiefel der Wanderstudenten.
Einst warst du ein Gedanke der Kulturgeschichte, ein Triumph der Zeit. Jetzt bist du ein überwundener Standpunkt; denn die Menschen haben den Glauben an deinen Beruf verloren.

„So viele Passagiere, und wir können mit langer Nase zusehen!"
(Satirisches Bild aus dem Jahr 1840)

Nur im tiefen Gebirg, nur auf dem plattesten Lande, wohin die Kultur nicht züngelt, hast du noch das Regiment. Dort sind deine alten Verehrer dir treu geblieben, dort bist du noch heute das Ereignis des Tages und der Bote des Weltverkehrs.

Denken wir uns zurück um dreißig Jahre – das war deine Blüthezeit. Vor einer Schenke in den Bergen steht der mächtige Wagen und der Wirth steht unter der Thür, mit den Händen im Sack und der Pfeife im Munde. Über seinem Haupte glänzt der goldene Stern, daß es aussieht, als trüge der Schelm einen Heiligenschein. Schief und ungewaschen thront das gelbe Gestell auf den Rädern; im Innern aber ist es mit buntem Kattun tapeziert, dem die gedankenvollen Häupter unserer Vorfahren eine unappetitliche Politur gegeben. Daß die Fenster nicht schließen, ist ein alter Brauch und deshalb gut; schlimmer als dies sind die Nummern. So viel Plätze angeschrieben sind, so viel Menschen müssen herein; ob sie wollen, ob sie können, das ist Nebensache – sie müssen. Wer daran zweifelt, den überzeugt der Kutscher mit einer Rhetorik, die unwiderstehlich ist, und die Hausknechte, diese Wirthshauscyklopen, sind ihm Bundesgenossen. Noch hat es gute Weile, der Kutscher steht noch herunten, mit dem Zügel in der einen und dem Maßkrug in der andern Hand. Der Maßkrug ist der Stundenzeiger eines Kutschers, ehe dieser abgelaufen, wird nicht fortgefahren.

Wie das Theater, so hat auch der Stellwagen seine Stammgäste, seine stehenden Figuren. Die dicke Krämersfrau mit ihrem Magazin von Schachteln, mit ihrer Suada und ihren Neuigkeiten ist allzeit da. Auch der Protz fehlt selten, nicht der zoologische, sondern der sociale Protz, der ein feister Landbürger ist, mit drei Siegelringen und einem Biergesicht. In der Ecke lehnt ein geistlicher Herr. Runde Wänglein, runder Bauch, Spuren von Schnupftaback und ein gelbes Brevier, das sind Zeichen. Manchmal schließt er die Augen und nur die wulstigen Lippen gehen auf und nieder und verrathen, daß er betet. Dominus vobiscum – Amen – Amen. Endlich schweigt er ganz und die Seufzer seiner Andacht arten in ein grimmiges Schnarchen aus.

Wie wachsam, wie lauernd ist der Unterhändler der Güterzertrümmerer, den man auch fast in jedem Stellwagen findet. Diese Burschen ziehen wie Kreuzspinnen über das Land, hier ein Geschäft, dort ein Geschäft, aber jedes ist ein Netz, in dem sich die armen „dummen Bauern" fangen. Zehnmal in einer Stunde zieht er die schmierige Brieftasche heraus und den schmierigen Bleistift und rechnet, bis die abgebissene Cigarre und ein Aschenregen darauf herunterfällt.

Tief bescheiden, fast verlegen, blickt der kleine Bauernstudent um sich, den die Gemeinde aus öffentlichen Mitteln zum Theologen züchtet. Die Ferien sind zu Ende. Engbrüstig und eingeklemmt, bleich und philiströs mit 16 Jahren sitzt der gepäcklose Jünger des Geistes zwischen den fetten Kindern dieser Welt. Wer möchte glauben, daß er einst zum Umfang seines geweihten Collegen heranwachsen würde? Die alte Köchin, die neben ihm sitzt, weil sie zu ihrem neuen Dienstherrn fährt, schimpft über den alten und blickt in den Pausen mit Andacht auf den Kleinen. Sie hat schon jetzt Respect vor ihm, denn das idealste Avancement, das einer Köchin werden kann, ist die Pfarrerköchin.

Zwischen den Beinen Aller aber schiebt sich ein riesiger Metzgerhund herum und will keine Ruhe geben, bis er endlich sein Haupt in den Schoß der Köchin legt. Und wie er ihr so sentimental in die Augen schaut, da findet sie mit Rührung, daß er dem Anton, ihrem früheren Geliebten, ganz ähnlich sieht. Denn der war auch ein Metzger gewesen, und dann streichelt sie den Hund und erzählt dem ganzen Stellwagen die Geschichte von ihrem Geliebten.

Langsam schlottert der Wagen weiter von einer Stundensäule zur andern, von einem Nest in's andere. Unscheinbar von innen und außen. . .

Draußen über dem Lande lag der Herbst. Von den rothen Bäumen tropften die Nebel und die Raben flogen über das kahle Feld, daß ihre Flügel die Scholle streiften. Wenn der Weg in die Höhe ging, stiegen die Andern aus, nur der dicke Pfarrer blieb sitzen und dispensirte sich, denn er hatte die Gewalt, zu binden und zu lösen. Langsam und mühsam ging es weiter, selten nur kam ein Fuhrwagen auf der einsamen Straße. Aber einmal kam eine Extrapost vorüber und die, welche drinnen saßen, streckten neugierig den Kopf heraus und man konnte hören, wie sie sagten: „Nur ein Stellwagen!"

In Gegenden, wo selbst Lokalbahnen nicht lohnten, da sind die Stellwagen und die Postkutschen noch in unserem Jahrhundert gefahren. Ihr Ende ließ sich freilich 1902 schon ahnen, als der bayerische Postofficial Georg Schätzel, der später Reichspostminister werden sollte, seiner Behörde in einer Denkschrift zum „Automobilismus" darlegte: „Einem harmonischen Abschlusse des modernen Verkehrswesens vollauf zu genügen, sind die Eisenbahnen nicht im stande, da der Fortführung des Schienennetzes über eine bestimmte Grenze finanzielle und technische Schwierigkeiten im Wege stehen.

Die heutigen Fortsetzungen der Verkehrsadern ins offene Land: die Pferdeomnibuslinien entbehren der Fähigkeiten, die einen gleichmäßigen Anschluß an die Intensität des Gesamtverkehrs erhoffen ließen. Diese Lücke im heutigen Verkehr auszufüllen, einen ebenbürtigen Anschluß an den mechanischen Betrieb der Eisenbahnen zu gewinnen, sind nur mechanische Kräfte berufen: Wenn nicht alle Anzeichen trügen, scheint in dem „Selbstfahrer" dieses Mittel erstanden zu sein."
Schätzels Vorschlag, die „Pferdeposten" durch „Motorposten" abzulösen, nahm 1905 Gestalt an – zuerst zwischen Bad Tölz und Lenggries. Die Strecke war ausgesucht worden, weil sie „nach der Lage und dem Umfang des Verkehrsgebiets, den klimatischen Verhältnissen und der Terrainbeschaffenheit für die Erprobung der Leistungsfähigkeit von Motorwagen in besonderem Maße geeignet" schien. In Tölz war man keineswegs beglückt gewesen. Man wollte nicht „Versuchskaninchen" sein und opponierte nach Kräften. Selbst beim Bezirksamt. Von dort kam die Zustimmung erst, als das Verkehrsministerium mahnte: „Da bereits mehrere andere Gemeinden um Errichtung von Motorwagenlinien nachgesucht und sich im weitestgehenden Maße zu finanziellen Opfern bereiterklärt haben, kann es nicht vertreten werden, diesen Gemeinden die Vorteile einer Verkehrsgelegenheit vorzuenthalten, um sie der Distriktsgemeinde Tölz wider Willen zuzuführen."
Am 31. Mai 1905 war es so weit: die Post bat zur Probefahrt. In einer dem Ereignis angemessenen Länge erfuhren die Leser der „Münchner Neueste Nachrichten" über den Verlauf: „Heute Vormittag wurde die Probefahrt für die Postmotorwagenverbindung Tölz – Lenggries vorgenommen, die erste Postmotorwagenverbindung in Deutschland überhaupt. Die Probefahrt fiel vollständig zufriedenstellend aus; die Aufnahme der täglichen Fahrten beginnt morgen am 1. Juni. Für Sonntag, 4. Juni, sind die Motorwagen bereits für vier Extrafahrten bestellt. Ein Extrazug führte den Verkehrsminister v. Frauendorfer und den Generaldirektor der Posten und Telegraphen von Ringer mit den beiderseitigen Referenten und sonstigen Verkehrsbeamten heute Vormittag nach Bad Tölz. Der Extrazug ging in München Hauptbahnhof um 9 Uhr 40 Minuten ab und traf um 10 Uhr 44 Minuten in Tölz ein. Der Verkehrsminister hatte die Liebenswürdigkeit, die Vertreter der Presse zu sich in den mitlaufenden Salonwagen zu laden, der, von der Maschinenbaugesellschaft Nürnberg erbaut, ein wahres Wunder an Pracht, Geschmack und vorzüglicher technischer Einrichtung ist. Der Wagen kostet 66000 Mark.

Der erste Kraftpostwagen (Daimler-Motorenfabrik) auf der Kraftpostlinie Bad Tölz-Lenggries, 1905

Nach der Ankunft in Bad Tölz, wo Bezirksamtmann Regierungsrat Freiherr von Malsen den Minister begrüßte, bestieg man ohne Aufenthalt die bereitstehenden zwei Postmotorwagen, die in festlichem Schmucke prangten. Die Fahrtdauer nach Lenggries war auf 40 Minuten bemessen. Die Hinfahrt erfolgte auf dem rechten Isarufer, die Rückfahrt nach Tölz auf dem linken Flußufer. Herrlichstes Wetter war der Fahrt beschieden und machte sie in der prächtigen Frühlingslandschaft, immer die Bergriesen vor Augen, von denen noch der Schnee herunterblickte, zu einem großen Genuß. Die geräumigen Fahrzeuge gleichen den kleineren Motorwagen der Münchener Trambahn. Man hat also auch bei geschlossenen Fenstern vollen Ausblick in die Landschaft und wird vom Staube nicht belästigt. Die eleganten Postmotorwagen, von der Daimler-Motoren-Gesellschaft, Zweigniederlassung Berlin-Marienfelde, hergestellt, tragen das bayerische Wappen und sind im Innern mit 17 Sitzplätzen versehen, auf der einen Seite je zweisitzig, auf der anderen einsitzig, und haben einen Stehperron zur Aufnahme von 4 Personen. Der Fahrpreis von Tölz nach Lenggries beträgt nur 50 Pfennig, während man bisher für die Postbeförderung 1,10 Mark zu zahlen hatte. Die Fahrtdauer beträgt nach dem Fahrplan 45 Minuten. Haltestellen sind nach Tölz, Untergries, Obergries, Bibermühle, Arzbach, Lenggries.

Die Postverwaltung hat die Strecke Tölz-Lenggries als Probestrecke ersten Ranges ausgesucht. Die geringe Breite der Straße und ihr baulicher Zustand, starken Steigungen und zahlreichen Brücken, machen die Fahrt zu einer durchaus nicht leichten Tour, bei der der Fahrzeuglenker die größte Aufmerksamkeit und Vorsicht anzuwenden hat. Auf der heutigen Probefahrt ist nicht der geringste Unfall passiert, obwohl die Schnelligkeit der Fahrt etwas größer war, als sie fahrplanmäßig bemessen ist. Freilich werden Straßen und Brücken verschiedene Verbesserungen nötig haben. Daß die Isarbrücken in Tölz und Lenggries die Tragfähigkeit für den Motor-Lastwagen, der die Güterbeförderung auszuführen hat, nicht besitzen, ist nicht richtig. Doch werden die Brücken der Vorsicht wegen nochmals nachgeprüft.
Die Wagen fahren außerordentlich ruhig und sind sehr leicht zu lenken. Auf dem Dach des Omnibuskastens kann Gepäck bis zu etwa dreihundert Kilogramm aufgenommen werden; während unter dem Führersitz ein mit Blech ausgeschlagener, verschließbarer Raum für die Post vorgesehen ist. Jedem Reisenden ist die Mitnahme seines Reisegepäcks, soweit sich dieses zur Beförderung durch die Motorwagen eignet, bis zum Gewicht von 50 Kilogramm gestattet. Kleinere Gegenstände dürfen die Reisenden unter eigener Aufsicht mit sich führen. Anderes Reisegepäck muß zur Verladung übergeben werden.
Jedem Reisenden ist auf das zur Beförderung aufgegebene Reisegepäck ein Freigewicht von 15 kg bewilligt. Für das Mehrgewicht an Reisegepäck ist Überfrachtporto im Betrage von 10 Pfennig für je 5 kg oder den überschießenden Teil von 5 kg, mindestens aber in der Höhe von 20 Pfennig zu entrichten.
Das Gewicht eines Fahrrades wird mit 20 kg, die Fracht also mit 10 Pfennig berechnet. Der Omnibus läuft auf Stahlgußrädern, die mit Vollgummireifen versehen sind, und zwar sind die Hinterräder mit doppelter, die Vorderräder mit einfacher Bereifung ausgestattet. Der Wagen erreicht eine maximale Geschwindigkeit von 18,5 Kilometer und nimmt mit 4,5 Kilometer stündlicher Geschwindigkeit noch Steigungen bis 14 % bei mittleren Straßenverhältnissen.
Die Rückfahrt auf dem linken Isarufer hatte noch mehr Reiz. Die Straße ist breiter und besser, das Landschaftsbild weitet sich mehr, und das Auge erfreut sich an den Wiesen mit dem herrlichen Blumenschmuck, bei dem abwechselnd die verschiedenen Farben vorherrschen. Besonders fiel eine Wiese auf mit dunkelblauen, hochgehenden Tag- und Nachtviolen.

Nach der Wiederankunft in Tölz wurde beim Bruckbräu das Essen eingenommen, das eine vortreffliche Qualität zeigte. Hierauf machte ein Teil der Gäste noch eine Fahrt zum Zollhaus, um dort den Kaffee einzunehmen, während der Verkehrsminister mit den Beamten das Einstellhaus für die Motorwagen besichtigte.
Um 3.35 Uhr fuhr dann der Extrazug von Tölz ab und kam bereits um 4.26 Uhr im Hauptbahnhof in München an, wo man sich nach einigen liebenswürdigen Abschiedsworten des Herrn Ministers trennte.
Bewährt sich die Postmotorwagenfahrt auf der Strecke Tölz – Lenggries, dann ist sie in allen Teilen des Landes einführbar. 50 Gesuche darum sind beim Verkehrsministerium bereits eingelaufen.
Auf den 1. Juli wird die Strecke Sonthofen – Hindelang eröffnet."
Außer einigen Baumstämmen wurde dem „Motorpostwagen" nichts Bemerkenswertes in den Weg gelegt. Die Isarwinkler gewöhnten sich an das staubende und stinkende „neumodische Glump" schneller, als es anfangs schien – und viel schneller als die Rösser. Das Oberpostamt München ersuchte deshalb das Bezirksamt Tölz „ergebenst", die „Besitzer jener Fuhrwerke, welche auf den durch den Postwagen zu befahrenden Straßen verkehren, aufzufordern, ihre Pferde behufs Gewöhnung an die Motorwagen den letzteren zu bestimmten Fahrten vorzuführen." Gegen den weiteren Betrieb sprach sich alsbald der Landtagsabgeordnete des Bezirks aus. Nach seiner Erkenntnis war die „Versuchsstrecke" jetzt schon ruiniert, die Vegetation durch Staub und Abgase sichtlich geschädigt und der Benzingeruch nicht mehr länger zumutbar. Den Klagen über Straßenschäden ist das Verkehrsministerium mit der folgenden Anweisung an die Motorwagenführer begegnet: „Zur Schonung der Fahrbahn ist es eine zwingende Notwendigkeit, daß die Wagenführer nicht immer ein und dieselbe Stelle einhalten und sobald sich der Beginn von Schlaglöcherreihen und Geleisespuren bemerkbar macht, solche Stellen vermeiden, damit eine möglichst gleichmäßige Abnützung der Fahrbahn stattfinden kann."
Daß die Tölzer einmal Spottkarten mit der Aufschrift „Und der Stellwagen hat gesiegt" drucken ließen, als die Pferde einen defekten Bus abschleppen mußten, das hat ihnen die Post nicht weiter verübelt. Die Behörde kannte ja die Statistik. Nach ihr war bis zum Jahresende 1905 jeder Tölzer und Lenggrieser schon sechsmal mit dem Postauto gereist.
Die letzte „Statistische Nachweisung der Königlich Bayerischen Verkehrsanstalten" vor dem Ausbruch des Ersten Weltkrieges erschien

1913. Danach verkehrten allein in Bayern 85 Motorposten in ständigem und 21 in „unständigem" Betrieb. Sie hatten in diesem Jahr über vier Millionen Kilometer zurückgelegt und dabei nicht ganz vier Millionen Reisende befördert. Im Königreich Württemberg wurden zu dieser Zeit 37 und im Reichspostgebiet 27 sogenannter Motor- oder Kraftpostlinien betrieben.
Die allerletzte Postkutsche im Reichspostgebiet, Pferdepersonenpost genannt, ist angeblich bis 1938 zwischen Holzkirchen und Dietramszell verkehrt. Mit ihr, so schrieb ein Lokalchronist stolz, sind die Briefschaften des Reichspräsidenten von Hindenburg gereist, als dieser 1931 in Dietramszell weilte.
Daß mit dieser Kutsche nach rund 250 Jahren ein Kapitel deutscher Verkehrsgeschichte schloß, ist dem Chronisten nicht und anderen Leuten auch nicht aufgegangen.

Kraftpostwagen: Kochel–Walchensee, 14 Sitze, 24 PS; 1905/06

Zeugnisse von Zeitgenossen

Anno 1790 hat Matthias Claudius in seiner literarischen Zeitschrift „Der Wandsbecker Bote" wohl als erster den Ausspruch verwendet: „Wenn einer eine Reise tut, so kann er was verzählen." Wer von der Reise heimkam, konnte freilich nicht nur erzählen, er wollte es auch, weil es den Menschen aller Zeiten ein Bedürfnis war, vom Erlebten und Geschauten zu berichten. Und daran hat sich bekanntlich bis heute nichts geändert. Aus diesem Mitteilungsbedürfnis heraus ist die Reiseliteratur entstanden, die uns, wenn wir nur wollen, in die alte Zeit zurückführen kann. Was wir brauchen, ist ein wenig Phantasie, um interessante Leute von „anno dazumal" ein Stück des Wegs „hoch auf dem gelben Wagen" zu begleiten. Steigen wir also ein und hören wir zu.

Monographie der deutschen Postschnecke 1821
Ludwig Börne
1786–1837

Es wäre Unverstand von mir, wenn ich das langsame Fahren der Postwägen innerhalb der Städte aus dem Grunde tadeln wollte, weil Knigge in seinem Buche „über den Umgang mit Menschen" das Gegentheil anrathet. Knigge nämlich sagt, in Städten solle man schnell fahren, damit, wenn am Wagen etwas Zerbrechliches sei, er da zerbräche, wo Hülfe in der Nähe wäre. Condukteurs und Postillione können hinlänglich beweisen, daß sie jenes Werk über seine Lebensart niemals gelesen haben; vielmehr sind die Vorteile dieses langsamen Fahrens auffallend. Nach den Fenstern guter Freundinnen kann man oft und lange zurücksehen; guten Freunden begegnet man zweimal auf der Straße: hat ein Reisender vergessen, seine Rechnung im Gasthause zu bezahlen, so kann ihm der Wirth nachgehen und ihn daran erinnern. Ein Ehemann, der mit mir nach Stuttgart gereist wäre, und 15 Minuten auf dem Wege vom Posthofe bis zur Brücke zugebracht hätte, würde sich getröstet und gedacht haben: jetzt endlich hat die Theure ihre Tränen getrocknet, und ich will es auch thun und mich den Eindrücken der schönen Natur hingeben, sobald ich draußen bin vor dem Affenthore. Schwerer aber ist zu entschuldigen, daß das langsame Fahren auch auf der Landstraße fortgesetzt wird. Zwar kann man dafür folgenden, nicht unbedeutenden Rechtfertigungsgrund anfüh-

ren. Der plötzliche Wechsel der Schritte, vom langsamen zu geschwinden und umgekehrt, ist den Pferden, wie bekanntlich, sehr schädlich. Da nun nach Obigem in Städten und Dörfern langsam gefahren werden müsse, und das ganze Land zwischen Frankfurt und Stuttgart so gesegnet und bevölkert ist, daß jede halbe Stunde ein Dorf oder eine Stadt liegt, so könne man nie dazu kommen, rasch zu fahren. Denn habe man, aus einem Orte kommend, den langsamen Schritt eine Viertelstunde fortgesetzt, so müsse man ihn wegen des nächsten Ortes, zur Vermeidung des schnellen Wechsels, von neuem anfangen und so immer weiter. Dem ist allerdings so; doch der Grund gegen das langsame Fahren auf der Landstraße ist von größerem Gewichte. Menschen- und Pferdekenner wissen, daß langsames Gehen am meisten ermüdet, weil man dabei länger gehen und mehr Schritte machen muß. Wirklich waren Conducteur, Postillion und Pferde bald so abgemattet, daß sie schon in Sprendlingen liegen bleiben mußten, um sich zu stärken. Dort hatte ich einen ganzen Schoppen Zeit, herauszubringen, daß die junge schöne Frau, die mir im Wagen gegenüber saß, die Neuvermählte ihres Begleiters sei, der sie vor neun Wochen in Memel, ihrem Geburtsorte, geheirathet hatte, und am Tage nach der Hochzeit mit ihr abgereist war, um sie nach Triest in sein elterliches Haus zu bringen. Er hatte sich auf dem Wege nach Frankfurt nicht länger aufgehalten, als der Postwagen. Der Gedanke erquickte mich ungemein, daß diese junge Frau so viel glücklicher sei, als andere Neuvermählte, weil sie, statt der üblichen Flitterwochen, sich langer Flitterwochen erfreuen dürfe, denn der erste häusliche Zwist kann nur zu Hause, aber in keinem Postwagen entstehen. Ja, ich trieb die Sache weiter, ich bedachte, wie sehr die schlechten Herbstwege die Fahrt verzögern müssen, und berechnete, daß die harrende Schwiegermutter in Triest nicht blos eine geliebte Schwiegertochter, sondern auch einen Enkel werde bewillkommnen und küssen können.
In Langen, als der ersten Station oder Bettfahrt, dachte ich gar nichts, sondern schlief während dem Umspannen der Pferde sanft im Bette, um nachzuholen, was ich in der vorigen Nacht wegen der Abschieds-Zeche versäumt hatte. Wir kamen um halb sechs Uhr abends in Darmstadt an. Dies war gewiß gut gefahren; denn erst um zwölf Uhr hatten wir Frankfurt verlassen, und mich, der ich in eben so viel Zeit den Weg zu Fuß mache, pflegen gute Freunde einen guten Fußgänger zu nennen. Wie viel schwerer aber ein beladener Postwagen fortzubringen sei, als ein 120pfündiger Doctor, bedenke man gehörig!

Die indifferenten Reisenden (19. Jahrhundert)

Ich wollte eben gerade einen Brief versiegeln, da trat der Conducteur in die Gaststube des Darmstädter Hofes und lärmte stark. Er fragte mich, ob ich denn nicht wisse, daß ich auf einem Postwagen fahre, der keinen Augenblick Zeit verliere und auf Niemanden warte. Ich solle eilen, denn er könne sich nicht länger aufhalten, als bis er seinen Schoppen Wein werde getrunken haben, den ich ihm soeben hätte vorsetzen lassen. Nach einer halben Stunde gingen wir Beide ans Posthaus, und wirklich war der Sattelgaul schon vorgespannt. Ich erschrak; wie leicht hätte ich zu spät kommen können!

Reise von Leipzig nach Dresden 1818
Wilhelm von Kügelgen
1802–1867

Nachdem ich hier bei Volkmann's einen Tag gerastet hatte, setzte ich die fernere Reise mit der Post fort. Zwischen Leipzig und Dresden gingen damals zwei Personenposten, die sogenannte gelbe und grüne Kutsche. Die erste dieser Gelegenheiten stieß dermaßen, daß Leib und Seele Gefahr liefen, von einander getrennt zu werden, daher besonnene Leute die andere etwas gelindere zu wählen pflegten. Doch war auch diese noch immer von der Art, daß man bisweilen vor Schmerz laut aufschrie, und wenn der Schwager nicht an jeder Schenke angehalten hätte, so würde man es kaum ertragen haben; mit solchen hochnöthigen Intervallen war es aber eine gesunde Art zu reisen. Die heftigen Erschütterungen, denen man ausgesetzt war, solange das Vehikel in Bewegung blieb, erregten nämlich Löwenhunger, den zu befriedigen jedwede Schenke und Station ihre eigenthümlichen und berühmten Leckerbissen darbot. Außer den Hauptmahlzeiten nahm man z. B. in Borsdorf einen Sandkuchen zu sich, der allezeit vorhanden und so schwer war, daß nur Postreisende ihn zu verdauen imstande waren; in Wurzen gab es ein dickes schwarzes Bier, in Luppe Ziegenkäse mit Danzinger Goldwasser, in Meißen das sonderbare Gebäck der Fummeln, hier aß man Preßkopf, dort wurden Rühreier verschluckt, und anderwärts mußte Landwein getrunken werden – kurz, von Stunde zu Stunde hatte man Gelegenheit, die Löcher wieder zuzustopfen, welche Weg und Wagen unablässig in den Magen stießen. Meine Reisegesellschaft bestand aus einem wohlhäbigen dicken Particulier, der wegen Uebermaßes von Gesundheit nach Carlsbad wollte, und einem heldenmüthigen Leipziger Studenten. Letzterer hatte ein Aus-

Lohnkutscherfahrt der Königlich-Sächsischen Post zwischen Leipzig und Dresden, 1806

sehen wie der grimme Hagen, sprach mit Nachdruck und schien seinen eigenen Erzählungen nach sich nur raufenshalber in Leipzig aufzuhalten. Auf der Brust hing ihm ein ledernes Beutelchen mit Schießpulver, aus welchem er sein Terzerol lud, um ab und zu aus den Wagenfenstern heraus zu feuern. Der Dicke drückte dann die Augen zu und bat inständigst, wenigstens das Pulversäckchen abzuhängen, das Feuer fangen könne. Es sei allerdings gefährlich, versicherte der Studio, aber darin läge gerade der Jux. Darauf schwur er bei allen sieben Weisen Griechenlands, daß wenn ein einziges Fünkchen aus seiner Pfeife dahinein flöge, so würden wir augenblicklich alle, sammt grüner Kutsche, Postillion und Pferden, wie Elias im feurigen Wagen gen Himmel fahren.

Das war schon richtig; aber bei alledem konnte man ganz sorglos sein, wenn man bemerkte, mit welcher Vorsicht jenes unheilschwangere Säckchen nach jeder Ladung zugebunden wurde. Inzwischen dauerte einen die Angst des armen Badegastes, der doch wahrscheinlich nur deshalb nach Carlsbad reiste, um sein Leben zu verlängern, und dem es daher sehr ungelegen sein mußte, es schon vorher einzubüßen. Er wurde nicht müde, dem wagehalsigen Schützen die eindringlichsten Vorstellungen zu machen, und dieser stellte die Gefahr auch nicht in

Abrede; nur meinte er, daß solche Erwägungen zu nichts anderem führten, als ein altes Weib zu werden, und eigentlich sei doch die ganze Welt ein Pulversack, und des Menschen Schicksal stehe in den Sternen, daher man machen könne, was man wolle. So blieb die Sache, wie sie war, das Pulver auf der Brust des Rennomisten, dem Particulier aber die Besorgniß eines schauderhaften Endes.

Von Bremen nach Bernburg 1826
Wilhelm von Kügelgen
1802–1867

Gestern abend um zehn Uhr warf mich der Postwagen halb gerädert auf dem hiesigen Posthofe aus; ich ging sogleich in das Bureau, um mich zu erkundigen, wann ich weiter kommen könnte, und erfuhr, daß die Diligence erst Montag nach Leipzig weiter geht. Ärgerlich und mißmutig ging ich nach dem Gasthof – zwei volle Tage und drei Nächte sollte ich in Braunschweig liegen. O hätte ich diese Zeit in Bremen noch gehabt! Ich sezte mich und schrieb Dir noch mehrere Seiten. Heute morgen . . . schickte mir der liebe Gott einen Mann auf mein Zimmer, der sich anbot, mich für 4 Taler nach Halle zu fahren, und der heute nachmittag noch abreist. Wer war froher als ich! . . .
Gestern nachmittag fuhr ich von Braunschweig ab in Begleitung eines alten Mannes, der mit mir zusammen den Wagen gemietet hatte. Wir wollten denselben Nachmittag noch bis Halberstadt und jagten daher ganz gewaltig. Daher wurden die armen Pferde, die ohnehin sehr alt und schwach waren und den Tag vorher dieselbe Tour gemacht hatten, bald müde und verweigerten bei anbrechender Nacht schon ein paarmal den Dienst. Mir taten die Tiere leid, doch dachte ich, es geht dich nichts an. Endlich nach Mitternacht blieben sie beide stehen und waren durch keine Prügel fortzubringen. Ich sagte dem Kutscher, er solle umdrehen und nach dem nächsten Dorfe zurückfahren. Der aber wurde wütend, sprang vom Bocke, fiel den Pferden in die Zügel und hieb unbarmherzig auf sie ein. Da drängten die Pferde zurück und, wie man eine Hand umdreht, lagen wir im Graben unter ein paar alten Weidenbäumen. Ich sprang heraus und sagte: „Willst du ein Kutscher sein und gehst mit den Pferden um wie ein Narr? Den Augenblick gehst du nach dem Dorfe zurück und holst Vorspann!" – „Ja – sagte oder brüllte er, vor Wut heulend – aber erst schlage ich eines von den Ludern tot oder alle beide!" und damit nahm er seine Peitsche verkehrt und

hieb den Pferden über die Köpfe rechts und links wie ein Toller, sodaß sie laut seufzten wie Menschen. Da riß auch mir die Geduld, ich faßte den Kerl an die Gurgel, rang ihm seine Peitsche aus der Hand, drängte ihn zurück und kreischte ihm zu: „Wir sind jetzt allein miteinander, und ich schlage dich tot wie einen Hund, wenn du noch eine Hand gegen die armen Bestien hebst. Den Augenblick gehst du und holst Vorspann." Da ich bis jetzt immer sehr höflich mit ihm gesprochen, erschrak der Kerl und sagte: Nun ja! ich sollte nur so gut sein und bei den Pferden bleiben.

Mittlerweile hatte sich auch mein alter Reisekumpan, der süß geschlafen hatte, aus dem Kasten gekröpelt und fragte beständig, was denn geschehen wäre. Da nun der Kutscher weg war, kam ich dazu, ihm zu antworten: „Mein Lieber! Wir liegen im Graben, fressen uns die Raben, stechen uns die Müllermücken, müssen qualvoll wir ersticken!" – „So!" – sagte er – „liegen wir im Graben? Drum kriegte ich auch so einen Ruck gegen den Kopf." Wir holten nun unsere Pfeifen hervor und gingen in der dunklen Nacht auf und ab, wohl eine Stunde lang, bis die frischen Pferde kamen. Nun ging's im Fluge fort noch ein paar Meilen, bis wir ein einsames Wirtshaus erreichten. Hier wurden die Leute aus dem Schlafe getrommelt, und wir zogen ein wie Banditen. Ich ließ mir mit meinem Alten Warmbier kochen, und dann kroch er in einem anderen Zimmer in das einzige Bett, und ich wickelte mich in meinem Mantel und legte mich auf den Tisch, wo ich auch sogleich einschlief. Als ich die Augen wieder aufschlug, dämmerte der Sonntagmorgen freundlich zum Fenster hinein.

Poststation

Mit der Extrapost von Bremen nach Deventer 1804

Johanna Schopenhauer
1766–1838

Wir reisten von Bremen ab, und diese große, uralte Stadt ließ, trotz ihres altväterischen Ansehns, ihrer mit unzähligen Erkern und Vorsprüngen verunzierten Häuser und ihrer engen Straßen, dennoch einen sehr freundlichen Eindruck bei uns zurück. Wir hatten bei ihren Bewohnern echte deutsche Sitte und jene wahre Höflichkeit gefunden, welche dem Reisenden so wohl tut, indem sie das Gefühl des Fremdeseins gänzlich verbannt. So wie wir uns aber weiter von jener berühmten Handelsstadt entfernten, gewann alles ein anderes Ansehen. Ewige schwarze Heide, kein Laub, keine Blume, kein singender Vogel, alles tot und öde wie das Chaos, ehe der Hauch des Lebens darüber wehte! Elende Dörfer, aus Lehmhütten bestehend, welche den Einsturz drohen, sogenannte Städte, die wir mit Verwunderung ansahen, weil wir gar nicht begriffen, wie man vernünftiger Weise auf den Einfall kommen könnte, darin zu leben, unterbrachen von Zeit zu Zeit die Öde ringsumher. In diesem Lande müssen die vier Jahreszeiten ganz unbemerkt vorüberziehen, den Winter ausgenommen, der doch die Gefilde in Schnee kleidet; Frühling und Herbst haben keinen Einfluß auf diese unwirtliche Fläche, wo nichts gedeiht als Torfmoor und Heidekraut, welches sich immer gleich bleibt.
Zwei Tage lang hatten wir Zeit genug, diesen und ähnlichen erbaulichen Betrachtungen nachzuhängen, und waren oft im Begriff mit Voltaire auszurufen: Quel chien de pays! Trotz der vier Pferde vor unserem nicht schweren Wagen ging die Reise doch unerträglich langsam fort: denen die westphälischen Postillions jener Gegend können nicht reiten. Die unsrigen liefen gewöhnlich neben dem Wagen her, weil auf dem Bocke kein Platz für sie frei war. Wir bekamen deren auf jeder Station zwei, und ihre wunderlichen Sprünge, wenn die Pferde einmal ein wenig trabten, waren das Einzige, was uns belustigte; gewöhnlich ging einer von ihnen neben den Pferden her, während der andere auf dem Koffer sitzend die Luft mit Herz und Ohr zerreißenden Mißtönen aus seinem Posthorne erfüllte. Endlich auf der letzten Station in Westphalen (Bentheim) gewannen die Dinge ein anderes Ansehen; alles sah hier schon holländisch aus. Wir fanden in unserem Wirt einen Herrn Bürgermeister mit einer ehrwürdigen, aus hundert Löckchen bestehenden Perücke, in dem reinlichen Zimmer ein holländischer

Kamin, auf allen Tischen Teekannen, Teetassen und auch Quispeldorjes (zierliche Spucktöpfchen von Porzellan die man beim Tabaksrauchen auf den Tisch setzt) in zierlicher Ordnung aufgepflanzt, mit Decken von grünem Flor gegen Staub und Fliegen geschützt. Die Frau Wirtin präsentierte uns Feuerstübchen mit Torfkohlen angefüllt, und nahm uns auch hernach auf gut holländisch zwei Gulden ab, weil wir an ihrem Feuer in ihrem Topfe unsere eigene mitgebrachte Schokolade gekocht hatten.
Endlich passierten wir die holländische Grenze. Ein plötzlicherer Übergang läßt sich nicht denken. Vor wenig Stunden mußten wir uns durch eine Wüste langsam hinschleppen lassen, jetzt entzückten uns fruchtbares Land, angebaute Breiten voll hohen Getreides, hübsche Dörfer und Blütenbäume voll Nachtigallen. Die Städtchen und Flecken, durch die wir kamen, sahen alle so reinlich und lachend aus! Alle Häuser, Stackete, Türen und Fensterladen neu angemalt, als wären sie gestern erst fertig geworden! Wir freuten uns wie die Kinder über das lustige bunte Wesen und hofften, es wäre nun auf immer mit der schwarzen Heide vorbei; aber wir wußten nicht, welche Trübsale uns bevorstanden: es kam ganz anders als wir dachten.
Außer den Chausseegeldern waren noch eine Menge Abgaben zu entrichten, ohne daß wir recht begreifen konnten, wofür. Fuhren wir in ein Stadttor hinein, so bezahlten wir Passagegeld: wir hielten uns keine Minute in der Stadt auf; sondern fuhren gleich wieder zum andern Tore hinaus; da capo: Passagegeld. Dann hieß es, mijn heer gij betaalt tol, und so immer fort. Zuletzt waren wir die Sache so gewohnt, daß wir schon von selbst zu einander sagten, mijn heer gij betaalt, wenn wir jemand an der Landstraße stehen sahen, der uns scharf ansah, und irrten fast nie. . ."

Um zwei Uhr waren wir in Almelo, einem Flecken oder Städtchen. Wir wollten weiter nach Deventer. Der Herr Postmeister, ein großer Politiker, schüttelte das weise, ebenfalls mit einer hundertlöckigen Perücke wohlversehene Haupt und meinte: das ginge nicht, weil Deventer, als eine Festung, regelmäßig Punkt zehn Uhr geschlossen würde. Wir rechneten ihm vor, daß man in acht Stunden wohl vier Meilen fahren könne; so ließ er uns denn unserm blinden Willen folgen, gab uns vier große prächtige Pferde, seinen Herrn Sohn zum Fuhrmann, seinen Segen obendrein, und fröhlich rollten wir dahin bis an das Tor. So wie wir aber aus dem Orte waren, ging es Schritt vor Schritt, Fuß vor Fuß weiter auf dem ebensten Wege von der Welt. Alle halbe Stunde wurde gehalten, um den Pferden allerhand Erfrischungen zu präsentieren. Wir baten, wir schalten, wir baten wieder, nichts half, unser Führer sah sich kaum nach uns um, es war als wären wir gar nicht da. Endlich versuchten wir das letzte Mittel. Ein goldener Dukaten soll ja ein Talisman sein, der jedes echt holländische Herz in süße Bewegung setzt, den glänzendsten, den wir nur finden konnten, ließen wir im Glanz der Abendsonne blinken und setzten ihn zum Preise unsers Eintreffens in Deventer vor Torschluß. Ein ganz klein wenig drehte der Unerbittliche den Kopf nach uns um und blinzte das Goldstück verstohlen an. Hat die Herrschaft so große Eile? fragte er; wir versicherten es ihm auf's lebhafteste. – Ich nicht – sagte er gelassen und fuhr so langsam weiter wie zuvor.

Endlich sahen wir in der Dämmerung die Türme von Deventer am Horizont sich erheben; wir hofften also dort noch zeitig genug einzutreffen, um uns einmal wieder in einem guten Gasthofe recht auszuruhen. Jetzt ward es dunkler, die Pferde trabten ein wenig; wir hofften lebhafter; mit einmal hielt der Wagen an der Tür einer einzeln liegenden Bauernkneipe, und unser Fuhrmann am Schlage bedeutete uns, wir müßten bis gegen Morgen hier bleiben; zugleich hörten wir aus der Ferne die Trommel zu uns herüberwirbeln, die den Torschluß von Deventer verkündigte. Zu sagen, daß wir uns gleich in dies Schicksal ergaben, wäre eine zu unwahre Behauptung. Doch wir ergaben uns, weil wir mußten. Nach besserer Überlegung beschlossen wir sogar bonne mine zu machen so viel wie möglich, und traten in die dunkle Tür der räucherigen Hütte.

Da standen wir in einer dunklen Bauernstube. Ein von Zeit zu Zeit hellauflodderndes Kaminfeuer und eine Tranlampe verbreiteten ein seltsames flackerndes Licht auf ein Dutzend Bauern, welche an

verschiedenen runden Tischen saßen und Spülwasser tranken, welches man hier zu Lande Kaffee nennt. Große messingne Kannen standen, rundum mit Hähnchen versehen, zum möglichst bequemen Auszapfen dieser Panacée (= hier wohl: Zaubertrank) und winzig kleine Delfter Tassen standen vor ihnen. Alle hatten schwarze lange, zugeknöpfte Röcke an und platte dreieckige Filzdeckel auf den Köpfen, deren mittlere Spitze vorn hoch in die Höhe stand. Stumm saßen sie da, kein Laut ertönte, sie waren so ganz in Phlegma versunken, so ganz ohne Leben, Bewegung und Neugierde, daß kaum einer bei unserem nicht geräuschlosen Eintritt den Kopf ein wenig nach uns wandte.
Endlich fingen wir an, nach dem Wirte zu fragen. Keiner der Automaten rührte sich, keiner antwortete; einer endlich erbarmte sich unser und zeigte mit dem Finger auf eine Seitentür, jedoch ohne sich dabei mehr in Bewegung zu versetzen, als eben nötig war. Wir folgten dem Winke und traten in ein zweites, dem vorigen ähnliches Zimmer, in welchem sich niemand befand. So wie in Schiffskajüten waren in einer ziemlichen Höhe vom Fußboden einige Betten an den Wänden angebracht; nur die enge Öffnung, durch welche man hineinkriecht, verriet ihr Dasein, eine kleine Gardine von buntem großblumigen Katun hing davor. Wir fingen jetzt an, unsere Situation wahrhaft komisch zu finden, indessen allmählich gewann die Sache eine bessere Gestalt. Die alte Wirtin kam endlich herbei geschlichen, bald loderte ein freundliches Feuer im Kamin; wir erhellten das Zimmer mit den Wachslichtern aus den Wagenlaternen; das Wasser brauste häuslich im siedenden Kessel; wir setzten uns zum Teetisch vor den Kamin und suchten mit Lesen, Plaudern und sonst so gut wir konnten die Zeit erträglich hinzubringen.
Allmählich aber wurde es um uns lebendig, die Stummen aus dem Nebenzimmer traten herein; wir glaubten, die Flöte, welche einer von unserer Gesellschaft eben geblasen hatte, habe sie herbeigelockt, und fingen schon an, unseren Musiker als einen zweiten Orpheus zu ehren, der selbst Steine in Bewegung setzen könne; da sahen wir aber mit Erstaunen, wie unsere Holländer, ohne sich im mindesten zu genieren, anfingen ihre Nachttoilette zu machen und sich immer drei und drei in ein Bett zur Ruhe zu begeben.
Das war uns denn doch zuviel, anfangen konnten wir mit diesen Leuten nichts, das wußten wir schon aus Erfahrung; uns blieb also nur ein weiser Rückzug in das soeben von ihnen verlassene Zimmer, wo wir dann bald ihr melodisches Schnarchen hörten, welches alle Flöten der

Welt übertönt hätte. Endlich erfreute uns der anbrechende Tag und die Nachricht, daß angespannt sei; froh stiegen wir in den Wagen, schlichen noch eine Stunde langsam weiter und erreichten endlich Deventer, wo wir uns von der Ermüdung jener abenteuerlichen Nacht erholten . . .

Ankunft im Städtchen

Auf der Postchaise von Magdeburg nach Münster 1821
Karl Immermann
1796–1840

Bis Hildesheim ging's auf ganz abscheulichen Wegen schneckengleich. Vor Hildesheim in der Nacht verfuhren wir uns gänzlich, kamen auf morastige Wiesen, an aufgeworfene Gräben, mußten aussteigen, und durch Koth waten, und waren darauf kaum wieder eingestiegen, als die ganze Postkutsche an einem kleinen Hügel umschlug. Heiliger Gott welche Finsterniß, was für ein Chaos von Beinen, Armen, Gesichtern! Ich kam bei dieser Gelegenheit recht eigentlich unter Menschen, denn über mir lag ein dicker Pordtèpeefähnrich, von etlichen Zentnern.

Die Berlinerin schrie aus der untersten Hölle: Herr Jesus, ich ersticke! Herr Fähnrich, Sie sperren mir ja in die Beine! – Nachdem jeder seine Gliedmaßen wieder zusammengerafft hatte (ich war übrigens nicht im mindesten verletzt) so krochen wir aus dem Bauch des Unthiers durch das Guckfenster, einer nach dem Anderen, wie Schornsteinfeger aus dem Rauchfange. Was war draußen zu thun. Pechschwarze Nacht, unendliches Regengewässer und Schmutz am Boden . . . Wir krochen ins nächste Dorf, fanden dort eine schändliche, wegen Diebeshehlerei berüchtigte Kneipe, in ihr viel Volks, beiderlei Geschlechts, worunter zwei Musikanten, die gegen Gr. die bekannte tönende Leier zu Burg, sich ungefähr so verhielten, wie letztgenannter Künstler gegen Bernhard Rhode, Spohr etc. Sofort wurde beschlossen, einen glänzenden Ball zu arrangieren, ich ließ eine Bollenkammer im oberen Stock abfegen, den Künstlern ein Bierglas Schnaps einschenken, und eröffnete den Tanz mit einer Göttin des Kuhstalls. Gesammtes Passagier- und bäuerliches Personal folgte, und es entstand eine Wirthschaft, wie auf dem Brocken in der Walpurgisnacht. Bis 1 Uhr dauerte diese anständige Fröhlichkeit im Dorfe Klein Eber (denn es wäre schade, wenn das Gedächtniß dieses merkwürdigen Örtleins verloren gehen sollte.) Dann wurde der Ball aufgehoben, unsre bläuliche Carosse, die mehrere aufgefundene Hebebäume endlich wieder zum Stehn gebracht hatten, fuhr vor, die Herrschaften begaben sich nach Hause, d. h. hierher nach Münster, bis wohin, bis auf ganz entsetzlichen Sturm, und dito Regen, nichts Sonderliches passirte.

Schnellpostfahrt in einer sächsischen Post-Bei-Chaise 1835
Moritz Gottlieb Saphir
1795–1858

Hört meine Leiden und kehrt heim in eure stillen Hütten, verzichtet auf alle eure Geschäfte und stimmt eine Te-Deum an, daß euch ein schauderhaftes Beispiel von der endlosen Pein einer sächsischen Post-Bei-Chaise abschreckte und befreite. Sächsische Post-Bei-Chaise! Erhabenes Marter-Instrument menschlicher Gebeine; holperndes, enggleisiges, weithin klapperndes, beinverrenkendes, rippenzerschmetterndes Kleinod postämtlicher Geister!
Sächsische Post-Bei-Chaise! Du mit mir und der Welt zerfallnes Gemüt! Sächsische Post-Bei-Chaise! Vierte Grazie! Zehnte Muse! Achtes Wunderwerk der Welt! Du Beinhaus der Lebendigen! Du Knochen- und

Nüsseknackendes Wesen der Vorwelt! Sächsische Post-Bei-Chaise, leb wohl! Leb auf ewig wohl! Wir sehen uns nie mehr wieder. Bosheit habe ich dulden lernen, Falschheit kann ich ertragen, aber wenn eine Chaise aus ihren Fugen tritt, wenn eine Post-Bei-Chaise zur Megäre wird, dann fahre hin, menschliche Geduld, und jede Faser recke sich zu Gram und Verderben!

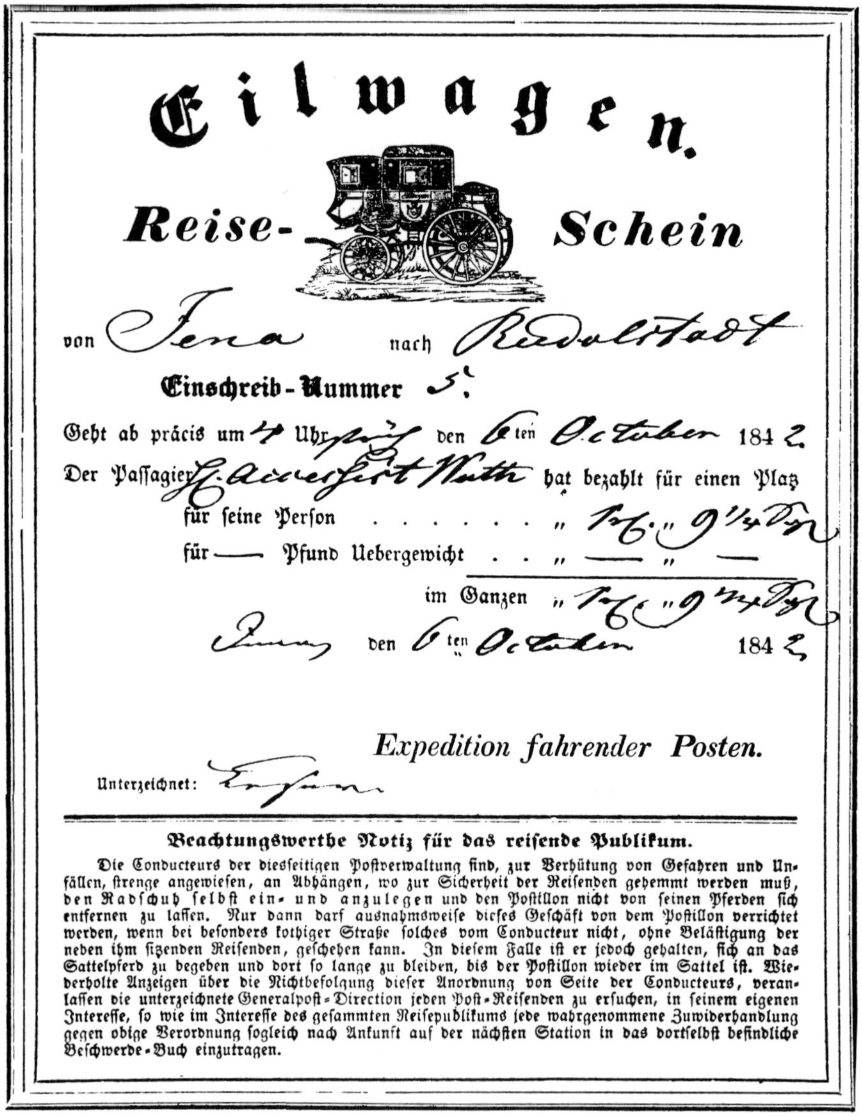

Eilwagen.

Reise-Schein

von Jena nach Rudolstadt

Einschreib-Nummer 5.

Geht ab präcis um 4 Uhr den 6ten October 1842

Der Passagier ... hat bezahlt für einen Platz

für seine Person . . . . „

für — Pfund Uebergewicht . . . „ — „ —

im Ganzen „

den 6ten October 1842

Expedition fahrender Posten.

Unterzeichnet:

Beachtungswerthe Notiz für das reisende Publikum.

Die Conducteurs der diesseitigen Postverwaltung sind, zur Verhütung von Gefahren und Unfällen, strenge angewiesen, an Abhängen, wo zur Sicherheit der Reisenden gehemmt werden muß, den Radschuh selbst ein- und anzulegen und den Postillon nicht von seinen Pferden sich entfernen zu lassen. Nur dann darf ausnahmsweise dieses Geschäft von dem Postillon verrichtet werden, wenn bei besonders kothiger Straße solches vom Conducteur nicht, ohne Belästigung der neben ihm sitzenden Reisenden, geschehen kann. In diesem Falle ist er jedoch gehalten, sich an das Sattelpferd zu begeben und dort so lange zu bleiben, bis der Postillon wieder im Sattel ist. Wiederholte Anzeigen über die Nichtbefolgung dieser Anordnung von Seite der Conducteurs, veranlassen die unterzeichnete Generalpost-Direction jeden Post-Reisenden zu ersuchen, in seinem eigenen Interesse, so wie im Interesse des gesammten Reisepublikums jede wahrgenommene Zuwiderhandlung gegen obige Verordnung sogleich nach Ankunft auf der nächsten Station in das dortselbst befindliche Beschwerde-Buch einzutragen.

Die geistigen Unannehmlichkeiten, welche eine vierundzwanzigstündige Fahrt auf einer sächsischen Post-Bei-Chaise gewährt, sind ungefähr folgende: Kopfweh, Schulterschmerz, Rückendarre, Rippenbruch, Wadenkrampf, Kniegicht, Seitenstechen, Bluthusten, Schenkelverrenkung und ander ähnliche Folgen des Leichtsinns und der schwärmerischen Umarmung mit ihr. Zu den Nebengeschäften gehören: Zerrissene Mäntel, verlorene Felleisen, zerknickte Hüte, abgetretene Stiefel, zerbrochene Pfeifen und dergl.
Auf der höchsten Stufe knochenzermalmender Vollkommenheit steht die sächsische Post-Bei-Chaise in Borna; diese Maschinerie ist gewiß eine Erfindung der Tungusen, hartnäckige Verbrecher zum Geständnis zu bringen. Das Aueßere der Bornaer Mord-Maschine ist einfach und bescheiden, aber die Kraft des Innern, die innewohnende Genialität, diese ist einzig; binnen fünf Minuten wird in ihr der roheste Mensch windelweich. Man sagt auch, daß im Jahre 1836 die naturforschende Gesellschaft ihre Zusammenkünfte in der Bornaer Post-Bei-Chaise halten werde, um ihre wunderbaren Eruptionen und Erschütterungen bei unterirdischem Getöse und Lärmen zu untersuchen.
Bis dahin, friedliebender Wanderer, vermeide den örtlichen Umgang mit der sächsischen Post-Bei-Chaise; gehe zu Fuße, du fährst besser! Folge meinem Rate, damit es dir wohl gehe, und du leben bleibst auf Erden. Amen!
So geschehen zu Stuttgart, nach überstandenem Kopfweh und anderen durch die sächsische Post-Bei-Chaise herbeigeführten Leiden.

Höchst anmutige Fahrt des Barons Beisele mit seinem Hofmeister Dr. Eisele nach Leipzig in einer sächsischen Beichaise.

Bekanntmachung.

Durch Königliche Allerhöchste Verfügung vom 22. Juli 1823 ist

die Extra-Post-Taxe

bei der Königl. Baier. Post-Station *Röttenbach bei Allersberg*

auf 1 Gulden 15 Kr. per Pferd und einfache Post festgesetzt worden.

Post-Entfernung		Beförderungs-Zeit.	Betrag des Post-Geldes für								
Nach	Posten.	In Stunden.	auf Posten	2 Pferde		3 Pferde		4 Pferde		6 Pferde	
				fl.	kr.	fl.	kr.	fl.	kr.	fl.	kr.
			½	1	15	1	52½	2	30	3	45
Nürnberg	*¾*	*1¼*	¾	1	52½	2	48¾	3	45	5	37½
Allersberg	*¾*	*1¼*	1-	2	30	3	45	5	-	7	30
			1¼	3	7½	4	41¼	6	15	9	22½
			1½	3	45	5	37½	7	30	11	15
			1¾	4	22½	6	33¾	8	45	13	7½
			2-	5	-	7	30	10	-	15	-

Das Trinkgeld für die Postillons ist bestimmt auf 20 kr. per Pferd und einfache Post, wenn die Beförderung mit 2 Pferden Statt hat. — Bestehet die Bespannung in mehr Pferden; so ist für jedes weitere Pferd 10 kr. für die einfache Station mehr zu entrichten. Demnach erhält der Postillon bei einer Postfuhr mit 3 Pferden auf eine einfache Station 30 kr., mit 4 Pferden 1 fl., und mit 6 Pferden 1 fl. 20 kr. Im letzten Falle ist dieser Betrag für die zu verwendenden zwei Postillons zusammen genommen, als taxmäßiges Trinkgeld zu verstehen.

Wenn sich Reisende von den Posthaltern mit Chaisen bedienen lassen, so ist hiefür zu entrichten: für eine unbedeckte Kalesche auf ½ und auf ¾ Post 20 kr.; auf 1 und auf 1¼ Post 30 kr.; auf 1½ Post 40 kr.; auf 1¾ und auf 2 Posten 48 kr.; — für eine in Riemen und Federn hängende halb oder ganz bedeckte Post-Chaise auf ½ und auf ¾ Post 36 kr., auf 1 und auf 1¼ Post 48 kr.; auf 1½ Post 1 fl.; auf 1¾ und auf 2 Posten 1 fl. 12 kr. — Für die Schmierung der Post-Chaisen sind 12 kr. zu entrichten. — Eben soviel bezahlen hiefür jene Reisende, welche mit eigenen Wagen reisen, in dem Falle, wenn sie die Schmierung desselben verlangen. Liefert aber der Reisende das Schmier-Material selbst, so sind dem Poststallknecht, welcher die Schmierung besorgt, für seine Bemühung 6 kr. zu entrichten.

Die Taxe für die von reitenden Courriers, oder von den, denselben beizugebenden Postillons gebraucht werdenden Pferde, beträgt 30 kr. für die einfache Post mehr, als die jedesmal bestehende gemeine Extra-Post-Taxe: das Trinkgeld an den Postillon, wo dessen Begleitung Statt findet, ist mit 40 kr. von der einfachen Station zu bezahlen.

Königlich-Baierische General-Post-Administration.

Extra-Post-Taxe für die Linie Nürnberg–Allersberg

Posthalter, Kondukteure, Postillione

Als die taxisschen Postmeister um die Wende vom 15. zum 16. Jahrhundert die ersten Postlinien einrichteten, mußten auf den Strecken notwendigerweise Herbergen und Pferdestallungen vorhanden sein, damit die Stafettenreiter wechseln konnten und frische Pferde bereitstanden. Aus diesen Herbergen sind im Laufe der Zeit die „Posthaltereien" geworden. Mit dem Aufkommen der Postkutschen mußten sie auch für die Bespannung der „Ordinari-Posten" – das waren die fahrplanmäßigen Verbindungen – sowie für die „Extraposten" eine vertraglich vereinbarte Zahl von Pferden halten, neben den Reisenden auch die Postsendungen befördern und eine heizbare „Passagierstube" im Haus haben. Die Posthalter übten den Stalldienst fast regelmäßig in Personalunion mit dem Amt des Expeditors aus, d. h., sie waren zudem die Leiter der örtlichen Postämter. Dem süddeutschen Expeditor entsprach in Norddeutschland der Postmeister. Auf die Frage nach dem Postamt antworteten die schlagfertigen Berliner also ganz richtig: „Da gehen Sie am besten immer den Pferdeäppeln nach." Als Posthalter wurden häufig Wirte verpflichtet, da sie die besten Voraussetzungen boten. Aber auch Bauern mit einigem Grundbesitz kamen zum Zuge, ebenso die Metzger und später dann noch die Lohnkutscher. Für vermögenslose Fretter bestand wenig Aussicht auf Übernahme eines Poststalles, zumal zeitweilig eine gehörige Kaution verlangt wurde.

Eine Posthalterei war in aller Regel sehr begehrt, nicht nur, weil der Titel lockte, sondern auch, weil mit der Übernahme ein nicht unbedeutender Profit in Aussicht stand. Das Land Preußen hat aus dieser Nachfrage im 18. Jahrhundert ein Geschäft gemacht. Die Bewerber um eine Postmeisterstelle sollten zwar „fähig" sein, sie mußten sich aber auch „mit der Rekrutenkasse abfinden". Das hieß, daß ein Kaufpreis zugunsten des Militärs zu zahlen war, der gewöhnlich den dreijährigen Einkünften der Stelle entsprach und noch aufgerundet werden konnte. Ihre „Fähigkeit" zum Postdienst entdeckten Studenten, Kammerdiener, Kaufleute, Schreiber, Chirurgen, Soldaten, Schulmeister und nicht zuletzt auch geistliche Herren. Bei der Vergabe des Postamtes Templin suchte sich der König den fähigsten Bewerber selbst aus. Als ein Student 250 Taler und ein Bürgermeister 270 Taler bot, entschied Seine Majestät: „der 300 Taler voll

giebet, soll haben." Eine Ausnahme wurde nur bei der Stellenbesetzung in Berlin gemacht. Hier befahl Friedrich Wilhelm I.: „soll den Menschen examinieren, ob er Verstandt und guten Kopp hat." Der Rekrutenkasse müssen auf diese Weise bedeutende Summen zugeflossen sein. So legte ein Bewerber für das Amt in Hamburg 6000 Taler auf den Tisch, das Postamt in Küstrin war für 2500 Taler zu haben und für 1000 Taler wurde die Stelle in Perleberg vergeben.
Mit den Bewerbern, die sich nur durch ihren Geldbeutel qualifizierten, hat das Generalpostamt in Berlin verständlicherweise nicht die besten Erfahrungen gemacht. Das geringe Dienstinteresse und die Unwissenheit dieser Postmeister hatte zur Folge, daß der Postkasse bald fehlte, was über die Rekrutenkasse hereinkam. Unter Friedrich dem Großen verschwand die Rekrutenkasse. Seine Auffassung von Qualifikation fand in dem Vermerk Ausdruck: „Der Nahmen des Menschen thuet mir nichts, wann es nuhr ein zuverlesiger Mann von gutem Verstandt ist und der mihr versteht und meine orders ohne viel raissonieren nachlebet." Auf die Beschwerde eines älteren Bewerbers wegen der Bevorzugung eines jüngeren, talentierteren schrieb der König denn auch: „ich habe einen Hauffen alte Maulesels im Stal, die lange den Dienst machen, aber nicht daß sie Stalmeisters werden."
Der Berufsstand erlebte seine Blütezeit im 18. und noch mehr im 19. Jahrhundert, bis das „Teufelsding" Eisenbahn nach und nach erst die stark frequentierten Postlinien und zuletzt mit dem Bau der „Vizinalbahnen" auch die kleineren Verbindungen auffraß. Zu den Honoratioren zählten die Posthalter allemal; nicht wenige von ihnen waren auch im Parlament vertreten. An Standesbewußtsein hat es den wenigsten gefehlt. Das ist gelegentlich auch im Umgang mit den Reisenden zum Ausdruck gekommen. Wie sonst wäre es zu verstehen, wenn ein Reiseschriftsteller im Jahre 1820 seinen Lesern den Rat gab, unterwegs mit Freundlichkeit aufzutreten und fortfuhr: „. . . so trifft man oft Wirthe, oder Postmeister an, die ohne eben grob zu sein, doch stolz thun. Man fährt immer schlecht, wenn man sich auf eben diesen Ton stimmt." Und das durfte wörtlich verstanden werden.
In seinem sprichwörtlich bekannten Buch „Über den Umgang mit Menschen" hat sich auch der Freiherr von Knigge der Posthalter angenommen, indem er ihnen „eine ausgezeichnete Grobheit" bescheinigte. Er empfahl dagegen „ein ernsthaftes, von einer gewis-

sen Würde begleitetes Betragen" zu setzen und, wo es angebracht schien, ein freundliches Wort. Über die Praktiken gewisser Beutelschneider hieß es bei Knigge: „Manche Postmeister, die zugleich Gastwirte sind, brauchen folgenden Kunstgriff zu ihrem ökonomischen Vorteil. Wenn man Pferde wechselt und indes eine kleine Mahlzeit bestellt, so dauert es ungebührlich lange, ehe diese fertig wird. Indes werden die Pferde gefüttert und angeschirrt. Kaum aber steht unser Essen auf dem Tische, so meldet schon der Postillon mit dem Horn, daß er fertig sei und fort wolle. Man soll also in Eile wenig essen und dennoch eine ganze Mahlzeit bezahlen. Ich rate aber, wenn man nicht sehr eilig ist, sich nicht irre machen zu lassen, sondern mit voller Muße zu speisen." Indirekt wurde der Vorwurf Knigges durch die gedruckte Postordnung bestätigt, denn dort stand: „. . . das gottlose Fluchen in den Passagierstuben (ist) den Reisenden selbst dann untersagt, wenn sie einmal die gewohnte Erfrischung an Essen und Trinken nicht vorfinden sollten."

Daß die Posthalter nicht zu selbstherrlich wurden, dafür sollte das Beschwerdebuch sorgen, das jedem Reisenden auf Verlangen vorgelegt werden mußte. An diese Einrichtung erinnert die Redewendung: „Herr Wirt, das Beschwerdebuch." Das Beschwerdebuch wäre vermutlich noch weniger benutzt worden als es ohnehin geschah, wenn die Verärgerten auch die „Vorbemerkungen" zur Kenntnis genommen hätten. Deren erster Satz hieß: „Die Beschwerden, welche ein Reisender wegen seiner Beförderung oder wegen der ihm etwa von Seiten der Post-Angehörigen zugegangenen ungebührlichen Behandlung vorzubringen haben sollte, können, wenn solche eine schleunige Abhülfe und die Einschreitung der Polizey-Behörde erfordern, bey derselben vorgetragen, außerdem aber dem betreffenden Ober-Postamte, oder der General-Post-Administration unmittelbar, mit Belegung des Thatbestandes oder Berufung auf Zeugen oder andere beweisende Umstände angezeigt, oder in das auf jeder Postablösung zu diesem Zwecke vorliegende Passagiers-Beschwerde-Buch von den Reisenden eigenhändig mit Unterschrift des Namens und des Standes und der Vormerkung seines Wohnorts eingetragen werden."

Respekt! muß man sagen, wenn sich da einer durchgelesen und seinen Ärger dann anschließend noch schriftlich formuliert hat.

Die Beschwerdebücher sind leider samt und sonders verschwunden, da sie offenbar nicht „archivwürdig" waren. Zu zitieren bleibt deshalb nur, was früher einmal abgeschrieben wurde, wie zum Beispiel: „Heute Nacht mit Postwagen von Partenkirchen nach Murnau kommend wurde eine Minute vor der Abfahrt in das schon von 2 Personen besetzte Coupé noch ein weiterer kräftiger Mann hereingeschoben und sofort abgefahren, wodurch ich erst bei Ankunft in Weilheim meine Beschwerde anbringen konnte. Ich bitte hochlöbliches Kgl. Oberpostamt um entsprechende Genugtuung die mir hiedurch durch diese Einpressung und Schädigung meiner Rechte da ich die Taxe für Coupé bezahlt habe. Resp. Entschädigung. Ich bitte um wohlgefällige Benachrichtigung über das Geschehene nach Ulm. (nebst Vergütung)."

Weil es beileibe nicht jedermann lag, eine Beschwerde im Beisein des Beklagten zu formulieren und diese gar noch an Ort und Stelle zurückzulassen, hat mancher Verärgerte seinen Verdruß lieber einem verschlossenen Brief an das Oberpostamt anvertraut. Andere haben, um Mißstände aufzuzeigen, ihre Feder in der Öffentlichkeit

95 *Bayerisches Posthausschild um 1900*

gespitzt. Behördlicherseits wurden die Posthalter durch eigens ernannte Inspektionsbeamte kontrolliert, die einschritten, als beispielsweise der Postmeister von Kassel die Reisenden anstatt in der Postkalesche „auf einem gemeinen Ackerwagen" nach Halberstadt schickte oder, weil der hessische Postmeister in Witzenhausen seine Pferde und die vom Staat gelieferten Uniformen der Postillione versetzt hatte. „Sein Postillion", so hieß es in dem Kontrollbericht, „reitet mit einem matten geborgten Gaul in einem grauen, zerrissenen Rock ohne Horn unter Anspotten der Buben auf den Gassen langsamb fort; mag sehen, wie er die Stunde innehalte."

Ärgernisse hat es nicht nur auf seiten der Reisenden gegeben, auch die Posthalter haben mit gewissen Kunden ihre blauen Wunder erlebt. Mancher von ihnen ist von einem ungeduldigen Reisenden mit der Peitsche traktiert worden und nicht selten sind einem Posthalter durch fremde Schuld die Pferde krepiert. Streit um den Fahrpreis, wenn bei schlechten Wegen mit vermehrtem Vorspann gefahren wurde, Ärger mit dem Personal, Unglück im Stall und auf dem Feld – alles blieb an ihm hängen und das Oberpostamt war weit. Mit noblen Herrschaften mußte er ebenso umgehen können wie mit Handwerksburschen, die umsonst befördert sein wollten. Am ärgerlichsten war es für einen Posthalter, wenn Extrapostreisende Pferde im voraus bestellten – das geschah mit einem „Laufzettel" – jedoch aus irgend einem Grunde unentschuldigt ausblieben. Sechs Stunden über die gemeldete Ankunftszeit hinaus mußten die Rösser nämlich bereitstehen; erst dann durften sie wieder abgeschirrt werden. Das „Wartgeld", das dem Posthalter in diesem Falle zustand, entsprach zwar annähernd dem tatsächlichen Fuhrlohn, doch wollte dieses von Reisenden, die man u. U. überhaupt nicht zu Gesicht bekam, erst einmal vereinnahmt sein. Und die „feinen Leute" – die Extrapost-Reisenden waren gewissermaßen die Erster-Klasse-Fahrer der Vergangenheit – hatten oft ganz erstaunliche Ausreden parat, wenn sie von einer solchen Zahlung loskommen wollten. Auch wenn sie selber Schuld trugen. Für nicht vorgespannte Rösser zu zahlen, fiel halt schwer.

Daß es sich beim Postgeld und Trinkgeld für Extraposten um ganz erhebliche Summen handeln konnte, zeigt der Fall des englischen Admirals und Mitglied des Unterhauses Dundas vom Jahre 1845, in den sich sogar das bayerische Staatsministerium des kgl. Hauses und des Äußern verwickelt sah.

Bayerischer Postwagen, Mitte des 19. Jahrhunderts (Scherzzeichnung)

Spottbild auf die „Neueste Art der Eilwagen-Beförderung in Baiern"

Der Admiral hatte in Augsburg logiert. Für seine beabsichtigte Weiterreise nach Würzburg mußte ihm der Gastwirt Deuringer für drei dreispännige Kutschen je Poststation neun Pferde bestellen. Indes, die Posthaltereien Harburg, Nördlingen, Fremdingen, Dinkelsbühl, Feuchtwangen, Oberostheim, Rothenburg, Uffenheim und Ochsenfurt hielten anderntags nach dem angekündigten Reisenden vergeblich Ausschau. 81 Gäule blieben umsonst geschirrt. Ihrer Majestät Admiral hatte es nämlich aus irgend einem Grund vorgezogen, von Donauwörth aus sogleich den Weg über Stuttgart und Paris nach London einzuschlagen, ohne die Pferde nach Würzburg abzubestellen. Den Posthaltern entgingen dadurch Einnahmen in Höhe von 155 Gulden und 2 Kreuzern. (Die Höhe dieser Summe wird deutlich, wenn man weiß, daß um diese Zeit 3 kg Schweinefleisch 1 Gulden kosteten.) Die Geschädigten machten deshalb aus ihrem Unmut kein Hehl. Sie wandten sich hilfesuchend an den Staatsminister des Äußern, Freiherrn von Gise, worauf dieser den bayerischen Gesandten in London anwies, den Admiral um Stellungnahme und Zahlung zu bitten. Dies war jedoch einfacher gesagt als getan. Der Gentleman verzichtete nämlich auf jegliche Antwort. Vier Monate nach seiner Abreise von Augsburg ist er aber dann doch noch mit dem vollen Betrag herausgerückt, weil die Gesandtschaft im Auftrag des Ministers mit einer Eingabe an Lord Aberdeen und einem Schreiben an die Admiralität gedroht hatte. Daß der Gastwirt Deuringer in Augsburg schuld sei, weil er eine falsche Strecke gebucht habe, hat der Admiral zu seiner Rechtfertigung vorgebracht.
Dem Staatsminister von Gise war der englische Konflikt gewiß noch gut im Gedächtnis, da provozierte ihm der Posthalter von Würgau im Oberfränkischen einen Verdruß mit dem Flügeladjutanten des Kaisers von Rußland, Graf von Chemiot. Und das kam so: Auf der Reise von Kissingen nach Dresden war der Offizier des Zaren in Bamberg wider Erwarten lange aufgehalten worden. Er hatte dort angenehme Gesellschaft getroffen, hatte Stunde um Stunde auf das charmanteste parliert und die Posthalter, die beauftragt waren, ihn mit je acht frischen Pferden zu erwarten, ganz vergessen. In Würgau und Hollfeld, den Bamberg nächst gelegenen Stationen seiner Weiterreise, wo es ohnehin nicht mehr Pferde als die angeforderten gab, herrschte derweil böses Murren über das lange Ausbleiben des Grafen, mußten doch andere Reisende mit angemieteten Bauernrössern fahren, währenddem die Postpferde im Stall stampften. Gegen

Postillion auf der Dorfstraße

Abend, die vorgeschriebene Wartefrist war längst vorbei und kein Mensch rechnete mehr mit dem Eintreffen des Grafen, rumpelte dessen Kutsche von Bamberg her durch die Würgauer Dorfstraße zum Poststall, wo der vornehme Herr seine acht vorausbestellten Pferde begehrte.
Vielleicht hat sich der Posthalter Muß gedacht: „wer nicht kommt zur rechten Zeit ...", ausgesprochen hat er es allerdings nicht. Er beteuerte vielmehr, wie leid es ihm tue, daß nun inzwischen eine andere Reisegruppe mit sechs seiner Pferde abgefahren wäre. Floskeln und die Aussicht, in einem Bauerndorf nächtigen zu müssen, das muß den Grafen gewaltig aufgebracht haben. Wie ein Kutschknecht fluchend, drohte er dem Posthalter Beschwerde beim Ministerium und beim König an und verlangte sofortiges Umspannen, „gehe es wie es will." Der weidlich erschrockene Posthalter geriet seinerseits in Rage, als ihm der Graf auch noch die „Post-Transportordnung für das Königreich Bayern" vor die Füße warf, die er ihm zur Rechtfertigung vorzuzeigen gedachte. „Gut! Gehe es, wie es will, Euer Gnaden," antwortete er zornig. „Sechs Ochsen aus meinem Stall werden Euch nicht schlechter über den Würgauer Berg ziehen denn acht Postpferde. Höchstens langsamer."
Wie der Herr Graf diese Impertinenz geschluckt hat, ist uns leider nicht überliefert. Daß er sie geschluckt hat, wissen wir. Tatsache ist nämlich, daß sich in der Abenddämmerung des 8. August 1838 ein ungewohnt seltsamer Zug den Würgauer Berg hinaufbewegte: die Kutsche des Grafen Chemiot, Flügeladjutant S.M. des Kaisers von Rußland, gezogen von sechs Öchslein aus dem Stall des Würgauer Posthalters Muß. Oben traf man auf die leer zurückgehenden Postpferde der vorherigen Reisegesellschaft, so daß der Vorspann ausgetauscht und Graf Chemiot standesgemäß gen Dresden weiterreisen konnte.
Die Vorspann-Unkosten des Posthalters von Würgau sind der Staatskasse zur Last gefallen, nachdem der Herr Graf die Bezahlung verweigerte und eine Klage gegen ihn „in diplomatischem Wege nicht geeignet sey", wie das Ministerium des Äußern entschied. Wohl deshalb nicht, weil es im Königreich Bayern keinen gesetzlichen Tarif für Postochsen gab.
An einer gesetzlichen Handhabe scheint es auch gefehlt zu haben, als im Jahre 1808, zwei Jahre nach der Proklamation des Königreichs Bayern, sich im gleichen Würgau der Posthalter und Brauereibesitzer

Hofmann weigerte, die Uniform der Taxisschen Reichspost aus – und die neue der königlich bayerischen Staatspost anzuziehen. Weil der renitente, kaisertreue Posthalter als einziger ein ausreichend großes Anwesen für den Betrieb eines Poststalles besaß, schieden andere Bewerber aus. Guter Rat war so lange teuer, bis ein k.b. Ministerialbeamter durchblicken ließ, daß man nach Würgau doch beispielweise noch eine zweite Brauereikonzession vergeben könne. Dieser Wink mit der Konkurrenz hat den Posthalter und Brauereibesitzer zur Räson gebracht. In der Folge hat er mit dem Königreich Bayern seinen Frieden geschlossen und ihm treu als einziger Brauereibesitzer im Ort – bis zu seinem Tode im Jahre 1828 gedient.

Wenn sich am Beispiel des Würgauer Posthalters einmal mehr bestätigte, daß der Ober den Unter sticht, ganz gleich wie, so bedarf es jetzt noch der Ausnahme von der Regel. Eine solche ist uns aus Sauerlach überliefert, wo sich der dortige Posthalter Lidl einst auf die Klagen des päpstlichen Nuntius in Belgien und Erzbischofs von Liège rechtfertigen mußte. Wie es zwischen den beiden einmal zuging und wie es dann ausging, das ist ganz ergötzlich aktenkundig geworden.

Es war am 27. August 1835, als sich der geistliche Würdenträger auf der Rückreise von Tegernsee befand, wo er Ihrer Majestät der Königin seine Aufwartung gemacht hatte. Standesgemäß fuhr der hohe Herr mit der Extrapost. Er hatte sie den Posthaltern seiner Reiseroute tags zuvor ganz nach Vorschrift ankündigen lassen und durfte billig erwarten, daß für seine Kutsche allerorten zwei ausgeruhte Pferde zum Wechseln bereitstanden.

Hier bedarf es zum besseren Verständnis der nun folgenden Ereignisse einer Anmerkung.

Bei den Posthaltern waren die Extraposten in der Regel gern gesehen, weil die „Ordinari-Einnahmen" durch das zusätzliche Einspannen ganz gehörig aufgebessert werden konnten. So stehen nicht von ungefähr die stattlichsten und behäbigsten Gasthäuser „zur Post" heute noch an jenen Straßen, wo einst mit Vorliebe die „Höchsten und Allerhöchsten Herrschaften" reisten. Die Extrapostreisenden wechselten von Station zu Station entweder die Pferde und den Wagen oder nur die Pferde, wenn sie mit einem eigenen Wagen fuhren. Ein schwieriges Fortkommen mit den Extraposten gab es allerdings oft dort, wo sommers die Städter scharenweise über Land fuhren und sich im Winter kein Mensch blicken ließ. So war es auch in Sauerlach. Daß der dortige Posthalter den Saisonbetrieb dennoch schon jahrelang klaglos führte, wußte man

deshalb beim Oberpostamt in München wohl zu schätzen. Auch der Postillion, Stephan Hartl hieß er, war nie damit aufgefallen, daß er Reisende oder Behörden „inkommodiert" hätte.
Als an jenem Hochsommertag die Extrapost von Tegernsee über Holzkirchen in Sauerlach eintraf, sollten vor dem Posthause die angeschirrten, frischen Pferde warten. Doch es blieb alles ruhig. Dem Anschein nach war das am Ortsrand geblasene Ankunftssignal der Extrapost überhört worden. Erst als der Postillion, jetzt laut und schmetternd, erneut und gleich mehrere Male ins Horn stieß, veränderte sich die Szene. Aus der Kutsche kletterte, müde und gereizt von der holprigen Fahrt, der geistliche Herr, um verärgert nach der Ursache des unliebsamen Aufenthaltes zu forschen. Währenddessen stürzte mit allen Anzeichen des Schreckens die Frau des Posthalters aus der Haustür. Hatte sie, die für ihren abwesenden Mann um die ungestörte Weiterreise des Herrn Nuntius besorgt sein sollte, doch ihre Aufgabe über mancherlei anderen Geschäften in Haus und Hof glatt vergessen. Mit ihrem geziemend ehrfürchtigen, gestammelten Gruß ist sie erst gar nicht zu Ende gekommen. Der Herr Nuntius war nämlich augenblicklich so wütend, daß er ihr kurzerhand mit einem ganz und gar unchristlichen Gepolter das Wort abschnitt und in holprigem Deutsch zu wissen begehrte, ob man denn seine Vorankündigung, den „Laufzettel" nicht erhalten habe. Für die fassungslose Frau Posthalterin war das ein Wink des Himmels. Sie, die ansonsten gewiß nicht einmal gewagt hätte, den Herrn Dorfpfarrer anzuschwindeln, ergriff den scheinbar rettenden Strohhalm, um hastig zu versichern, man habe vom Eintreffen des hohen Herrn nicht die geringste Ahnung gehabt. Das mochte glauben, wer wollte. Der Reisende glaubte es nicht. Und daß die Posthalterin wagte, gar einen Erzbischof anzulügen, mag dem Kirchenmann die Laune gänzlich verdorben haben. Mit einer Beschwerde bei höchster Stelle drohend, beendete der Erzbischof den ungleichen Disput und verlangte unverzügliches Anspannen. Die Posthalterin flog. Um zu retten, was noch möglich schien, schirrte sie der Extrapost in kürzester Zeit statt der verlangten zwei gleich vier Pferde vor den Wagen, doch vergebens. Ungnädig blickend fuhr der Reisende von dannen.
In München machte der Nuntius anderntags seine Drohung wahr. Er schrieb an den Staatsminister des Äußern Baron von Gise, dem auch das Postwesen unterstand, einen höflich-gezierten Brief, in dem er seinen Verdruß beklagte und in wohlgesetztem Französisch bat, den

Vierspännige bayerische Postkutsche bei Nürnberg, 1823

Posthalter von Sauerlach für das Versäumnis und die ungebührliche Behandlung seiner Person „nach den in Baiern bestehenden Vorschriften" zu bestrafen.
Vom Ministerium wurde „zur strengen Untersuchung der vorgebrachten Beschwerde und Anzeige des Befunds" über das Oberpostamt München von Posthalter Lidl eine unverzügliche Stellungnahme eingefordert. Die ist dem Posthalter in einem so unüblichen, unzeitgemäßen Stil aus der Feder geflossen, daß seine vorgesetzte Behörde gewiß nicht mehr aus dem Staunen kam.
So konnte nur jemand schreiben, dem es entweder nicht darauf ankam, sein Amt loszuwerden, oder der sich im Recht wußte und dies couragiert verteidigte. Die üblichen Floskeln wie „Alleruntertänigst" und „in tiefster Ehrfurcht ersterbend" hat sich der Posthalter geschenkt und gleich losgelegt:
„Der Laufzettel für Pferde zur Weiterbeförderung Sr. Exzellenz ist richtig eingetroffen, als Hochselbe angefahren, waren die Pferde nicht am Platz. Da decontenancierte das Schimpfen Hochdesselben die Frau

des gehorsamst Unterzeichneten, welche sich unter einem Nuntius des päpstlichen Stuhls einen Herrn voll Demuth vorstellte, dermaßen, daß sie im ersten Augenblick sagte, sie wisse von keinem Laufzettel. Doch im Augenblick gab sie die Ordres zum Anspannen und in Zeit von acht Minuten waren die Pferde am Wagen und es ging den Weg fort nach München. Es ist höchst kränkend für den gehorsamst Unterzeichneten, welcher mit seinen Pferden schon verschiedene gekrönte Häupter, Fürsten und andere große Herrn führte und immer zur Zufriedenheit bediente –; daß sich die Sache so verhält, kann ein anwesender Fremder bezeugen.
Da Sachen der Art sich wohl zu keiner Klage gegen die Posthalterei eignen können und ein k. Posthalter, welcher von jeher seine Schuldigkeit getan, und sich immer bemüht zu aller Zufriedenheit zu bedienen, sich nicht bemüßigt findet, von Reisenden, welche alle Ursache haben, zufrieden zu sein, Grobheiten gefallen zu lassen, so stelle ich die gehorsamste Bitte, Sr. Exzellenz dem Herrn Nuntius die bayerische Postordnung zu erklären, und Hochselber werden daraus sehen, daß Sie unrecht hatten, um so mehr, da Sie der deutschen Sprache nicht mächtig sind und Ihren Willen nicht erklären können."
Dem Minister muß die, jeder subalternen Heuchelei entbehrende Antwort seines Posthalters ganz gewaltig imponiert haben, wenn er dann auch mißbilligte, daß man den Erzbischof belogen und die Pferde für die Extrapost nicht bereitgestellt hatte.
Die Antwort des Ministers an Seine Exzellenz den Herrn Erzbischof hat sich in recht lahmen Formulierungen erschöpft. In seinem Schreiben vom Oktober 1835 versicherte er zwar, „daß der Postmeister von den Tadeln des Reglements getroffen wird", rechtfertigte diesen jedoch im gleichen Atemzuge damit, daß seinerzeit die Tegernseer Straße sehr stark frequentiert gewesen sei, woraus sich die Verzögerung erkläre.
Was die Bestrafung des Posthalters betraf, hat der Minister eigentlich nichts anderes getan als die schreckverwirrte Frau Posthalterin: er hat den Erzbischof ebenfalls angelogen. Außer, daß „gnädigst" eine milde Rüge ausgesprochen wurde, ist dem Posthalter nämlich überhaupt nichts passiert. Dabei hätte er allein schon durch seinen ungebührlichen Briefstil den Poststall verlieren können.
Ob die Frau Posthalterin, die mit ihrer Vergeßlichkeit den ganzen Verdruß eingebrockt hatte, bei ihrem Ehegespons ebenso glimpflich weggekommen ist wie dieser selbst beim Minister, davon ist uns nichts überliefert.

Von Vergeßlichkeit, freilich von einer außergewöhnlichen und zunächst gleichermaßen arg peinlichen, handelt auch ein Geschehnis, das sich im Jahre 1814 in Fremdingen zugetragen hat.
Fremdingen ist ein beschauliches Pfarrdorf am Rande des Ries, zwischen Nördlingen und Dinkelsbühl gelegen. Es zählte seinerzeit kaum mehr als 400 Einwohner. Eine Posthalterei gab es dort seit 1813, geführt von dem jungen, wendigen Michael Mannhard. Was er sich damals – wahrhaft unfreiwillig – zuschulden kommen ließ, das ist im Schwabenland und gar vom ganzen bayerischen Königshaus herzlich belacht worden.
Es begann damit, daß in einer verregneten Septembernacht jemand stürmisch fordernd die Glocke am Posthaus zog. Schlaftrunken, aufgebracht über den unverschämt drängenden Störenfried, dem, wie es schien, es gar nicht schnell genug gehen konnte, riß der Posthalter unwirsch das Fenster auf, um nachzusehen, wer zu solch später Stunde den Hausfrieden störte.
Aus der Nachtschwärze hoben sich die Umrisse eines Reiters, der, als er des Posthalters gewahr wurde, hinaufrief, er sei ein Kurier des Königs, sofort müßten sechs Postpferde bereitgestellt werden. Da kam er aber dem Posthalter gerade recht. „Ho, ho", antwortete er dem Fremden, „ich weiß recht wohl, daß der König heute Nacht von Ellwangen über Bopfingen nach Nördlingen reist. Was soll's mit dem Umweg über Fremdingen, was soll's also die Tänz"? Nicht viel fehlte, und er hätte den Reiter vom Hof gewiesen. „Glaub er's doch endlich", drängte der nächtliche Besucher. „Freilich war's so bestimmt, aber im Württembergischen wurde seiner Majestät geraten, den besseren Weg über Ellwangen und Dinkelsbühl zu nehmen." Des Posthalters Zweifel zerstoben, als in der Dunkelheit von fern Hornsignale klangen, alsbald gemischt mit Peitschenknallen und Räderrasseln. Er stürzte ins Haus, daß der Luftzug das Kerzenlicht löschte, schrie das Ereignis in die Gesindekammern und trieb Knecht und Postillion, die Pferde zu holen. Eiligst versuchte er dann, sich selbst noch ein wenig würdig zu kleiden und den bettsträhnigen Haarbüschel zu ordnen, da hielt der königliche Wagen schon vor dem Haus. Des Posthalters Reverenz nahm Seine Majestät huldvoll entgegen, dann entspann sich folgender Dialog: „Posthalter, du wirst mich doch selbst nach Nördlingen fahren, ich kann mich dir doch hoffentlich anvertrauen?" „Jawohl, Majestät, ich bitt' um die allerhöchste Gnad'." „Wie lang werden wir nach Nördlingen brauchen?" „Eine Stunde, Euer Majestät."

Der König, in drängender Eile, war mit der Auskunft zufrieden. Leutselig unterhielt sich der Monarch noch weiter, bis die frischen Pferde vor dem Wagen standen. Da sprang der Posthalter auf den Kutschbock, der Postillion schwang sich aufs Sattelpferd und alsbald ging es über Stock und Stein fort in jagender Fahrt. Die Peitsche tanzte über den Pferderücken und kein Radschuh hemmte den Wagen bergab, so daß selbst dem Postillion Hören und Sehen verging. Pünktlich nach einer Stunde fuhr das königliche Gespann in Nördlingen ein und hielt am Gasthof „zur Sonne", wo sich damals die Post befand. Seine Majestät sparte nicht mit Lobesworten für den schneidigen Kutscher, klopfte dem Posthalter gar noch die Schulter, und zog sich sodann in die reservierten Räume zurück.
Der Posthalter ließ die abgetriebenen Pferde versorgen, ehe er sich in der Wirtsstube hinter den Ofen hockte, um seine steifen Glieder zu wärmen und ein wenig den durchnäßten Mantel zu trocknen. Hier fand ihn der Oberstallmeister Baron von Kößlin, der beauftragt war, den Posthalter nochmals vor den König zu holen, weil es galt, einen Brief mitzunehmen. „Natürlich", machte ihn der Baron aufmerksam, „mußt du vorher deinen Mantel heruntertun, ehe du zum König hinaufgehst." „Exzellenz, das ist unmöglich", erwiderte da der Posthalter betroffen. „Und warum nicht"? kam die erstaunte Gegenfrage. Da gab es ein arges Stottern, bis der Michael Mannhard schließlich, auf's äußerste verlegen eingestand: „Weil ich, weil ich – vergessen hab, weil ich keine Zeit mehr gehabt hab, die Beinkleider anzuziehen." Zum Beweis schlug er den Mantel zurück und in der Tat – abwärts von der Leibesmitte bis zu den hohen Schäften der Röhrenstiefel war nichts um den Körper als flatternde Unterhosen. Da lachte der Baron schallend auf und eilte schnurstracks zum König, wo er einigermaßen ernsthaft zu berichten bemüht war. Weil sich der König von dem Unglaublichen selbst überzeugen wollte, hat er dem armen Posthalter von Fremdingen, der wohl am liebsten im Erdboden versunken wäre, durch einen Lakaien Befehl erteilt, auf der Stelle zu kommen. Als der Posthalter ohne den hüllenden Mantel im Zimmer stand, haben der König und seine Begleiter ganz unstandesgemäß vor Lachen gebrüllt. Nachdem seine Majestät endlich Ruhe geboten hatte, fragte er in die prustende Stille: „Junger Posthalter, was hast du denn gemacht, daß du keine Hosen anhast?" „Der Diensteifer war's Majestät, ich hab bei Euerm Eintreffen einfach keine Zeit mehr gehabt, wollt' ich pünktlich zur Stelle sein." Nicht der schlechteste Posthalter ist es, könnte der König gedacht

haben, der meine Kutsche in stockdunkler Nacht zwar in Unterhosen, doch rasch und sicher in einer Stunde von Fremdingen nach Nördlingen führt. Er hat dem Überraschten sage und schreibe zehn Kronentaler geschenkt und ihn gnädigst verabschiedet.

Daß sich die Allerhöchsten Herrschaften über die neue bayerische Posthaltersuniform noch eine Weile königlich amüsiert haben, das darf man wahrhaftig glauben.

Im nächsten Jahr ist König Max I. von Bayern wieder durch Fremdingen gefahren. Schon von weitem sah er durch das Fenster seines Reisewagens, daß der Posthalter in voller Uniform wartete. Freundlich winkend hat er ihn herbeigerufen und gefragt: „Du fährst mich doch wieder, ja? Dann vergiß nur nicht, vorher deine Hosen anzuziehen!"

Die Volkstümlichkeit der Posthalter hat ihren Niederschlag schon frühzeitig in Geschichten gefunden, die nicht samt und sonders durch schriftliche Belege gesichert sind. Gelegentlich auch dann nicht, wenn dies, wie in der Erzählung von „Goethe in Ebenhausen", ausdrücklich behauptet wird. Diese Begebenheit um den Dichterfürsten ist noch in jüngster Zeit von seriösen Blättern mit dem Hinweis auf die „Aufzeichnungen des Posthalters und früheren Postillions auf der Strecke München–Garmisch, Egidius Multerer", nachgedruckt worden und lautet:

„Ist mir am 6. September im Jahre des Herrn 1786 durch den Bostschwager Maisimmerl der Ordinaribost, vermeldet worden, daß morgigen Tag ein hoher Herr Geheimber Rath, mit Nahmens Goethingen oder so, mit seiner Extrabostkutschen bei meiniger Bosthalterei Roßwechsel wird machen. Seien die besten Roß einzuspannen, wo ordentlich gefuttert, tränkt und butzet, daß kein Anstand kommet. Sintemalen hoher Herr von höchster Stelle rekommandiert und sehr empfohlen.

Ausgespannte Bostgaul von Extrabost, wo naßgeschwitzt, trockenreim, futtern und tränken, alsdann ausgeruhet zuruck nach hiesiger Residenzstatt. Hohem Herrn Rath Goethingen sind große Reverenz zu machen und so derselbige Wünsche habet, solchene gleich und freundlings zu besorgen. Soches liegt in höchsder Inderesse und auszuführen ohne Murrn und Unfreundlichkeit, welches baierische Art und Weis (!), aber bei Extrabost nicht geduldet und streng gerüget. Auch Dienstleut, Knecht und Mägd anweisen, damit nicht Beschwerden wegen roher Art und Weis, wie leider öfters bemerket!

 7. September abens.

Ist ein schwerer Tag gwest. Item hoher Herr Rath, zwangsweise einigen Aufenthalt anhier hat nehmen müssen und großer Unmut ihn wegen selbigen überkommen. An seinem hinteren Rahd der Extrabostkutschen ist ein Schad gewesen, und hat der Klosterschmiede-Martl selbigen beheben missen, wo dauert hat und hoher Herr voller Ungunst war und ziemlich geschimpfet. Unsrigen Knecht Simmerl ernstlich vermahnet, weil er hohen Herrn Goethingen ganz habscheuliches ihm zu thun hat geheißen. Hoher Herr aber es, Gott sei gedanket, nicht verstanden und dadurch weideres nicht geschehen. Ist dann der Herr Goethingen umeinander gegangen und hat den Bostschwager gefraget. Der ist zu mir und hat gesaget, der hohe Herr misse hinaustreten und wo das Häusl sei. Habe die Stalldirn Leni gleich zu selbigen Häusl geschickt mit Lumpen nachschaugn ob Saubrigkeit dortselbsten und abbutzen. Auch frischen Strohschiebel hinlegen für Herrn Rath zur Verwendung. Aber er hat nicht mögen, weil selbiges Häusl auf dem Mist stehet und scharf riechet.
Auch arge Bemängelung, weil das Häusl kein Türl und ohne Ruckwand, wo man alles siehet. Ist lieber hinter Haselnußstauden, wo aber Brennesseln seien und er lang herumadum gedabet, item es ihm bei den Stachelbeeren auch nicht gedauget. War arg schlecht gelaunigt. Als die Achs fertig war eingestiegen und nicht gedanket auf unterdänigste Reverenz und Gruß. Ist ein schwer Amt mit hohigen Herrn und schlecht Kersch essen damit. Werd aber auf seiniger Reis ins Welschland noch ganz andere Häusl treffen wie unsriges in Ebenhausen, wo auf dem Mist steht."
Es stimmt durchaus:
Der Dichterfürst, der sich auf seiner ersten „Italienischen Reise" befand, war am Morgen des 6. September 1786 von Regensburg her in München eingetroffen, wo er im „Schwarzen Adler" in der Kaufingergasse logierte. Am 7. September früh 5 Uhr reiste Goethe aus München wieder ab. Der Weg ging, wie in seiner „Italienischen Reise" nachzulesen ist, über Wolfratshausen, Benediktbeuern und Kochel zum Walchensee. Um fünf Uhr abends kam Goethe in Mittenwald an, wo er übernachtete. Daß der Dichter auf dieser Strecke in Ebenhausen hinter den Haselnußstauden „herumgedabet" hat, um seine Notdurft zu stillen, darüber haben schon früher Leser-Generationen geschmunzelt. Bloß: Es hat nie ein Posthalter Egidius Multerer existiert und die Station Ebenhausen im Isartal ist erst 1855 eingerichtet worden. Und so sind die „Aufzeichnungen" halt „Dichtung und Wahrheit" zugleich,

wobei letztere erheblich zu kurz kommt. Immerhin, was der anonyme Autor da raffiniert gemixt hat, ist ihm zu einem lustigen Stückl gediehen. Anzukreiden ist ihm nur, *wie* er seinen Multerer schreiben läßt, denn: „gedabet, geschimpfet und gedauget –", so gegen alle bayerischen Sprachregeln hätte wohl der dümmste Posthalter nicht formuliert. Auch dann nicht, wenn er sich um eine gehobene Schriftsprache „bemühet" haben sollte.

Schreiben, Lesen und einiges Rechnen, das mußten die Posthalter schon verstehen, als es – bis weit in das 19. Jahrhundert hinein – landauf, landab noch genug Analphabeten gab. Ließen diese Talente aber einmal zu wünschen übrig, so wußte man sich, wie in Wasserburg geschehen, dennoch zu helfen. Der dortige Posthalter Hauner war von einem Nachbarn, einem Brotneider, beim Oberpostamt angeschwärzt worden, daß er nur mühsam und kümmerlich, „ohne was mehr" seinen Namen schreiben könne und deshalb nicht die Qualifikation für eine Stadt mit Garnison, Pflegrichter, Land-Cavaliers, Prälaten, Klöstern sowie Kaufmanns- und Bürgerschaft besäße. Worauf beim Posthalter ein Revisor erschien – und zufrieden wieder abreiste, weil der also Beschuldigte inzwischen eine „Weinwürths-Dochter" geehelicht hatte, „eine Geschickte Persohn, des Schreib- und Rechnens wohl erfahren".

Einer der gewandtesten und gebildetsten Posthalter war mit Sicherheit Philipp Weiß von Fürstenfeldbruck aus dem vermutlich ältesten, über mehrere Jahrhunderte tätigen Posthaltergeschlecht Deutschlands. In den amtlichen „Conduitelisten des bayerischen Postpersonals" vom Jahre 1812 heißt es über ihn: „Spricht Latein, Französisch, Italienisch, Englisch; ist im Rechnen und Schönschreiben gut und fertig, erlernte die Koch- und Reitkunst, sowie das Gewerbe der Bierbräuerey, ist zum Posthalter ernannt 1789, hat eine Diensteinnahme von 1550 Gulden, an unständigen Einnahmen 300 Gulden, war vorher fünf Jahre Umgeldeinnehmer und Marschcommißaire, verdient in sittlichem Betragen, Gemütsbeschaffenheit und Wirtschaftlichkeit alles Lob, ist vorzüglich brauchbar bei Reisen von hohen Potentaten, hat allen Eifer im Dienste."

Diesem vielfältig bewiesenen Diensteifer des Posthalters Philipp Weiß ist von staatswegen nicht viel mehr als papierene Anerkennung geworden. Für die Straße München–Augsburg, die Weiß zwischen Freiham und Merching aus eigenen Mitteln mit einem Aufwand von mehr als 12000 Gulden ausbauen ließ, weil der Weg zeitweilig „gänzlich unbefahrbar" war, erhielt er im nachhinein sage und schreibe

Kurze Rast in Egenhausen

nur ein Drittel seiner Auslagen vergütet. Für die zahlreichen Wagen-, Pferde- und Geldeinbußen während der Napoleonischen Kriege um das Jahr 1800 wurde ihm – nach ermüdendem Rechtsstreit – überhaupt nichts bezahlt. Im Jahre 1823 (!) erfuhr er definitiv, daß Entschädigungsforderungen, veranlaßt durch Kriegsexzesse, nicht entsprochen werden könne. Das stattliche, traditionsreiche Posthaus blieb damals nur deshab vor dem Konkurs bewahrt, weil König Max I. dem Posthalter mit einer günstigen Hypothek aus der Kabinettskasse beisprang.
Von seinen vier Töchtern, die der Posthalter Philipp Weiß standesgemäß unter die Haube brachte, ehelichte die Maria Ursula den Posthalter Josef Spitzwöck von Unterpfaffenhofen, einen Onkel des Malers Karl Spitzweg. In Pfaffenhofen am Parsberg, wie es damals hieß, waren die Ahnen des liebenswerten Malers biedermeierlicher Beschaulichkeit schon seit Urgroßvaters Zeiten Posthalter gewesen. Ebenso zur „Zunft" zählte ein Neffe Spitzwegs, der mit seinem Fuhrwerk 37 Jahre lang als „Stadtbote" zwischen München und Wasserburg verkehrte. Dem Künstler sind in der Jugendzeit die romantischen Landstraßenmotive damit gewissermaßen frei Haus zugefahren, und manches, was er später so anheimelnd darzustellen wußte, waren freundliche Reminiszenzen: Briefträger und Boten, Fuhrleut' und Postillione – er kannte sie alle aus erster Hand. Alle, das konnten bei einer Posthalterei auch Knechte und Mägde, Bräuburschen und Kellnerinnen, Schreibersgehilfen und dazu der „Hausl" sein, und nicht zu vergessen – der Herr Kondukteur. Doch Gott bewahre, er zählte nicht zu den Domestiken. Die Uniform und der begehrte „Status" hoben ihn deutlich zur „besseren Classe". Und weil er sein „Sicheres" bezog, war er Wunschtraum vieler Schwiegermütter in spe. In dienstlicher Eigenschaft galt der Kondukteur dem Posthalter unterstellt und dem Postillion vorgesetzt. Seine Pflichten und Aufgaben regelte die „Dienstes-Anweisung für Post-Kondukteure". Sie zählte im Jahre 1839 in Bayern 62 Paragraphen, von denen die beiden ersten lauteten: „Die Dienstleistungen des Kondukteurs bestehen in der Begleitung der Eil-, Post- und Packwägen, so wie in der Beihilfe im Expeditions-Bureau. Derselbe ist entweder einem Oberpostamte oder einem untergeordnetem Amte zugewiesen. Nicht nur dem unmittelbaren Vorgesetzten hat er Folge zu leisten, sondern überall, also auch auf seinen Dienstreisen den Anordnungen des Amts-Vorstandes, so wie der Expeditoren fahrender Post pünktlich nachzukommen.

Der Kondukteur hat die ordnungsgemäße Beförderung der Waegen zu überwachen, für die richtige und unbeschädigte Überlieferung der ihm anvertrauten Sendungen zu sorgen, den Reisenden mit Zuvorkommenheit zu begegnen, sich stets nüchtern und sittlich, treu und eifrig, gehorsam gegen seine Vorgesetzten zu benehmen und die ihm ertheilten Vorschriften genau zu befolgen. Der Dagegenhandelnde wird mit Verweis, um Geld oder mit Arrest, auch nach Umständen mit Suspension, mit Beschränkung auf Packwagens-Fahrten, mit Zurücksetzung in eine niedrigere Dienstes-Classe, auch mit Dienstesentlassung bestraft."

Nun, beim Oberpostamt wußte man nicht bloß zu fordern und zu drohen. Daß die hohe Behörde dem Kondukteur nötigenfalls auch beizustehen gedachte, erhielt der Reisende sogar auf der Rückseite der Fahrkarte, die damals „Reise-Schein" hieß, mitgeteilt. Da stand unter Punkt 12: „Den Condukteuren ist ein bescheidenes und anständiges Betragen gegen die Reisenden zur Pflicht gemacht; dagegen darf die Postanstalt auch erwarten, daß dem Conducteur, welchem jede Aufmerksamkeit für die Reisenden, wie für die ihm anvertrauten Effekten, obliegt, mit einer seinem Dienst angemessenen Rücksicht begegnet, und dessen auf die Reise Bezug habenden Anordnungen entsprochen werde. Sollten wider Erwarten Unordnungen und Unanständigkeiten unter den Reisenden vorfallen und auf Verlangen des Conducteurs nicht unterbleiben, so werden die Ruhestörer aus dem Wagen entfernt werden, wozu der Conducteur die Polizey-Behörde des Umspann-Ortes zu requirieren hat."

Zu oft wird es nicht passiert sein, daß ein Kondukteur seine Amtsbefugnisse derart unter Beweis stellte. Er zog nämlich trotzdem den kürzeren, wenn die Verwaltung befand, daß sein Handeln nicht dem § 62 der „Dienstes-Anweisung" entsprach. Und dieser tat kund: „Bei dem wichtigen Dienste, welcher dem Conducteur anvertraut ist, ist es unmöglich, alle und jede Fälle, die sich auf der Fahrt ereignen können, vorherzusehen, und hierüber besondere Vorschriften zu ertheilen; man vertraut daher der Einsicht, Gewandtheit und dem Eifer des Conducteurs, daß er sich bei allen vorkommenden Fällen so benehme, daß das Beßte des Dienstes dabei erreicht werde."

Glaubt man den Worten des königl. bayr. Postkondukteurs Georg Kirchmayr, der nach 30jähriger Dienstzeit im Jahre 1856 „Berufsmemoiren" verfaßte und selbst verlegte, dann war so ein Kondukteurs-Dasein kaum weniger gefährlich als das eines Feldsoldaten, denn, so

Eides=Formul
der
Königlich=Bayerischen Post=Beamten.

Ihr sollet geloben, und einen leiblichen Eid zu Gott dem Allmächtigen schwören, dem Allerdurchlauchtigsten und Großmächtigsten König und Herrn Herrn Ludwig, König in Bayern, treu, hold und gehorsam zu seyn, Allerhöchstdero Nutzen zu fördern, Schaden zu warnen, und zu wenden, allen geheimen Verbindungen mit In= oder Ausländern euch zu entschlagen, nichts was den Allerhöchsten Gerechtsamen des Souverains, oder dem Wohl des Staates entgegen seyn könnte, zu unterstehen, oder daß es andere thun, zu gestatten; insbesondere aber den jetzt bestehenden, und künftig erfolgenden Postgesetzen und Verordnungen, so wie den Befehlen der euch vorgesetzten Postbehörden aufrichtig nachzukommen, auf die schnelle und sichere Bestellung und Spedirung der Briefe, Estafetten, Packete und anderer Effekten, auch Förderung der Kuriers und Reisenden den möglichsten Fleiß und Aufmerksamkeit zu verwenden, in den euch anvertrauten Postsachen die Pflicht der Verschwiegenheit zu beobachten, niemanden gegen die bestehende Tariffe und Taxordnung zu übernehmen, über alle Einnahmen und Ausgaben, wem es gebührt, getreue Rechnung zu legen, den Inhalt der Dienst=Instruktion, gleich als wenn sie hier wörtlich enthalten wäre, pünktlich zu erfüllen, überhaupt alles dasjenige zu leisten, was einem rechtschaffenen Postbeamten geziemt und wohl anstehet.

Bestabung.

Was mir ist vorgehalten worden, und ich wohl verstanden habe, dem allem schwöre ich getreulich nachzukommen: so wahr Gott mir helfe, und sein heiliges Evangelium.

Unterschrift des d. Postexpeditors Anton [illegible]

Anton [illegible]

Zur Beglaubigung des Aktes

Illertissen den 23 August 1841

Unterschrift des Königl. Landgerichts Illertissen

[illegible]

[illegible]

1377

I.

Dienst-Vertrag.

Zwischen dem königlichen Oberpostamte in Augsburg
und dem Herrn des gemeinschaftlichen Postexpeditors, Anton Eberle
ist folgender Dienstvertrag, vorbehaltlich der Ratification der General-Administration der königlichen Posten, abgeschlossen worden.

§. 1.

Dem Bürger und Bierbrauereibesitzer Anton Eberle
wird die Post Expedition und der Poststall in Illertissen
gegen eine wechselseitig bedungene halbjährige Dienst-Aufkündung übertragen; und darüber demselben die erforderliche Legitimations-Urkunde ausgestellt werden.

§. 2.

Der königl. Postexpeditor Anton Eberle hat in einer besondern Urkunde feierlich zu geloben, den ihm anvertrauten Postdienst getreu zu verwalten; den jetzt bestehenden Postgesetzen, wie den künftig erfolgenden Verordnungen und Dienstes-Vorschriften sich zu unterwerfen; nicht minder die Befehle der Dienstes-Vorgesetzten pünktlich zu erfüllen.

§. 3.

Insbesondere verspricht derselbe die ihm anvertraut werdenden Briefe, Pakete, Estaffetten und andere Effekten getreu zu besorgen, deßhalb die Pflicht der Verschwiegenheit zu beobachten, und auf Beförderung der Couriere und Reisenden, wie auf den Transport jeder Art Fuhrwerks, welches die Postanstalt demselben zuführen lassen wird, den beßten Fleiß und die größte Aufmerksamkeit zu verwenden.

Würde wider besseres Verhoffen der königl. Postexpeditor Eberle hierin nicht entsprechen, so ist die Postanstalt befugt, demselben den Dienst in jeder beliebigen Zeit wieder zu entziehen, ohne daß irgend ein Anspruch auf Entschädigung gemacht werden könnte.

§. 4.

Der königl. Postexpeditor Eberle ist schuldig, den Postdienst in eigener Person zu besorgen; jedoch wird unter besondern Umständen demselben auch gestattet werden, mit Vorwissen und Genehmigung der vorgesetzten Dienstbehörde, Gehülfen aufzunehmen.

Für alle solche, auf seinen Vorschlag zeitlich oder beständig aufgestellten Gehülfen oder Postschreiber übernimmt derselbe, gleichwie für seine Hausgenossen, Postillone und andere Dienstboten, Taglöhner oder Wächter, die Verantwortlichkeit und Haftung mit Verzicht auf die Ausflüchte der Ordnung, Theilung oder Ausklagung der Schuldhaften.

§. 5.

Damit die Postgeschäfte ungestört verrichtet werden können, die anvertraute Correspondenz und andere Posteffekten gesichert sind, hat der königl. Postexpeditor Eberle ein für den Zweck geeignetes, äußerlich wohl verwahrtes Expeditionszimmer einzurichten, in welches Niemand Zutritt haben darf.

§. 6.

Zur Beförderung der Briefposten, Estaffetten, Eil- Post- und Packwagen, Briefkouriere, Diligenzen, auch der Extrapostreisenden dürfen nur wohl bekannte, mit guten Zeugnissen versehene, des Fahrens, Reitens und der Straßen kundige, mannbare, nüchterne, bescheidene und wachsame Personen als Postillone aufgenommen werden, welche bey Verwendung im Postdienste jederzeit die vorgeschriebene Dienstkleidung mit übergehängtem Posthorn tragen, und des Posthorn-Gebrauches kundig seyn müssen.

Jede Gattung des königl. Dienstes muß binnen der in den Stundenzetteln postordnungsgemäß ausgesetzten Zeit, die Estaffetten und Extraposten aber sollen mit der allgemein vorgeschriebenen Eile befördert werden. Bey eintretenden Versäumnissen kommen die verordneten Strafen in Anwendung.

§. 7.

Der königl. Postexpeditor Eberle hat wenigstens sechs diensttaugliche Pferde und die nöthigen Poststallrequisiten, ferner zwey Post-Chaisen, und davon wenigstens zwey gedeckt, auch zwey Felleisenkarren, und zwey Estaffettentaschen — alles dieses im brauchbaren Stande — zu erhalten.

§. 8.

Die Postentfernungen werden bestimmt, wie folgt:

Nach Babenhausen . . . . eine Post.
" Laupheim . . eine und eine viertel . . . do.
" Memmingen . . eine und drey viertel . . . do.
" Ochsenhausen . . eine und eine halbe . . . do.
" Ulm . . . eine und eine halbe . . . do.
" Weißenhorn . . . . . eine . . . . . . do.

Nach diesen Bestimmungen hat der königl. Postexpeditor Eberle bei Erhebung der Posttaxe sich zu benehmen, und kein Reisender darf über die genannten Orte zum Nachtheil benachbarter Stationen verführt werden.

Wird in der Folge in dortiger Gegend eine neue Station errichtet, oder die Postentfernung nach einem oder dem andern Orte gemäß allgemeinen Normen anders bestimmt, so kann dieses ohne Anspruch auf irgend eine Entschädigung geschehen.

**

§. 9.

Der königl. Posthalter Eberle erhält aus dem königl. Postärar folgende Zahlungen:

A. für die Beförderung der Briefposten, und zwar für wöchentlich drei Ritte nach Ulm, nach dem Typus von 45 kr. für 1/2 Post, vierteljährig . . . . . 43 f 52 1/2 kr.

für wöchentlich zwei Ritte nach Memmingen nach demselben Typus, für 1 3/4 Post, vierteljährig . . . . 34 f 7 1/2 kr.

B. für die Bespannung der Wägen, und zwar nach dem Typus von 54 kr. per Pferd und einfache Post, wöchentlich einmal mit zwei Pferden nach Ulm, quartaliter . . 35 f 6 kr.

wöchentlich einmal nach Memmingen, quartaliter . . . . 40 f. 57 kr.

diese Zahlungen werden vierteljährig gegen Quittung erhoben.

§. 10.

Derselbe hat ferner zu beziehen:

I. Einen Antheil an der nach Abzug der Auslagen dem königl. Postärar übrig bleibenden reinen Einnahme, und zwar:

a) für die Spedition der Briefposten ein Fünftheil.

b) für die Spedition der Postwagens-Effekten und Reisenden ein Zehntheil, des reinen Ertrags.

II. für Schreib- und Packmaterial vierteljährig, einen Gulden und dreißig Kreuzer.

III. —

§. 11.

Wenn durch besondere Anläße Course unterbrochen, aufgehoben oder abgeändert werden, so verringert sich die ausgesprochene Bezahlung nach Maasgabe der mindern Dienstleistung; dagegen wird aber auch bei Vermehrung des Dienstes in gleicher Weise die Zahlung erhöht werden.

§. 12.

Wenn nebst der vorschriftsmäßigen gewöhnlichen Bespannung noch weitere berechtigte Vorspanns- oder nicht ständige Beiwagens-Pferde, entweder wegen Schwere der Ladung oder schlechter Straße abgegeben werden, der Condukteur solches durch einen auszustellenden Schein bezeugt, und diese Vorspanns-Pferde in dem Stundenzettel vorgemerkt sind, so erhält der königl. Post = Expeditor Eberle die besondere Bezahlung nach dem allgemeinen Normativ.

§. 13.

Würde in außerordentlichen Fällen ein besonderer Bei- oder Neben-Wagen hergegeben, so vergütet das Postärar dafür dreißig Kreuzer auf die einfache Post.

Befinden sich Reisende auf demselben, so muß solcher gedeckt seyn.

§. 14.

Der königl. Postexpeditor Eberle ist verbunden, die auf benachbarten Stationen zurückbleibenden Postärarial-Wägen nach den bestehenden Verordnungen oder auf schriftliche Anweisung der vorgesetzten Postbehörde, durch zurückgehende leere Pferde gegen angemessene Vergütung auf die Station zu führen.

§. 15.

Die Postmontur-Abgabe richtet sich nach den Dienstleistungen, und wird im Verhältniß zu diesen regulativgemäß jährlich gegen Quittung verabfolgt werden.

***

§. 16.

Wenn durch Fahrläßigkeit der Postillone oder anderer Personen im Dienste des Post-Expeditor Eberle irgend ein Schaden entsteht, oder die stehenbleibenden Wägen und Geräthschaften nicht unter Obdach, auch nicht in sichere Verwahrung gebracht werden, und davon etwas entfremdet würde, so hat der königl. Postexpeditor Eberle für jeden Schaden oder Abgang zu haften.

§. 17.

Wenn der vorgesetzte Oberpostbeamte auf höhern Befehl, und zu dem Ende mit einer besondern Fertigung der General-Administration der königlichen Posten versehen, eine Visitation vorzunehmen hat; so müßen demselben und den Commissarien oder Inspektoren in Postsachen, wenn sie sich in dieser Dienstes-Eigenschaft legitimiren, zwei Pferde bis zur nächsten Station ihrer Route, ohne dem Postärar hiefür Aufrechnung zu machen, abgegeben werden.

Für solche Fahrten, welche jedoch auf viermal im Jahre beschränkt sind, muß der Beamte Quittung ausstellen.

§. 18.

Der königl. Postexpeditor Eberle ist verbunden, nach Ablauf eines jeden Quartals richtige und vorschriftsmäßige Rechnung zu pflegen; in den ersten zehn Tagen nach abgelaufenem Quartal sowohl diese der einschlägigen Postbehörde, als auch in derselben Frist den treffenden Saldo an die einschlägige Kassa einzusenden; auch die demselben zukommenden Rechnungsbedenken binnen drei Tagen vom Empfange an gerechnet, zu erledigen. Nach Verlauf dieser Fristen soll auf des Säumigen Kosten ein Strafbote abgesendet, und nach fruchtlosem Ablaufe weiterer acht Tage ein eigener Commissär auf Kosten des königl. Post-Expeditor Eberle abgeordnet werden, welcher die Rechnung zu verfassen, auch den Rechnungsstand zu untersuchen, und zu liquidiren hat.

§. 19.

Zur Versicherung aller übernommenen Dienstverbindlichkeiten willigt der königl. Postexpeditor Anton Eberle in die Errichtung einer Amtsbürgschaft nach den bestehenden Gesetzen von

fünfhundert Gulden.

und wird hierüber eine besondere gerichtliche Urkunde ausgefertiget werden.

Gegenwärtiger Vertrag ist dreyfach ausgefertigt, unterschrieben und gesiegelt worden; nach erfolgter Ratifikation wird ein Exemplar dem königlichen Postexpeditor Anton Eberle zugestellt werden.

Geschehen zu Augsburg den 16ten August 1831.

Koenigliches Ober-Postamt.

Königlicher Post Expeditor
Anton Eberle.

Genehmigt München den 3ten Septbr 1831

General Administration der Koenigl. Posten.

Deisenrieder

coll:

Angelobung.

Der Unterzeichnete gelobet hiemit, daß er zu keiner geheimen Gesellschaft oder zu irgend einer Verbindung mit In- und Ausländern, deren Zweck dem Staate unbekannt, von demselben nicht gebilliget, oder dem Nutzen des Staates fremd ist gehöre, noch je in Zukunft gehören werde, so wie er auch überhaupt alles zu unterlassen verspricht, was den Pflichten eines treuen und rechtschaffenen Dieners entgegen wäre, welches er durch gegenwärtige Angelobung an Eidesstatt bekräftiget.

Illertissen den 23ten August 1871

Anton Eberle.

Königl. Landgericht Illertissen.

[illegible]

[illegible]

begründete er: „was mir im Militärstande auch begegnete, so übertrifft nichts das, was als Postkondukteur mir alles passierte. Ein Kondukteur ist nämlich gar vielem ausgesetzt, hat mit zu vielen Menschen zu thun und erlebt gar viel, während andere Menschen schlafen, weil er so zu sagen Tag und Nacht dient. Auch in Todesgefahr schwebt hie und da der Postkondukteur, namentlich bei Passierung steiler Berge, im Falle eine Sperr- oder Anhaltskette bricht, sodann durch Scheuwerden der Pferde, ferner durch Unachtsamkeit eines leichtsinnigen Postillions. Ferner ist es auch ein höchst gefährlicher Umstand, wenn der Wagen wegen Bruch einer Achse, während Regen oder Schneegestöber, dann grimmiger Kälte hie und da bei stockfinsterer Nacht muß ausgepackt werden, was mir gar oftmalen passiert ist."

Die Risiken des Berufsstandes bestätigt ein Vermerk in der Liste der Ruhegehaltsempfänger des Oberpostamts Nürnberg. Darin hieß es über den Kondukteur Gottfried König: „59 Jahre, Postillion und Nachtbegleiter-Kondukteur, mehrfache Arm- und Beinbrüche beim Umwerfen der Postwagen auf der schlechtesten Straße zwischen Erlangen und Streitberg. Seit 14 Jahren als Krüppel und Aushelfer bei der Hauptwagen-Expedition in Nürnberg."

Im Gegensatz zu den Postillionen mußten die Kondukteure nicht reiten können. Wenn es die meisten dennoch leidlich beherrschten, so lag das am ständigen Umgang mit den Rössern. Nach der „Dienstes-Instruction" war der Platz des Kondukteurs bei den Reisenden im Wagen, um die Aufsicht zu führen und nur in Ausnahmefällen durfte er im Freien auf dem Bock sitzen.

Über diese Vorschrift wurde 1843 sogar im Bayerischen Landtag debattiert, als der Abgeordnete Bruckmayr referierte: „Bezüglich der Kondukteure muß ich daran erinnern, daß es sehr unangenehm ist, wenn diese beim Ein- und Auslegen des Radschuhs absteigen und um die Räder, ja unter dem Wagen herumschliefen müssen, so daß es unvermeidlich ist, daß sie sich beschmutzen. Durchnäßt bei Regen setzen sie sich dann mit nassen und schmutzigen Kleidern wieder neben die Passagiere. Wenn diese ordentliche Kleider anhaben, so haben sie immer zu befürchten, daß sie durch den Kondukteur verunreinigt werden."

In krassem Gegensatz zur Verantwortung standen die 400 Gulden Jahresverdienst eines Kondukteurs. Weniger als er bezog nur noch der Briefträger und der „Bureaudienergehilfe". Zum Vergleich: Spitzenbeamte der Post brachten es auf ein Jahressalär von 2400 Gulden.

Hin und wieder wurde die mißliche finanzielle Lage der Postkondukteure, wenn sich die Eingaben häuften, zwar im Parlament diskutiert, immer jedoch mit wenig Erfolg. Der Landtag behandelte die Gesuche um Einkommensverbesserungen meist sehr oberflächlich oder erklärte sich als nicht zuständig.
Der Kondukteur, der die Last der Verantwortung für die Reisenden trug, haftete ebenso voll für die Fracht. Und die bestand in Zeiten, da es keinen oder kaum bargeldlosen Zahlungsverkehr gab, regelmäßig in beträchtlichen Summen Bargelds. Um den Spitzbuben den Appetit auf leichte Beute zu verderben, stellten die Landgerichte zum Schutz der Postwägen bisweilen Gendarmen ab, sogenannte Kordonisten. Dabei kam es aber vor, daß diese selbst der Versuchung nicht widerstehen konnten und einen unrechten Griff riskierten.
Im Landtag waren es namentlich Abgeordnete aus den Reihen der Posthalter, die sich immer wieder mit oft leidenschaftlich vorgebrachten Anträgen darum bemühten, für die Kondukteure einen Haftungsausschluß wenigstens dort zu erreichen, wo fahrlässiges Handeln nicht nachweisbar war. Sie stießen jedoch auch hier auf taube Ohren. „Alte gewissenhafte Männer", so führte ein Volksvertreter im Jahre 1850 aus, „die dreißig Jahre und länger gedient haben, sind durch den Verlust von Geldsendungen in Not und Elend, ja ins Grab gebracht worden. Dabei konnte ihnen oft gar keine Schuld beigemessen werden."
Regreßpflichtige Kondukteure suchten ihr letztes Heil gewöhnlich in einem Immediatgesuch, in dem sie „das gütige Herz Seiner Majestät", des Königs um Hilfe beschworen. Des öfteren wurden auch Mitglieder des Königlichen Hauses um Nachlaß von Dienstschulden, finanzielle Unterstützung oder um Fürsprache bei höchster Stelle angegangen. Unser Gewährsmann Kirchmayr berichtet in seinem Erinnerungsbüchlein, daß auch er einst so handelte, da ihn „ein Untreuer" um ein Geldpaket mit 240 Gulden Inhalt betrogen hatte. Der Gedanke an ein Bittschreiben war ihm allerdings auf höchst ergötzliche Weise gereift. Seit dem Verlust in schwärzester Laune, war er eines Tages nach Dienstschluß ziellos in Würzburg herumgestreift, wo ihm auf der Mainbrücke der pensionierte Fahrpostkassier Doerfler begegnete. Als Kirchmayr ihm die Ursache seines Mißmutes entdeckte, empfahl ihm jener zum Spaß, gewiß aber nach der Devise hilft's nicht, so wird's nicht schaden, eine stadtbekannte Kartenschlägerin nach dem Verbleib des Geldes zu befragen. Gesagt, getan, die Dame wurde ohne langes

Zögern eingeweiht. Sie blickte lange in die Karten, nickte des öfteren mit dem Kopfe und sprach auf den Graskönig weisend: „Ihr Geld ist verloren, aber eine hohe Militärperson hilft ihnen wieder dazu."
Die Auskunft war so recht nach dem Herzen des Kondukteurs. Besser gelaunt als zuvor, lenkte er seine Schritte zum kgl. Bräuhaus, begoß das Hoffnungspflänzchen mit drei Maß Bier und beim sogenannten Fiskalbäcker noch mit zwei Schoppen Roten und suchte sodann das Nachtquartier auf. Der nächste Morgen sah den Kondukteur in der Würzburger Reuerkirche, wo ihm mit dem Beistand Gottes in den Sinn kam, jener militärische Nothelfer, der sich durch den Graskönig geoffenbart hatte, könnte mit der Person Seiner Kgl. Hoheit, des Prinzen Carl in Bayern identisch sein.
Als der Postwagen wieder in München einfuhr, war Kirchmayr der göttlichen Eingebung bereits gefolgt. Er trug ein fertig abgefaßtes Bittschreiben bei sich, das er nun eilends an gehöriger Stelle übergab. Mit dem Erfolg, daß er zu seiner maßlosen Überraschung binnen acht Tagen erfuhr, Se. Hoheit seien geneigt, den Geldverlust zu ersetzen. Bei aller Freude dachte Kirchmayr sogleich an das Schickliche, nämlich Gott zu danken und seines Wohltäters zu gedenken. Das erstere tat er gemeinsam mit den Angehörigen in der Wallfahrtskirche am Gasteig, zum zweiten schien ihm der Franziskanerbräu als der am besten geeignete Ort. Der Franziskanerbräu galt seit der Eröffnung der gegenüberliegenden Residenzpost im Jahre 1839 als eine der beliebtesten Münchner Einkehren des fahrenden Postpersonals, wo vor allem die Postillione nachholten, was ihnen vom vorgesetzten Kondukteur unterwegs verwehrt werden mußte: der Griff zum Maßkrug, um sich den Staub der Landstraße aus der Kehle zu spülen. Kirchmayr trank hier mit den Seinen im Kreise der Kollegen einige Maß von dem wohlschmeckenden Kellerbier, wobei er bis in den späten Abend hinein nicht vergaß, auf seinen Wohltäter immer wieder ein „Lebehoch" auszubringen.
Mit dem Sterben der großen Postkutschenverbindungen in der zweiten Hälfte des 19. Jahrhunderts verschwanden nach und nach auch die Postkondukteure. Sie wurden zu den Begleitern der „bureaux ambulants", wie anfänglich die Bahnposten hießen; im Jahre 1909 hat dann ein „Sprachreiniger" beim Ministerium aus der alten Berufsbezeichnung den „Fahrpostschaffner" konstruiert. Für die kleinen Karriolposten, die noch bis in die zwanziger Jahre verkehrten und neben den Postsendungen nur noch einen oder zwei Reisende aufnehmen konn-

ten, genügte fortan der Postillion als Begleiter. „Pferdepostfahrer" nannte ihn die Verwaltung zuletzt, aber kein Mensch hat ihn je so gerufen. Der Volksmund blieb bei dem längst aus dem Französischen „Postillon" eingebürgerten Postillion oder sprach schlicht vom „Schwager", der ebenso französischen Ursprungs – von chevalier – sein soll. Im deutschen Sprachgebrauch erschien der Name Postillion erstmals im 17. Jahrhundert und wurde bald anstelle der altüberlieferten Bezeichnungen „Postierer", „Postreiter und Postknecht" allgemein üblich. In der postalischen Personalhierarchie stand der Postillion stets ganz unten; eigentlich war er nichts anderes als ein dem Posthalter verantwortlicher, vereidigter Fuhrknecht oder Reiter, für den der Posthalter als Unternehmer dem Oberpostamt bürgte und den er auf der Stelle entlassen konnte.

Auf den folgenden Seiten ist von den ländlichen Postillionen die Rede, die, einiges Glück vorausgesetzt, beim Posthalter Familienanschluß fanden. Ihre städtischen, weit mehr anonym gebliebenen Kollegen sind daran anschließend erwähnt. Die Aufsichtsbehörde verlangte von den Posthaltern, auf einen lauteren Charakter bei neueinzustellenden Postillionen zu achten und geizte in dieser Hinsicht nicht mit Ermahnungen. Eine solche ist schon vom Jahre 1582 bekannt, als die Wirte Christoph Koch in Steinhöring und Jakob Klausner in Frabertsham aufgefordert wurden, für einen „Postenlauf" zwischen München und Salzburg zwei „nüchterne Knechte" aufzunehmen.
Sinngemäß galt nüchtern hier für besonnen und zuverlässig. Präziser drückte sich schon das „Europäische Universal-Postrecht" von 1749 aus, in dem es dazu hieß: „Die Postilliones seynd in aydlichen Pflicht zu nehmen, und dahin zu trachten, daß man solche Leute aufdinge, welche der Völlerey und anderen Schändlichkeiten nicht ergeben, sondern einer gelassen, züchtig, und mässigen Lebensart seyen, und Insonderheit ihnen nicht gestattet werde, in wehrend ihrer Verrichtung bey dem Wagen oder auf denen Pferden Taback zu schmauchen." Rauchende Postillione müssen den Postoberen allzeit ein Greuel gewesen sein. So oft nämlich der Text von Dienstanweisungen auch modifiziert wurde, das Rauchverbot blieb.
Ihre „hohe Zeit" hatten die Postillione im 18. und 19. Jahrhundert. „Der Postillion jener Zeit war", wie Freiherr von Schweiger-Lerchenfeld in seinem „Buch von der Weltpost" schreibt, „kein einfacher Kutscher, sondern gewissermaßen eine Respektsperson, der hoch und nieder mit Achtung begegnete, und die vornehmlich bei den begüterten Reisenden, welche sich mit Vorliebe der Thurn- und Taxisschen Extrapost bedienten, in einem gewissen Ansehen stand. Diese Ausnahmestellung des Postillions unter den Rittern vom Kutschbock kennzeichnete schon äußerlich dessen schmucke Uniform; damit war es aber nicht abgetan, denn in dem Lenker des schönen, nach englischem Muster gebauten Gefährtes steckte ein Mensch, der nicht nur Pflichten, sondern auch Vorrechte genoß und vermöge seines steten Kontaktes mit Reisenden selbst der ersten Kreise des Landes gewissermaßen einer bevorzugten Klasse angehörte. Bedienten sich doch selbst gekrönte Häupter der Postillione in ihrer schmucken Gala als Reitknechte. Auch pekuniär war die Stellung der Postillione eine ganz respektable, dank der reichlichen Extrapost-Trinkgelder, die Tag für Tag in ihre Taschen flossen."

Bayerischer Landpostillion, 1808

Sehr allgemein mag wohl gelten, was dieser Autor um 1890, selbst schon rückblickend, schrieb. Mit dem Ansehen, dem schmucken Aussehen und dem Trinkgeld für die Postillione muß es aber bisweilen doch recht gehapert haben. Wie sonst hätte der Fürst von Thurn und Taxis, dem das Postwesen im Jahre 1750 unterstand, schreiben können: „Wir finden es zu erinnern notwendig, daß auf unseren öfteren Reisen von uns selbsten wahrgenommen worden seye, was für lumpige und ungestalte Pursch, auch Jungen bey unseren Kayserlichen Posten angestellet werden, da solche fast durchgehends mit verwirrten Haaren, auch verschabeten Hüten und entweder zerfetzten Poströcken oder sonstig schlechten Kittlen zum allgemeinen Despekt aufgezogen kommen, welcher ärgerliche Mißstand daher rühret, daß die Postmonturen außer dem Postdienst abgenutzet, solche nicht zeitig repariert, auch von den Posthaltern einzig auf Leute gesehen wird, die um ein weniges oder gar nur um das Trinkgeld dienen."

Im Jahre 1815 war es das Oberpostamt Regensburg, das beanstandete: „Noch hat man seit einiger Zeit höchst mißfällig bemerkt, daß die Postillions im Dienste die vorgeschriebene Postmontur nicht vollständig tragen, und durch die unter den Hüten befindlichen langen und schmutzigen Schlafmützen das Ansehen verkapter Bauernknechte gewinnen. Wenn bey kalter Jahreszeit, das Tragen der Schlafmützen unter dem Hute auf dem Lande auch gestattet ist, so erfordert es doch die Schicklichkeit, daß wenn der Postillion sich einer Stadt nähert, er diese entstellende Verkappung ablege. Den Königl. Posthalter der seine Leute hievon nicht unterrichtet muß man als ungehorsam bestrafen, den Postillion aber wird man bey erstem Betretungsfalle in Polizey-Arrest bringen lassen."
Solche und ähnliche Klagen sind auch aus späterer Zeit aktenkundig, so aus Röthenbach im Allgäu, wo im Jahre 1839 ausgerechnet der bayerische Minister für das Postwesen von einem dreckbespritzten Postillion gefahren wurde oder von 1855 aus Wasserburg, wo ein leibhaftiger Metzgerknecht in seiner Gewerbstracht die Pferde lenkte. Keinen Abbruch taten die vereinzelten schwarzen Schafe dem romantischen Empfinden zeitgenössischer Poeten. Sie verherrlichten den Postillionsstand wie keinen anderen. Verse voll zarter, besinnlicher Innigkeit sind es zumeist und es waren keine geringeren Dichter darunter wie Johann Wolfgang von Goethe, Friedrich Rückert, Joseph Freiherr von Eichendorff, Nikolaus Lenau, Adalbert Chamisso, Heinrich Heine, Viktor von Scheffel und Hoffmann von Fallersleben. Von Friedrich Güll stammen die Zeilen:

„Ein Postknecht will ich werden
mit Stiefel und mit Sporn,
dann fahr ich mit vier Pferden
und hab ein goldnes Horn.
Dann kann ich traben und reiten,
die Peitsche in der Hand,
hinaus nach allen Seiten,
hinein in alle Land."

Der letzte Postillion

J. V. v. Scheffel

Bald ist, so weit die Menschheit haust,
Der Schienenweg gespannt;
Es keucht und schnaubt und stampft und saust
Das Dampfroß rings durch's Land.

Und wied'rum in fünfhundert Jahr,
Weiß der Gelahrtste nicht
Zu sagen, was ein Hauderer war,
Was Fuhrmanns Recht und Pflicht.

Nur in der Nacht der Sonnenwend,
Wo dunkle Schemen gehn,
Wird zwischen Erd und Firmament
Ein fremd' Gespann gesehn.

Der Schimmel trabt, die Peitsche schwirrt,
Laut schmettert Posthornton,
Als Geist kommt durch die Luft kutschiert
Ein greiser Postillion.

Fahl glänzt am gelben Sperlingsfrack
Thurn-Taxis' Wappenknopf;
Er raucht uralten Rauchtabak
Aus braunem Ulmerkopf.

Er raucht und spricht: „O Erdenball,
Wie anders schaust du drein,
Seit ich mit Sang und Peitschenknall
Reichspostdienst tat am Rhein.

„O Zeit des Paßgangs und des Trabs,
Des Trinkgelds und des Trunks,
Des Poststalls und des Wanderstabs,
Des idealen Schwungs!

„Jetzt geht die Welt aus Rand und Band,
Die Besten ziehn davon,
Und mit dem letzten Hausknecht schwand
Der letzte Postillion.

„Jetzt rennt der Dampf, jetzt brennt der Wind,
Jetzt gilt kein Fruh und Spat,
Die Sonne malt und blitzgeschwind
Briefschreibt der Kupferdraht.

„O neues Rüstzeug, alter Kampf!
Wo treff ich Glück und Ruh?
O Erdenphosphor, Gas und Dampf!
Fahr zu, mein Schimmel, fahr zu!"

In der Zeit der Romantik und des Biedermeier fand die behagliche Szenerie solcher Reime bei jung und alt großen Anklang und wo die Lautmalerei der Dichter an ihre Grenzen stieß, da sprangen die Maler mit Pinsel und Palette ein. Postillionsbildnisse schufen neben vielen anderen so bedeutende Künstler wie Joh. Adam Klein, Wilhelm von Kaulbach, Albrecht Adams, Franz von Lenbach und Adolph von Menzel und nicht zu vergessen bereits Albrecht Dürer, dessen um 1497 entstandener Kupferstich vom „Kleinen Kurier" oder „Postreiterlein" zu den Schätzen des Germanischen Nationalmuseums in Nürnberg zählt.
Wahrhaft volkstümlich waren die Postillionslieder. Sie waren die „Gassenhauer", die „Hits" jener Tage und es soll davon – so ein Zeitgenosse – „über anderthalb Hundert" gegeben haben. Sie trugen vornehmlich wohl dazu bei, daß den Buben der Postillion als Traumberuf schien, wie später der Lokomotivführer oder der Pilot.
Wie nun die Wirklichkeit, der Alltag aussah, das geht zum Teil wieder aus den Parlamentsdebatten hervor, in denen meist einmütig von der schweren und verantwortungsvollen Arbeit der Postillione gesprochen wurde. „Wenn das Wetter so schlecht ist, daß der Bauer seinen Hund von der Kette läßt und in die Stube aufnimmt, so muß der Postillion fahren und seine Gesundheit opfern", führte ein Abgeordneter einmal aus und ein anderer beklagte, daß Postillione oft 24 Stunden nicht zur Ruhe kämen, weil, kaum auf einer Station angekommen, häufig sofort wieder eingespannt werden müsse. Für ihren Dienst erhielten die Postillione keinen festen Lohn, sondern nur sogenannte Trinkgelder. Dabei handelte es sich aber nicht etwa um freiwillige Gaben, wie man nach dem heutigen Sprachgebrauch des Wortes meinen könnte, sondern um die reguläre Vergütung für jede einzelne Fahrt. Ferner gab es noch das „Schmiergeld" für das Schmieren der Räder und Achsen. In Bayern betrug das gesetzliche Trinkgeld im Jahre 1837 auf der „Ordinari-Post" 18 Kreuzer für die Fahrt, ganz gleich, ob der Wagen mit zwei, drei oder vier Pferden bespannt war und unabhängig von der Länge der Wegstrecke. Verspätungen der fahrplanmäßigen Kutsche konnte das Oberpostamt mit Geldbußen ahnden. In Preußen kamen diese Geldbußen lange einer Unterstützungskasse für Postillione zugute.
Bei der Beförderung von Extraposten stellten sich die Postillione besser. Sie durften dafür je vorgespanntem Pferd und „auf die einfache Post" – das waren rund 15 Kilometer – 20 Kreuzer kassieren. (Eine Maß Bier kostete um diese Zeit vier, ein Pfund Ochsenfleisch 10 Kreuzer).

Gegen ein Trinkgeld „über die Norm" hatte man von höchster Stelle keine Einwände. Erst recht nicht die Postillione, die es „dankbar" annehmen durften. Mehr zu fordern, sei es durch Worte, Gesten oder Gebärden, war jedoch streng untersagt und Zuwiderhandelnde wurden mit empfindlichen Strafen bedroht. Doch da wußten sich die Postillione schon mit anderen Mitteln zu helfen, insbesondere, was die noblen Extrapostreisenden betraf. Wie könnte es sonst in dem bereits erwähnten Reisehandbuch von 1820 heißen: „Das alte Sprüchwort: ‚Wer gut schmiert, der fährt auch gut', ist weniger von der Achse als vom Postillion her zu verstehen. Unter allen Trinkgeldern, die ein Reisender auf seinem Wege ausgiebt, ist keines besser angewendet, als das, was er dem Schwager in die Hand drückt. Wer hier knickert, ist noch nicht viel gereiset oder ein Feind seines eigenen Interesses. Ein paar Groschen mehr, als die Tax, pflanzt sich von Station zu Station durch Überlieferung fort, und verintressiert sich zehnfach dem Geber durch schnellere Förderung, schnelleres Fahren und größerer Schonung seines Wagens."

Der Trick professioneller Reisender bestand darin, dem Schwager für gute Beförderung schon vor der Abfahrt ein „Mehr" zu verheißen und ihn dann am Ziel nach Gutdünken zu belohnen.

Auf Kriegsfuß standen die Postillione mit dem privaten Fuhrgewerbe, den Lohnkutschern und Stellwagenführern, die als lästige Konkurrenz behindert wurden, wo es nur anging. Umgekehrt waren diese nicht zimperlich, wenn es galt, der „Ordinari" die Reisenden wegzuschnappen. „Der Hausl und der Kutscher", so klagte im Jahre 1876 in Reitmehring ein Postillion, „reißen die Leute nicht nur von meinem Wagen hinweg, sondern auch noch von meinem Postwagen heraus." Beim Kampf um die Passagiere war der gleiche Postillion vom Kutscher gar noch mit der Peitsche traktiert worden.

Auch Reisende wurden bisweilen tätlich, wie 1841 in Esselbach geschehen, wo der Postillion aus unbekannter Ursache Knüppelhiebe auf den Kopf erhielt, die ihn ziemlich „blessierten."

1831 zerrten die Freisinger einen betrunkenen Postillion kurzerhand vom Bock, – er entschuldigte sich mit „Seitenstechen" – und in Fürstenfeldbruck wurde im Jahre 1822 ein Postillion nur durch das Dazwischentreten des Posthalters vor 25 Stockschlägen bewahrt, die ihm ein unzufriedener Baron zugedacht hatte. Vielleicht war ihm von einem unachtsamen Postillion der Wagen umgeschmissen worden wie später jenem Freiherrn von Harsdorf, der deshalb dem Bayerischen

Landtag noch 1843 in seiner Eigenschaft als Abgeordneter nahelegte: „Ich schlage vor, daß ein Postillion, der umwirft – ohne daß man seine Schuld erst haarscharf zu beweisen braucht – eine körperliche Züchtigung erhalten möchte, nämlich 5 und 20." Dieses Ansinnen war nur ungewöhnlich, weil es nicht mehr zeitgemäß war. 80 Jahre früher hieß es nämlich noch in einer Verordnung des taxisschen Oberpostamts Frankfurt: „Bey der Rückkunft eines Postillions ist unvermerkt darauf zu sehen, ob er seine Pferdt versorgt und wie sichs unterweilen ereignet, daß einer vor den andern liederlich ist und sich auf die faule Haut leget, ehe die armen Thier, die nicht sprechen können, ihre nothdürftige Nahrung haben. So ist alsdann die Peitsche zur Hand zu nehmen und demselben Stall mores zu lehren."

Zur Ehre des Parlaments muß gesagt werden, daß der erzürnte Freiherr für seine „schlagende" Forderung einiges Gelächter erntete und in dem Posthalter und Abgeordneten Stöcker einen Widerpart fand, der ihm empört entgegnete: „Damit bin ich keineswegs einverstanden. Jeder Mensch kann ein Versehen begehen, warum nicht auch der Postillion. . . Ist aber ein Postillion dem Trunk ergeben, oder läßt er sich vom Schlafe hinreissen, so mag er, wenn er ein Versehen begeht, von seinem Herrn und von der Oberpostanstalt gestraft werden. Wenn wir aber jedem, der im öffentlichen Dienst ein Versehen begeht, sogleich 25 Stockschläge aufzählen wollten, so hätten wir nicht Büttel und nicht Stöcke genug."

Der Landtag sah denn auch keinen Anlaß zur Änderung des altbewährten „Strafreglements". Es blieb bei den Geldbußen, die – zum Beispiel – für „Schlaftrunkenheit" im Dienst wenigstens 30 Kreuzer betrugen.

Mit 1 Gulden 30 Kreuzer wurde 1843 ein Postillion in Opferbaum „wegen ungebührlichen Schreiens im Posthause bei der Durchreise Ihrer Majestät der Königin von Württemberg" bestraft und um den gleichen Betrag ein Würzburger Postillion „wegen Störung der Nachtruhe durch starkes Peitschenknallen" – Beispiele, die sich beliebig vermehren ließen.

Trunkenheit und ungebührliches Benehmen gegen Vorgesetzte, den Kondukteur oder die Reisenden hatten einen 24 bis 48 stündigen Arrest bei Wasser und Brot zur Folge, bei schwerwiegenden Vergehen verfügte das Oberpostamt die Entlassung aus dem Dienst. Die Namen der Deliquenten wurden sämtlichen Poststallhaltern bekanntgemacht und ihre Wiedereinstellung untersagt.

Der ungewöhnliche Fall, daß zwei Postillione eines Posthalters

Deutsche Reichspost 1879

Postillione

Hessen 1793

Postmeister — Oberbeamter in einfacher Uniform — Postillion

Thurn u. Taxis 1847

Postillion

Reuß 1847 (Thurn-u. Taxissche Post)

Postillion

Bayern 1902
Postillion

Hannover 1850
Postillion

Preußen 1827
Postillione

Braunschweig - Lüneburg 1820
Postillione

zugleich ihre Stellung verloren, passierte im November 1900 in Ochsenfurt; über die Ursache berichtete der dortige Postamtsvorsteher nach Würzburg: „Dem Kgl. Oberpost-Amte wird gehorsamst mitgeteilt, daß man heutigen früh die beiden Postillione Schubart und Ertl des k. Poststalles Ochsenfurt welch ersterer den Curs von Röttingen nach Ochsenfurt früh 4 Uhr, letzterer den nach Geroldshausen 4 Uhr 20 Min. auszuführen hatten zur bestimmten Zeit nicht erschienen, weshalb sich Unterfertigter zur Stallung begab um dieselben zur Abfahrt zu veranlassen und fand beide total betrunken dort liegen. Zur Rede gestellt gab Ertl die Antwort ‚Leck mich ect., es kann fahren wer mag, wenn ich auch 8 Tag eingesperrt werde.'
Als Unterzeichneter sah, daß er mit beiden nichts ausrichten konnte, nach dem sich solche vor Trunkenheit nicht halten konnten und wieder zu Boden fielen, und keine Reserv Postillione hier sind, mußte die Ausführung der beiden Kurse entfallen."
Das Oberpostamt forderte die „unverzügliche verhandlungsschriftliche Einvernahme" und diese sollte, nachdem die beiden ihren Rausch ausgeschlafen hatten, zwei Tage später stattfinden. Da Ertl, ahnend was ihm sowieso bevorstand, es vorgezogen hatte, noch vor dem „Verhör" aus Ochsenfurt zu verschwinden, mußte sich die Verwaltung mit dem Postillion Schubart begnügen. Er sagte aus: „Ich kam am 19. ds. Mts. abends 6.15 Uhr nach Röttingen und hatte zuerst die Absicht nicht mehr zum Bier zu gehen. Später änderte ich jedoch mein Vorhaben und ging um 9 Uhr in die Kreuzwirtschaft. Um 12 Uhr kam sodann auch der Postillion Ertl, um noch einige Glas Bier zu trinken. Etwa um 2 Uhr wurde die Wirtschaft geschlossen und wir gingen sodann in die Weinwirtschaft von Walch, um dort die Zeit der Abfahrt abzuwarten und nicht zu verschlafen. Ich trank dort etwa 3 Glas Bremser und ging sodann mit Ertl um 1/2 3 Uhr nach Hause. Im Stalle angelangt machten wir uns daran die Pferde anzuschirren, was uns jedoch nicht mehr möglich war, da der neue Wein uns in der frischen Nachtluft und sodann in der Stalluft vollständig betäubte. Von diesem Zeitpunkte ab kann ich mich an nichts mehr erinnern bis ich um 1/2 8 Uhr von der Frau Scheckenbach, bei der wir Postillione immer einstellen, geweckt wurde.
Ich wäre dann noch gefahren, aber der Ertl sagte: Jetzt ist es gleich, fortgejagt werden wir doch, nun warten wir gerade, bis der Posthalter kommt; ich ließ mich dadurch verleiten und bin nicht mehr abgefahren. Weiteres habe ich nicht anzugeben."

Wie der Leser schon weiß, war das Geständnis umsonst. Nach der fristlosen Entlassung der beiden durch den Posthalter von Ochsenfurt verschwanden die Schriftstücke beim Oberpostamt Würzburg in einem blauen Umschlag mit dem Aufdruck: „Dienstes-Unregelmäßigkeiten der Postillione", auf den der Referent fein säuberlich „ad acta" schrieb. Zu den „beliebten" Verstößen zählte bei den Postillionen die Mitnahme von „Schwarzfahrern" – gegen ein bescheidenes Trinkgeld, versteht sich, von dem weder der Posthalter noch das Oberpostamt erfahren durften. Daß die „Defraudanten" dennoch häufig genug erwischt wurden, lag einerseits an den Beschwerden zahlender Passagiere, zum andern an der Aufmerksamkeit der Posthalter, deren Einnahmen die „Anhalter" schmälerten. Nach einer Statistik von 1853 wurden von den knapp 1000 Postillionen, die es damals im Königreich Bayern gab, immerhin 80 wegen der „Defraudation" von Reisegeld verurteilt und mit einem Mehrfachen der unterschlagenen Summe bestraft. Ganz oder teilweise verloren die Übeltäter daneben auch jene Zulagen und Auszeichnungen, die sie sich in oft langjähriger Dienstzeit erworben hatten.

Die Zulage für tadelfreies Benehmen bestand aus einem jährlich gewährten Altersgeld von sechs Gulden; sie steigerte sich für jede weiteren sechs Dienstjahre um den gleichen Betrag. Als äußeres Zeichen der Anerkennung verlieh die bayerische Postverwaltung für je sechs Dienstjahre einen silbernen Winkel am Ärmelaufschlag der Uniform; für 24 Dienstjahre dann einen vergoldeten Armschild mit dem Landeswappen. Postillione, die sich durch Geschicklichkeit im Reiten, Fahren, Blasen und gleichzeitig durch vortreffliches Verhalten besonders hervortaten, konnten zudem ohne Rücksicht auf die Dienstzeit ein „Ehrenposthorn nebst seidenen mit Silber durchwirkten Schnüren" erhalten. Andere Postverwaltungen verliehen Ehrentrompeten oder Ehrenpeitschen. Zu guter Letzt fanden sich lange und zur Zufriedenheit dienende Postillione namentlich im „Verordnungs- und Anzeigeblatt" genannt, „als Aufmunterung für sämtliche Postillione zu treuer Pflichterfüllung und guter Aufführung in und außer dem Dienste."
Die Verwaltung war sich darüber klar: Schwarz auf weiß zu lesen, daß man als ordentlicher Kerl galt, das war auch oder gerade für die „niedere Classe" der Postillione etwas Besonderes und eignete sich vortrefflich als Ansporn. Einen Höhepunkt ihrer Karriere erreichten jene belobigten Postillione, die bei Reisen Höchster und Hoher Herrschaften diese in Galauniform ein Stück des Wegs begleiten durften.

Mehr als ihre bei privaten Unternehmern in der Provinz beschäftigten Kollegen fanden die Postillione der reichseigenen Posthaltereien Gelegenheit, zu repräsentieren. Reichseigene Posthaltereien waren in den Städten entstanden, wo die Verpachtung des Fuhrwesens an private Unternehmer wegen seiner Größe auf Schwierigkeiten stieß. Die größte Einrichtung dieser Art war das kaiserliche Postfuhramt in Berlin, bei dem es 1914 noch mehr als 1200 Postillione und über 1500 Pferde gab. Über den 1. Weltkrieg hinaus bestanden reichseigene Posthaltereien auch noch in Düren, Duisburg, Köln, Königsberg, Mülheim, Stettin und Wiesbaden.

Das schlechteste Los aller städtischen Postillione hatten wohl die Berliner Vertreter ihres Standes gezogen. Sie durften zwar mehr als ihre Kollegen anderswo Sieges- und Jubiläumsfeiern umrahmen und gekrönte Häupter begleiten, doch war ihr beruflicher Alltag so hart, daß man sie rückblickend als die Proletarier ihres Standes bezeichnen möchte. Die Ledigen unter ihnen – weit mehr als die Hälfte – waren ähnlich wie die Soldaten kaserniert. Ihre Unterkünfte lagen über den

Stallungen des kaiserlichen Postfuhramts. Dort gab es Postillionsstuben, ausgestattet mit Gaskochern und primitiven Kleiderspinden, Tischen und Holzschemeln, ferner eine Kranken- und eine Badestube sowie Waschtoiletten. Je 70 Mann und mehr teilten sich einen Schlafsaal, dessen Einrichtung aus eisernen Bettstellen mit Strohmatratzen bestand. Den „Komfort" rundete eine weitere „Gemeinschaftseinrichtung" ab: der nicht heizbare Trockenraum für nasse Kleidung.
Sehr oft mußten Postillione nachts um 1/2 2 Uhr anspannen. Dieser Fahrdienst war von kurzen Zwischenpausen unterbrochen und endete gegen 11 Uhr vormittags. Anschließend mußten die Pferde und das Geschirr geputzt und von nachmittags bis 22 Uhr Reservedienst gemacht werden. Es gab auch Dienste, die von 6 Uhr morgens bis um Mitternacht dauerten und den vermutlich begehrten Bereitschaftsdienst für Sonderfahrten, bei dem es dem Postillion erlaubt war, angekleidet auf dem Strohsack auf einen Einsatz zu warten.
Bei den reichseigenen Posthaltereien betrug der Tagesverdienst zunächst 2,25 M, nach sechs Jahren 2,75 M und nach neun Dienstjahren 3,10 M. Ein verbilligtes Mittagessen kostete 50 Pfennig. Umsonst wurde die Dienstkleidung geliefert, nicht jedoch Winterpelze, Stiefel, Handschuhe und Hosenträger. Auch die Peitsche mußte der Postillion selbst kaufen. Diejenigen, die sich fünf Jahre „tadelfrei" verhielten und gesundheitlich auf der Höhe (geblieben) waren, durften auf eine Anstellung als Posthilfsbote hoffen. Nach 12 Dienstjahren ohne Beanstandung konnte ein Postillion gar Briefträger werden. Alle 13–14 Wochen stand dem Postillion ein freier Tag zu, ab 1900 war stattdessen jeder dritte Sonntagnachmittag (etwa ab 14 Uhr) frei. Eine ähnliche Vergünstigung bot die Befreiung zum Kirchgang am Sonntagmorgen, die durch Mehrarbeit wieder auszugleichen war. Schließlich wurde seit 1870 auch noch ein 7tägiger und ab 1913 ein 10tägiger Jahresurlaub gewährt, eine 10jährige Dienstzeit vorausgesetzt.
Mit dem Privileg der Postillione, „Allerhöchste und Höchste Herrschaften" auf Reisen zu begleiten und öffentlich paradieren zu dürfen, war es nach dem 1. Weltkrieg vorbei, als die gekrönten Häupter abdankten oder ins Exil gingen.
Daß die Republikaner auch die Verleihung von Silbertressen und Ehrenposthörnern aufhoben, konnte die Postillione schon nicht mehr treffen. Ihre Glanzzeit war ohnehin zu Ende – mit der Eisenbahn im wahrsten Sinne des Wortes Zug um Zuge entschwunden und ausgelöscht vom Staub der Motorpostwagen.

Im Jahre 1925 wurde der Stand der Postillione endgültig abgeschafft. Ihre letzten Vertreter konnten sich unter bestimmten Voraussetzungen als Hauswarte, Pförtner, Amtsgehilfen oder Postboten um die Verbeamtung bewerben oder wurden als vertragsmäßige Arbeiter weiterbeschäftigt.

Ein paar Fortschrittsgläubige nutzten den Anlaß, um ein wenig spöttisch vom Ende der süßlichen Mondscheinromantik zu sprechen, für viele bedeutete der Postillionsabschied jedoch das Ende der guten alten Zeit.

Die Stimmung jener Tage hat der gleichnamige Enkel des „Kasperlgrafen" Franz von Pocci in einem Gedicht eingefangen, das beim Abschied der Münchner Postillione vorgetragen wurde.

Leb' wohl, du Hut mit Silbertressen,
Du weiß und blauer Federstutz
Wir werden deiner nicht vergessen,
Bist du auch nun zu nichts mehr nutz.

Leb' wohl, du lieber gelber Wagen,
Leb' wohl, du trauter Postillion.
Leb' wohl. Wie in vergang'nen Tagen
Wehmütig klingt des Hornes Ton.
Den kurzen Frack mit Silberlitze
Hast du vergebens aufbewahrt;
Man holt dich jetzt von deinem Sitze
Mit einem Gruß ganz and'rer Art.
Du darfst ein einzig Mal noch führen
Das stolz gepflegte Rosse-Paar,
Dann schließt auf immer seine Türen,
Der Bau, der einst der Poststall war.

Das Schicksal nahm ganz andre Wendung.
Dir Kutsche sei ein letzter Dank.
Am Tage einmal kommt die Sendung
Jetzt mit Getöse und Gestank.
Kein Posthorn wird des Morgens wecken,
Verhallen leis' beim Sternenglanz,
Nur eine Huppe mag uns schrecken
Mit ihrer schrillen Dissonanz.
Im Auto will die Post nur rattern,
Denn das ist praktisch und modern.
Die Poesie laßt den Gevattern,
Die sind wohl noch so weltenfern.

Nach treu bewährter Bayern Sitte
Und unbekümmert um den Spott,
So rufen wir zum letzten Ritte:
Du alter Postillion, Grüß Gott!

Bayerischer Postillion

Rund um das Posthorn

Es schienen so golden die Sterne,
Am Fenster ich einsam stand
Und hörte aus weiter Ferne
Ein Posthorn im stillen Land . . .
Josef Freiherr v. Eichendorff (1788–1857)

Seit Jahrhunderten ist ein Musikinstrument Symbol und Ausdruck hoheitlicher Rechte der Post: das Posthorn. Seine Einführung galt indes nicht einem musischen Bedürfnis und entsprang nicht der Absicht, die Reisenden mit trauten Tönen zu erfreuen. Weil die künstlerischen Leistungen der Bläser in der Regel recht bescheiden blieben, war ein musizierender Schwager oft sowieso mehr vom Anblick her eine Augenweide denn seine Töne ein Ohrenschmaus.

Das Horn wurde nicht eigens für die Post erfunden. Längst benutzten es die Jäger zum Waidwerk und häufig diente es den reitenden und fahrenden, meist herrschaftlichen Boten, die als Vorläufer der Postillione durch das Land zogen. Die Metzger verwendeten es bei den Ritten „ins Gäu", um schon von weitem ihre Ankunft zu signalisieren. Da die ehrsamen Handwerker bei ihren Geschäftsreisen – aus Gefälligkeit oder gegen geringes Geld – nebenher auch mündliche Nachrichten und Briefe bestellten, entstand in jener Zeit der Begriff einer „Metzgerpost".

Der erste Hinweis auf ein Post-Horn findet sich in der bereits erwähnten Memminger Chronik aus dem Jahre 1490. Danach „mußt allweg ein Pot des andern warten und sobald einer zu ihm ritt, so bließ er ein Hörnlein. Das hört ein bott, der in der Herberg lag und mußt gleich auf sein."

Die Hörner derer von Taxis, die das Unternehmen Post im „Heiligen römischen Reich deutscher Nation" betrieben, schmetterten kaum hundert Jahre einträchtig neben den Botenhörnern, da klangen zwischen den Konkurrenten ernste Mißtöne auf. Sie entstanden, als die Taxis-Post für sich allein das Recht beanspruchte, Hornsignale zu geben und forderte, es sei ihr auf ein Zeichen mit dem „Hörnlein" die Straße freizumachen. Der Anspruch leitete sich vom Privileg der Nachrichtenbeförderung her, die – auch seinerzeit – möglichst geschwind gehen sollte. Das Begehren wurde von Kaiser Rudolf II. unterstützt. Er ließ im Jahre 1597 einen Erlaß verbreiten, wonach „das

Post-Hörner anhängen und gebrauchen für Handelsleut, Privatpersonen und Nebenbotenwerch, welche man teils Metzgerposten nennet, streng verboten und mit fünfzig Goldgülden Strafe, neben Abnehmung ihrer Posthörner" geahndet werden sollte.
Das Verbot führte bei den Betroffenen, die sich auf den älteren Gebrauch berufen konnten, zu stürmischen Protesten – und zum Dawiderhandeln. In den Jahren 1627 und 1637 sah sich der Nachfolger Rudolfs II., Kaiser Ferdinand II. deshalb zu neuerlichen Verboten veranlaßt, die bestimmten, daß „solche Personen, die verbotenermaßen Brieff expediren und Posthörnl zu führen sich unterstehen würden", festzunehmen und „in gefengliche Hafft zu legen seyen." Die Aufgabe des Posthorns war inzwischen längst nicht mehr auf das Ausweichsignal beschränkt.
Im Jahre 1608 wußte der Italiner Ottavio Cotogno in seinem Werk: „Nuovo iteneraria delle poste per tutto il mondo" bereits von dessen mehrfachem Nutzen zu berichten: „Wenn der Postillion an einen Fluß kommt, kann er damit die Fuhrknechte benachrichtigen, daß sie nach dem diesseitigen Ufer kommen, oder die Wächter, wenn es Nacht ist und die Burg oder der Hof geschlossen sind, damit sie alsbald kommen, um zu öffnen, oder damit der Postillion die Briefe, wenn er sie selbst nicht in die Stadt schaffen kann, hineinsende und sie den Wächtern überliefere, damit sie selbe der Postanstalt überbringen. Vor allem aber, wenn er einer Poststation sich nähert, dann stößt er ins Horn, drinnen werden sofort die Pferde bereit gestellt, um ohne Verzug forteilen zu können. Deswegen ist es auch den Posthaltern befohlen, in einem Zimmer, das auf die Straße hinausgeht, zu schlafen oder wenigstens einen Knecht dort schlafen zu lassen."
Im ältesten deutschen Rechtswerk über die Post, verfaßt von Joachim Ernst von Beust und unter dem Titel: „Versuch einer ausführlichen Erklärung des Postregals" 1747 in Jena herausgegeben, heißt es über das Posthorn: „Gemeiniglich fuhren die Postillions, zumahl wenn sie im reuten die Post-Brief-Tasche auf der rechten Seite anhängen haben, oder die fahrende Post haben, das Posthorn auf der linken Seite, weil selbiges auf der rechten Seite im fahren, nicht nur zwischen den Pferden hinderlich ist und leicht zu Schaden kommen kann, sondern auch, weil die Postillions im reuten und fahren, die Post-Peitsche in der rechten Hand führen, welche ihnen an geschwinder Ergreifung des Post-Horns ebenfalls hinderlich fallen würde; es wäre dann, daß ein Postillion das Post-Horn im Reuten und ohne Brief-Tasche auf der

rechten Seite, um solches mit der rechten Hand desto bequemer zu ergreifen und an den Mund zu bringen, zu führen gewohnt wäre. Insonderheit dienet es dazu: a) damit die Posten zur Nacht-Zeit, wann sie an verschlossene Oerter kommen, ihre Ankunft bey Zeiten durch den Ruf des Post-Horns zu erkennen geben, mithin die Thore desto geschwinder geöffnet und selbige eingelassen werden können, b) damit diejenigen, welche denen Posten unterwegs Briefe aufgeben wollen, sich damit, auf das mit dem Post-Horn gegebene Zeichen, ohngesäumt einfinden mögen, c) damit die Ankunft und der Abgang der Posten an den Orten, wo die Post-Stationes sind, denen Leuten, wegen der Briefe Abholung und Bestellung, durch den Laut des Post-Horns bekannt gemacht werden möge, d) damit denen Posten, auf das mit dem Post-Horn gegebene Zeichen, jedermann auf Straßen und Wegen ausweichen möge, e) damit, wenn sich die Post des Nachts verirret und der Postillion in das Post-Horn stößet, vielleicht die Hunde in einem nahe gelegenen Ort solches hören und denselben dem Postillion anzeigen, mithin dieser dadurch Gelegenheit bekommen möge, solchem Ort zuzueilen und sich daselbst wieder auf den rechten Weg weisen lassen; oder auch, damit der Postillion, wenn er sich mit der Post in Gefahr befindet, solches vermittelst eines anhaltenden starken Rufes mit dem Post-Horn denen nächst umher sich etwa befindenden Leuten möglichst möge zu erkennen geben können."

Über das Recht, Posthörner zu führen, gab es einen endlosen Streit. Er beschäftigte die Staatsrechtslehrer, die Juristen und die Kanzleien beinahe durch drei Jahrhunderte. Allein bis 1746 bekräftigten noch mindestens fünf weitere kaiserliche Erlasse das Verbot und bedrohten Vorstöße mit harten Strafen.

Was der kaiserlichen Reichspost recht war, das schien den Reichsständen, die eigene Landesposten unterhielten, billig. Auch sie beanspruchten das Posthorn-Monopol. Wie bei der Reichspost sollten Straf-Erlasse abschreckend wirken.

Nach der preußischen „Postordnung" vom Jahre 1712 konnte der „Mißbrauch" des Posthorns nicht nur mit Geld-, sondern auch mit Leibesstrafen geahndet werden. Ein Adeliger, der sich bei Friedrich dem Großen für seinen Kutscher ein Posthorn ausbat, erhielt vom König zur Antwort: „Er kann sich Hörner anschaffen, so viel er will, aber nur kein Posthorn, denn das ist gegen die Vorschrift."

In München wurden die Posthörner für die herzogliche Hofpost seit 1558 von der herzoglichen Hofkammer bezahlt, ein Beweis, welcher

PATENT.

Daß denen

Ordinairen=

Und

Extra-Posten

Alle andere Reisende,

Sobald die

Postillionen

Und

Extra-Post=Führer

In das Horn stossen/

Ohne Schwierigkeit

Aus dem Wege

Fahren sollen.

Sub Dato Berlin den 22ten Novembr. 1729.

B E R L I N,
Gedruckt bey dem Königlichen Preußischen Hof=Buchdrucker,
Daniel Andreas Rüdiger.

NAchdem

Seine Königliche Majestät in Preussen ꝛc. Unser allergnädigster Herr beständig wollen, daß die Postilionen, Vorspänner und Knechte, welche ordinaire- oder Extra-Posten fahren die ihnen gesetzte Stunden halten, und zu dem Ende unter andern nöthig ist, daß denenselben die Kutschen, Chaisen, Wagen, Karren und andere Fuhr-Wercke, welche sie unterweges antreffen, oder welche ihnen begegnen, ungesäumbt ausweichen, und die Posten ohne Hindernüß der Königlichen Post-Ordnung de Ann. 1712. Cap. VI. §. 6.

§. 6. dem Extra-Post=Reglement vom 27. Aug. 1712. §. 16. und andern Königl. Verordnungen, auch dem überall eingeführten Gebrauch gemäß, vorbey lassen, solchem aber bißhero öffters zuwieder gehandelt, und dadurch nicht allein Auffenthalt bey denen Posten verursachet, sondern auch zu allerhand Streitigkeiten und Händeln Anlaß gegeben worden; Als haben höchstgedachte Seine Königliche Majestät der Nothdurfft zu seyn erachtet, obgedachte Verordnungen zu erneuern: Gestalt sie dann Krafft dieses sowohl denen Fuhr=und Land=Leuthen, als allen andern Reisenden wes Standes und Condition sie seyn mögen, hierdurch ernstlich und bey 10. biß 50. Thlr. Straffe anbefehlen, wann die Posten hinter sie kommen, oder ihnen begegnen, denenselben, sobald die Postilionen oder Extra=Post=Führer in das Horn stossen, aus dem Wege zu fahren, und selbige ohne die geringste Schwierigkeit vorbey zu lassen. Daferne jemand hierwieder zu handeln sich unterstehet, soll der Postilion

oder

oder Extra-Post-Führer solches so fort dem nechsten Post-Ambt melden, und dieses weiter die Ubertreter der Obrigkeit, unter deren Geboth er stehet, zu gebührender Bestraffung anzeigen, bedürffenden falls auch davon an das General-Post-Amt anhero berichten. Und damit Jedermann sich darnach gehörig zu achten, und vor Schaden zu hüten wisse, soll dieses Patent gedruckt und öffentlich angeschlagen werden. Signatum Berlin, den 22. November 1729.

Fr. Wilhelm.

L. S.

F.W.v.Grumbkow. C.B.v. Creutz. F.v. Görne. A.O.v. Viereck. F.M.v. Viebahn.

Wert dem Gegenstand bereits zugemessen wurde. Im Jahre 1664 hielt die Reichspost auch in Bayern ihren Einzug. Mit den eingesessenen Landkutschern, Lehensrößlern, Hauderern und sonstigen Fuhrleuten blühte ihr nicht weniger Ärger als anderorten. Man weigerte sich vielfach, das „Hörndlein" als ein „Unterscheidungszeichen der Post" anzuerkennen und dementsprechend oft fanden die Fürsten von Taxis einen Grund, beim Herrscherhaus über den Mißbrauch des Posthorns zu klagen.

Die bayerische Regierung sprach dem Hause Taxis ihr Befremden darüber aus, weil man sich mit den geltenden Einschränkungen nicht begnüge und ließ wissen, „der Kurfürst könne sich durch dergleichen Zumutungen leicht veranlasst sehen, wieder eine eigene Landespost zu etablieren".

Taxis verwies zwar jetzt noch, es sei „auch in denen Ländern, wo Provincialposten sind, außer den Hofpostzügen nirgend jemand das Posthorn zu führen erlaubt", doch wolle er „bei solcher Beschaffenheit die Abstellung des Posthorns nicht weiter betreiben."

Von langer Dauer blieb dieses Zurückstecken nicht. Als im Jahre 1784 zwischen Bayern und dem Reichs-Erb-Postgeneralat ein Vertrag abgeschlossen werden sollte, ließ Taxis sein Ärgernis durch einen „Hofkammer-Vicedirektor" erneut, doch gebührend vorsichtig, mit den Worten vortragen: „. . .daß der Hierlands sich immermehr verbreitende Gebrauch des Posthorns beschränkt werden solle; denn er erachte, daß da nur all zu viele Leute mit Unterhaltung eines Postzuges und Posthorns groß thuen, ohne das Vermögen dazu besitzen, dieser Punct billig der Höchstlandesherrlichen Beschränkung bedürfe, und daß eben diese Beschränkung selbst für diejenige, die sich außerdem mit solchem Großthun ruinirten, nützlich seyn würde."

Aus welchem Grund auch, der Fürst von Taxis war mit seinem wiederholten Vorstoß endlich erfolgreich und konnte ein Edikt folgenden Inhalts erwirken: „Haben Wir Churfürst den in Unsern baierischen Erblanden eingeschlichenen Mißbrauch des Posthorns mißfällig vernommen, und werden daher denselben von nun an verfänglich abstellen, also zwar daß außer jenen, welche mit Unsern eigenen Hof-Postzügen und der Hoflivrée, und jenen der Prinzen und Prinzessinen Unseres Churhauses bedient werden, ferner nur mehr Unsere Staats- und Conferenz-Ministri, die Chefs der Hofchargen, Präsidenten und Vicepräsidenten, Vicedoms und Kommandirende General en Chef, dann die Statthalter und Gouverneurs in den Residenzen und Hauptstädten der Führung des Posthorns, wenn sie mit ihren eigenen Pferden fahren befugt seyn sollen. Damit aber diese Unsere Willensmeynung in genauen Vollzug gebracht werde, so werden wir Unseren Beamten den gemessenen Auftrag ertheilen, daß sie auf Anrufen der Postämter den Übertretenden die Posthörner sofort abnehmen lassen sollen."

Zu scharfen Strafandrohungen sah der Kurfürst offenbar keinen Anlaß. Dazu verstand sich erst König Max I. von Bayern, der nach der Proklamation Bayerns zum Königreich den Taxis i. J. 1808 das Postlehen entzogen und das Unternehmen in landesväterliche Obhut genommen hatte. Wer sich nun beim unbefugten Posthornblasen erwischen ließ, verfiel in eine Strafe von 50 Reichstalern, die – mochte sich der Bestrafte damit trösten – dem staatlichen Armenfond zugute kam.

Die „Posthorn-Frevler" – so hießen sie im Amtsdeutsch – blieben kaum jemals ungeschoren. Sie wurden von den Postillionen, die das Privileg nicht minder hoch als die Verwaltung schätzten, ohne Rücksicht auf Rang und Namen bei den Posthaltern oder Schandarmen angezeigt und von diesen dem Oberpostamt gemeldet. Beim Publikum ist das Posthorn mit der Zeit landauf, landab immer beliebter geworden. Als Sinnbild staatlicher Macht und Autorität war es den Reisenden allerdings ziemlich gleichgültig. Sie freuten sich, verstand der Schwager das Musizieren, vielmehr schlicht am Wohllaut der Töne. Ehe freilich das Posthorn so weit kam, daß es eine musikalische Rolle spielen und die Dichter und Komponisten begeistern konnte, hat es viele Wandlungen durchmachen müssen. Nach Holzschnitten aus dem 16. und 17. Jahrhundert war es ursprünglich ein sehr kleines Instrument ohne Windungen, das nur den Grundton und die Oktave in rauhen Tönen hergab. Damit ließ sich in musikalischer Beziehung freilich nicht viel anfangen, aber die alten Postillione, die nur vier oder fünfmal ins Horn zu stoßen brauchten, hatten auch keine künstlerische Aufgabe zu lösen.

Indes ist schon das einfache Signal durch zwei große Komponisten gewürdigt worden. Joh. Sebastian Bach hat es in einer „Aria del Postiglione" mit einem Reiseliedchen verbunden, während Georg Friedrich Händel, in der „Postillions-Sinfonie" seines Oratoriums „Belsazar" mit dem Posthornruf das Nahen der Magier andeutet, die dem König die Flammenschrift „Mene tekel upharsin" enträtseln sollen.

Mit der wachsenden Handwerkskunst der Trompetenmacher kam bald ein größeres, zirkelrundes Posthorn auf, das über fünf Töne verfügte. Seine Bauart zeigt ein Kupferstich in dem 1698 zu Regensburg erschienenen Werk: „Abbildung derer gemeinnützigen Hauptstände" von Christoph Weigel. Das Bildchen führt in die Werkstatt eines Nürnberger Trompetenmachers. Am großen Schrank hängt ein Waldhorn und eine Trompete, beide von altertümlicher Form, neben dem Amboß aber liegt ein Posthorn, das augenscheinlich noch der letzten Hand des Meisters harrt. An dem Instrument ist die etwas weite Mensur charakteristisch, besonders aber der Übergang der Schallröhre in die Kegelform, die zuletzt mit einer ziemlich breiten Stürze abschließt. Diese Bauart bezeichnet das Aufkommen eines neuen Instrumententyps, aus dem sich später die Kornetts entwickelten. Als Orchesterinstrument hat das neue Posthorn bei seinem geringen Tonumfang keine große Rolle gespielt. Gleichwohl, Mozart verwandte das „corno di posta" für den Menuettsatz einer Serenade und Ludwig Spohr ließ es 1815 in der Polonaise seines „nocturno" mit zwei Trompeten Zwiesprache führen. In Beethovens einziger Oper „Fidelo" melden Hornklänge die Ankunft des Gouverneurs. In den minder bekannten Opern „Das Heimchen am Herd", „Alpenkönig und Menschenfreund" und „Die Bettlerin vom Pont des Arts" spielt das Posthörnlein ebenfalls einen Part.

Dennoch, weit besser als für Orchestermusik taugte das Instrument zum Signalgeben. Seine fünf, über mehr als anderthalb Oktaven verstreut liegenden Laute, waren bezeichnenderweise dem Signalhorn der Infanterie eigen, das militärische Kommandos musikalisch zum Ausdruck brachte.

Aus dem „Kornett-Posthorn", nach der Mensur der Orgelpfeifen ein Vierfußinstrument, ist irgendwann im Laufe der Zeit das „Trompeten-Posthorn" geworden, das als Achtfußinstrument sämtliche Töne und Halbtöne der Trompete wiedergab. Durch Öffnungen an der Schallröhre wurden noch weitere Töne gewonnen, so daß sich die zwei Oktaven des Instruments schließlich zur diatonischen Tonleiter ergänzten. Nun war es nicht mehr nur ein zweckgebundenes, postalisches Zunftzeichen. Jetzt war es ein Musikinstrument, von dem der Geheime Postrat Thieme einst zu schwärmen wußte: „Der Ton ist ungemein sympathisch, voll und rund, er vereinigt in glücklicher Weise die Klangfarbe des Kornetts und der Trompete. Das obere Register hat viel von der Leuchtkraft des Trompetentons, die untere Lage erinnert

Posthorn der Reichspost, 1900

an die poesievolle Stimme des Waldhorns. Das Posthorn ist ebenso begabt für das getragene Lied, für den süßen Zauber der Kantilene, wie zum Vortrag glänzender Fanfaren." Ein solches Fanfarenstück des Posthorns zeichnete Beethoven 1812 in seinem Skizzenbuch auf. Als der Meister von einem Kuraufenthalt in Karlsbad zurückfuhr, gefiel ihm nämlich ein lustiges Schmetterstückchen seines Postillions so gut, daß er es unter dem Titel: „Der Postillion von Karlsbad" in Noten setzte. Nicht weniger hatte es ein sächsischer Postillion Robert Schumann angetan, der in einem Brief an seine Braut, die Pianistin Clara Wieck, überschwenglich von einer champagnergleichen Wirkung der Posthornsolis schrieb.

Seine höchste Blütezeit erlebte das Posthorn nach der Einführung der Eilpost, was in Bayern 1826 geschah. Eines ist erstaunlich: Es vergingen mehr als dreihundert Jahre, ehe man daran dachte, den Postillionen von Amts wegen vorzuschreiben, was sie auf dem Posthorn blasen sollten. Die erste Anregung hierzu stammte vom Königlich Preußischen Generalpostamt, das im Jahre 1828 neun verschiedene Signale einführte und zwar für die „Ankunft und Abfahrt" der Estafetten, der Kuriere, der Extraposten und der Fahrposten sowie der Eilposten und der Reitposten. Dazu kam noch ein Notsignal und zwei kurze Signalrufe, um die Zahl der Pferde und Wagen anzukünden. Später kamen noch Signale für „Halt", „Schritt" und „Trab" hinzu, so daß die preußischen Postillione zwölf verschiedene Signale lernen mußten. Die preußischen Posthornsignale wurden von der Königlich Sächsischen Post völlig gleichlautend übernommen. Dem sächsischen Beispiel folgten, mit geringen Abweichungen, die hannoversche, die braunschweigische, die oldenburgische und die mecklenburgische Post. Eigene Posthornsignale führte im Jahre 1830 die Thurn und Taxissche Postverwaltung ein. Sie betrieb die Post damals noch in Württemberg, im Großherzogtum Hessen-Nassau, in den thüringischen Staaten und in der freien Reichsstadt Frankfurt am Main.

In Bayern durften die Postillione derweilen immer noch blasen, was sie konnten oder wollten. Zwar beauftragte König Ludwig I. im Jahre 1821 die General-Administration der Königlichen Posten, nun auch für Bayern „die geeigneten Anordnungen zu treffen, damit das Blasen gleicher Posthornsignale durch die Postillione allenthalben eingeführt würde", jedoch, die „geeigneten Anordnungen" ließen auf sich warten. Als zwei Jahre später die „Extrapost-Ordnung für das Königreich Bayern" erschien, fand sich, trotz der guten Gelegenheit, darin immer noch kein Wörtchen über das Signalblasen nach Noten. Die Behörde wußte nur zu erinnern: „Als Zeichen zum Ausweichen stößt der Postillion ins Horn und erneuert den Postruf, wenn es nötig ist, in kurzen Pausen. Vor geschlossenen Toren, Barrieren, Schlagbäumen, an Überfahrts-Orten, bei engen Passagen, Hohl- und Gebirgswegen, dann in einiger Entfernung von der Station hat der Postillion frühzeitig und öfters wiederholend zu blasen und hierdurch seine Ankunft zu verkünden."

Mit dem beliebigen Blasen war es erst vorbei, als das Oberpostamt München in einem „District-Circulare" vom 24. November 1839 bekanntgab: „Nicht nur in den allgemein bestehenden Verordnungen, sondern auch insbesondere in den Dienstverträgen ist es sämtlichen Poststallhaltern zur Bedingniß gemacht, daß nur solche Personen als Postillione verwendet werden dürfen, welche des Posthorn-Gebrauches kundig sind. Auch die neueste Extrapostordnung vom 1. April 1833 gebietet in § 22, daß das Zeichen zum Ausweichen mit dem Posthorn zu geben sei, nicht minder, daß der Postillion durch Blasen seine Ankunft auf der Station zu verkünden hat. Was bei Extraposten zu geschehen hat, darf auch – wie sich von selbst versteht – bei Verführung der Eil-, Pack- und Briefposten nicht unterlassen, vielmehr müssen die deshalb bestehenden Vorschriften genau in Vollzug gesetzt werden. Es wird demnach verordnet, was folgt:

1. Jeder Postillion hat von nun an bei einem ihm entgegenkommenden oder voranfahrenden und nicht von selbst genügend ausweichenden Fuhrwerke, sowie
2. beim Anfahren an das Posthaus ein Zeichen mit dem Horn zu geben, unterläßt er dieses, so wird von dem Conducteur bei Verführung von Eil-, Brief-, Courier- oder Packwägen unnachsichtlich 15 Kreuzer von seinem Trinkgelde abgezogen und wie geschehen dem Postexpeditor auf der Ankunftsstation hiervon die Anzeige gemacht, welcher den Abzug des Trinkgelds unter Aufführung des Namens des Postillions in dem treffenden Stundenzettel vorzumerken hat. Ebenso ist im Stundenzettel zu bemerken, wenn der Postillion bei der Ankunft auf der Station nicht geblasen hat.
3. Unterläßt ein Felleisenführer bei der Ankunft am Posthause das Signal mit dem Posthorn zu geben, so wird derselbe das Erstemal um 15 Kr., das Zweitemal mit Arrest, das Drittemal aber als widerspänstig unnachsichtlich mit Dienstentlassung bestraft. Ferner wird angeordnet, daß jeder Postexpeditor, welcher eine Brief-

post in Empfang nimmt, im Stundenzettel zu bemerken hat, ob der Felleisenführer seine Ankunft am Posthause durch das Zeichen mit dem Posthorn gemeldet hat, oder nicht. Es ist nur in den Stundenzettel zu setzen: „geblasen", „nicht geblasen". Wo diese Bemerkung fehlt, wird der Postexpeditor mit 15 Kr. Strafe belegt.

4. Das Zeichen mit dem Horn soll einfach, kurz und leicht zu blasen sein. Auf beifolgendem Blatte befinden sich sechs ganz leichte Postrufe, die jeder Postillion bald erlernen kann, da fast in jedem Orte sich ein Musikverständiger oder Schullehrer befindet, der diese Signale den Postillions einzuüben bereit sein wird. Diese Postsignale werden längst von sämtlichen Postillions im Königl. Oberpostamtsbezirke Nürnberg und Würzburg mit dem besten Erfolge beim Anfahren und Ausweichen geblasen, weshalb man erwartet, daß auch die Postillione im Königl. Oberpostamte München nicht zurückstehen, vielmehr bemüht sein werden, diese Signale bis zum 1., längstens aber bis zum 15. Dezember lf. Jahres erlernt zu haben, bis dahin ist der gewöhnliche sogenannte kurze Postruf mit dem Horn zu geben. Von diesem Zeitpunkte angefangen treten die angedeuteten Strafbestimmungen in Vollzug.

5. Jeder Postillion von dem zur Kenntnis kommt, daß er nicht blasen kann, wird ohne weiteres aus dem Postdienst entlassen; nimmt ein Poststallhalter einen des Blasens unkundigen Postillion auf oder behält er einen solchen als Postillion in seinem Dienst, so wird er, wenn hierüber das Königl. Oberpostamt verlässige Anzeigung erhält, mit einer Ordnungsstrafe belegt, das treffende Individuum aber aus dem Dienste gewiesen. Man erwartet von dem Ehrgefühle und von dem Diensteifer sämtlicher Postbeamten und Bediensteten, daß sie zur Aufrechterhaltung dieser Verfügung nach Kräften mitwirken, namentlich sind die Conducteure angewiesen, über den Vollzug dieser Anordnungen zu wachen. Das unterfertigte Königl. Oberpostamt hat sich fest vorgenommen, künftig strenger darauf zu halten, daß die Poststallhalter für ihre Dienstleute verantwortlich sind und daß, wenn auf der einen oder andern Station häufige Unterlassungen sich erweisen, der fehlende Expeditor oder Poststallhalter deshalb unnachsichtlich in Strafe genommen werde. Denjenigen Stationen, welche Dienstleistungen nach der Haupt- und Residenzstadt München zu machen haben, wird in diesem Betreffe eine eigne Verfügung mitgeteilt werden. Der Königl. Ober-Postrath und Oberpostmeister von Pidoll." 156

Die sechs bayerischen Posthorn-Signale waren also im Bezirk Nürnberg und Würzburg schon geraume Zeit vorher im Gebrauch; die Postillione des Bezirks München mußten sie, wollten sie nicht die Entlassung riskieren, jetzt binnen 14 Tagen ebenfalls beherrschen. Mit den sechs Postsignalen mochte man in Bayern nicht die besten Erfahrungen gemacht haben, denn die Generaldirektion der königlichen Verkehrsanstalten verlautbarte im Verordnungs- und Anzeigeblatt vom Juni 1853: „Zur Erzielung einer Gleichförmigkeit in den Signalen, welche die Postillions mit dem Posthorn zu geben haben, hat die unterfertigte Stelle jetzt *drei Postsignale* bestimmt und in den neuen Dienstbüchern der Postillions aufnehmen lassen, welche von nun an und zwar Nr. 1 vor der Abfahrt, Nr. 2 beim Ausweichen, Nr. 3 vor der Anfahrt bei der Station ausschließlich anzuwenden sind. Da diese Signale kurz und ganz leicht zu blasen sind, so kann auf deren Einführung und Erlernung mit aller Strenge bestanden werden, daher die sämtlichen K. Poststallhalter ihre Postillions hierzu anhalten, die k. Bezirksämter (= Oberpostämter) den Vollzug dieser Verordnung überwachen und die Conducteure anweisen werden, jeden Postillion unnachsichtlich zur Bestrafung anzuzeigen, welcher diese Signale zu geben unterläßt. Diejenigen Postillions, welche bis zum 1. Oktober l. Js. die vorgeschriebenen Signale nicht erlernt haben, sind aus dem Dienst zu entfernen."
Indessen, die Verordnung von 1853 brachte kein anderes Resultat als jene vom Jahre 1839: durch dienstliche Befehle wurden die weniger begabten und die schlechten Bläser nicht bemerkenswert besser, hingegen bliesen die talentierten ohnehin längst, was das Instrument an Signalen und Volksliedern und allen möglichen Melodien hergab. Vorzügliche Bläser wurden denn auch besonders honoriert. Wenn ihr dienstliches Betragen dem musikalischen Können entsprach, erhielten sie ein Ehrenposthorn nebst seidenen mit Silber durchwirkten Schnüren verliehen, das auf Geheiß König Max II. von Bayern eingeführt worden war. Das Ehrenposthorn war ein chromatisches Instrument mit zwei Ventilen, dessen Tonumfang von mehr als zwei und einer halben Oktave auch zu vierstimmigen Sätzen ausreichte. Als kurz gebaute, dreimal gewundene Ehrentrompete war die Auszeichnung schon einige Zeit vorher im preußischen Postgebiet üblich. Die preußische Post war auch auf andere Weise Vorbild. So druckte sie für ihre Postillione als erste auch eine Anleitung zum Trompetenblasen, ein Beispiel, das die sächsische und die hannoversche Postverwaltung

Altbayerisches Postsignal.

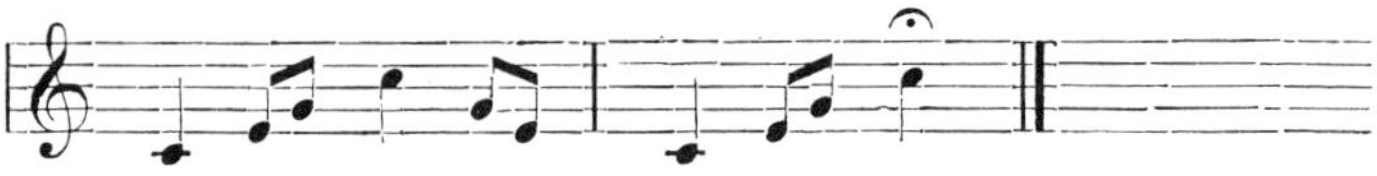

Altbayerisches Postlied.

Altbayerischer Postländler.

alsbald nachahmten. In den Posttrompetenschulen erhielten die Postillione musikalische Grundbegriffe erläutert und das Wichtigste über ihr Instrument erklärt. Für Strebsame war ein Anhang mehrstimmiger Posthornstücke gedacht. Ob die Trompetenschulen die Kunst der Posthornbläser verbesserten, bleibt dahingestellt, wahrscheinlich haben die Postillione weniger nach Noten als nach dem Gehör geblasen.
In Bayern wurde die erste Sammlung von Musikstücken für Posthorn zur „Erleichterung und Aufmunterung der Postillione" 1846 von dem Musikmeister Peter Streck verlegt. Er hatte ein Bedürfnis erkannt und konnte, wie die erhaltenen Portoabrechnungen ausweisen, mit dem Absatz augenscheinlich zufrieden sein.
Die Generaldirektion der K.B. Verkehrsanstalten sah sich erst 15 Jahre später, vom König persönlich gedrängt, zu ähnlichem Handeln veranlaßt. Sie druckte ein schmuckloses Heftchen auf schlechtem Papier, das den Titel „Volkslieder für das Posthorn" erhielt und mit 1000 Stück aufgelegt wurde. Wettgemacht wurde die lieblose Ausstattung allerdings durch den Inhalt, für den der Kulturhistoriker Professor Wilhelm Riehl verantwortlich zeichnete. Durch seine „Kulturstudien", in denen er unter anderem „des Posthorns edle Mission" im Dienste der Volksmusik betont hatte, galt der nachmalige Direktor des Münchner Nationalmuseums dafür als besonders qualifiziert. Dem Auftrag König Max II., daß „es nicht darauf ankäme, am besten, sondern das Beste zu blasen", wurde er durch eine entsprechende Auswahl von Volksliedern zweifellos und in einfühlsamer Weise gerecht.
Im Jahre 1869 erschien dann bei Braun & Schneider in München das reizend ausgestattete Büchlein „Posthornklänge". In ihm hatte Herzog Maximilian in Bayern, den der Volksmund den „Zithermaxl" hieß, Posthornweisen für das chromatische Horn gesammelt. Mit anheimelnden Milieu-Zeichnungen von W. Diez illustriert und von Karl Stieler mit „Reisebildern aus vergangener Zeit" belebt, war es die letzte Publikation dieser Art, die es in Bayern gab.
Herzog Maximilian hat seine „Posthornklänge" zu einer Zeit, als die Posthörner landauf, landab noch gegenwärtig waren, bereits als Reminiszenz an die Vergangenheit verstanden, einer Vergangenheit, von der er wähnte, ihre Poesie würden die Alten nie vergessen und die Jungen nicht begreifen. Anlaß zu solchem Denken war ihm jenes neue Verkehrsmittel, das im Volksmund der „Dampf" hieß. Im Vorwort zu seinem Büchlein heißt es darüber: „Das gelobte Land von heutzutage

ist jenes, das die meisten Eisenbahnen hat. Wir machen 10 Stunden in der Stunde, wir haben Rauch-Coupés und Schlafcoupés und Damencoupés und der Zug der Zeit ist – der Schnellzug." Der Zug, so beklagte der Autor, hat nichts mehr gemein mit den alten Kaleschen, die manchmal so leicht dahinrollten, „wenn der Weg durch die laue Mondnacht führte, wo das Posthorn so schmeichelnd klingt, wo die Bäume so wunderbar rauschten und wo sich Heimweh und Wanderlust in der Seele trafen".

Die bayerische Postverwaltung hat das Bemühen des Autors dankbar begrüßt und unterstützt, indem sie ihren Postillionen sogar noch um die Jahrhundertwende „50 für das Posthorn geeignete Volkslieder" empfahl und sie zudem anwies: „Im Interesse des guten Geschmacks sind sentimentale Musikstücke, wie „Du hast Diamanten und Perlen" oder „Der Böhmerwald" zu vermeiden, ebenso das „Lied vom Edelweiß", das „Bienenhaus" und die sogenannten Gassenhauer. Ferner sind auch Opern- und Operettenmelodien nicht passend."

Die letzte – eine ausgezeichnete Posthorn-Monographie verlegte 1903 Carl Merseburger in Leipzig. Unter dem Titel „Posthornschule und Posthorn-Taschenliederbuch" enthielt sie eine Sammlung historischer Posthornstücke, „leicht ausführbar eingerichtet" von Friedrich Gumbert, dem ersten Hornisten des Gewandhaus-Orchesters Leipzig sowie einen „Abriß der Geschichte des Posthorns" aus der Feder des bereits erwähnten Geheimen Postrats Karl Thieme. Gleichermaßen sachbezogen wie einfühlsam, schlug der Chronist den historischen Bogen „vom grauen Altertum" bis zu einer Rede des Reichstagsabgeordneten Schmidt (Warburg), der „bei der Beratung des Postetats am 3. Februar 1899 ein warmes Wort für das Posthorn einlegte." Anlaß war dem Parlamentarier – so Thieme – der Brief eines befreundeten Dorfpastors, der ihm geschrieben hatte: „Das romantische alte Posthorn hört überall bald auf. Es ist das letzte, was man noch auf dem Dorfe hat, was man hier Morgens und Abends so schön in unseren Bergen und Tälern noch klingen hört. Die letzte Freude! Wie lange noch? Man lasse solche doch noch bestehen. Man gebe den Kariolposten, die weite Strecken fahren, doch wieder ein Posthorn."

Der Reichstag nahm die Bitte des Petenten „mit allseitigem Beifall" auf, um sie anschließend – zu vergessen. Postrat Thieme, der das Versäumnis der Volksvertreter in seiner „Geschichte des Posthorns" wachrief und auch selber für den weiteren Gebrauch des Posthorns beredt eintrat, war kein Erfolg beschieden. Ähnlichen Initiativen in den

Königreichen Bayern und Württemberg, die noch die eigene Posthoheit besaßen, erging es nicht besser als jenen im Reichsgebiet. Im Württembergischen durften die Postillione sich neben dem Horn bereits seit geraumer Zeit einer Hupe bedienen, nach Einführung der Motorwagen erhielten sie anstelle der „Huppe", solange sie das Posthornblasen nicht beherrschten, eine „Doppelpfeife aus Britanniametall mit Erbse." Zudem war noch das „Klappenhorn" geschaffen worden, ein posthornähnliches Instrument mit Harmonikazungen „für diejenigen Postillione, welche das Blasen des Posthorns partout nicht erlernen."

Postillion

Den bayerischen Postillionen blieb das Hupen und Pfeifen erspart, vergleichbar ungünstige Folgen brachte jedoch eine Verfügung der Generaldirektion der k.b. Posten und Telegraphen vom Jahre 1903. Sie war von dem protestantischen Pfarrer Gerber von Waldfischbach in der damals noch bayerischen Pfalz ausgelöst worden, der sich als eine Art Umweltschützer seiner Zeit verstand. Die ganz und gar ungewöhnliche, komödiantische Vorgeschichte, über die im Archiv der Oberpostdirektion München noch ein dicker Akt existiert, begann mit einer Eingabe des geistlichen Herrn beim Oberpostamt Speyer. In ihr bat er, dem Postillion Spiegler von Landstuhl mit Rücksicht auf die Kranken und auch auf die Gesunden das Blasen auf dem Posthorn innerhalb Waldfischbachs zu verbieten. Seine Bitte, so wähnte Pfarrer Gerber in dem Schreiben, sei wohl um so leichter erfüllbar, als die vier Postillione von Kaiserslautern, Schmalenberg und Biebermühle auf ihren Fahrten nach und von Waldfischbach seit Jahren, ja Jahrzehnten ohne jegliches Blasen zu allseitiger Zufriedenheit auskommen und sich niemand jemals darüber beschwerte.

Sich auf die Praxis der anderen Postillione zu berufen – einen schlechteren Dienst hätte der ahnungslose Schreiber seinem Anliegen überhaupt nicht erweisen können. Als er nämlich zwei Wochen später die Antwort des Oberpostamts in Händen hielt, konnte er verblüfft lesen, „daß die Postillione, welche bisher nur mit der Peitsche das Signal gaben, sich gegen die bestehenden Vorschriften verfehlt haben" und nunmehr sämtliche strengstens angewiesen seien, die vorgeschriebenen Hornsignale bei der An- und Abfahrt am Posthause und an den genehmigten Haltestellen zu geben. Zum Trost für den Pfarrer Gerber verbot die Behörde den Postillionen etwas, das sie ohnehin kaum getan hatten: „das Blasen von Musikstücken innerhalb der Ortschaft."

Was die aufgewärmte Vorschrift bewirkte, bekamen die Waldfischbacher und insbesondere der Beschwerdeführer, der unmittelbar beim Posthaus wohnte und sich über das täglich viermalige Blasen des Postillions aus Landstuhl beklagt hatte, bald zu hören. In 24 Stunden bliesen die Postillione jetzt 36mal, den 18 Postkutschen entsprechend, die in dieser Zeit ankamen und abfuhren. Zwei der Signale waren um ½ 10 Uhr abends fällig, zwei ertönten um Mitternacht und vier wurden kurz vor fünf Uhr früh geblasen.

Welche Gefühle in Pfarrer Gerber wogten, ist unschwer zu erraten. Er drohte, falls sich das Nervenleiden, an dem seine Frau litt, verschlim-

mere, den Postfiskus verantwortlich zu machen und berief sich darauf, die Signale würden selbst in den größeren Städten nicht mehr geblasen. Als alles nicht half, schrieb er an die Generaldirektion der Posten in München: „Man ist allgemein höchlich erstaunt, daß dieser Zopf (des Signalblasens) wieder ausgegraben wird, den man schon lange begraben glaubte. Die Sache wächst sich in der Pfalz zu einem thatsächlichen Skandal aus, da das Blasen des Posthorns von dem kgl. Oberpostamte allgemein wieder verlangt wird, die Allgemeinheit aber der Ansicht ist, daß es eine veraltete, zwecklose, quälerische Institution ist." Die Herren der Generaldirektion reagierten schnell, kurz und bündig: Sie erklärten sich im Interesse der Reisenden außerstande, die Signale aufzuheben oder auch nur einzuschränken.

Des geistlichen Herrn Federkrieg währte mehr als ein Jahr, dann hatte er durchgesetzt, daß nur noch direkt am „Signalamt" (wie er das Posthaus spöttisch titulierte) und nur in „mäßigem Ton" geblasen werden durfte. Allerdings, die Postillione verstanden unter „mäßig", was sie wollten und boten dadurch einen Grund mehr zu neuen Beschwerden. Für diese revanchierten sie sich prompt mit wahren Dauersolis außerhalb Waldfischbachs. Lautstarker und fleißiger als

Thurn und Taxis'sche Signale.

1. Abgang einer ordinären Post.

2. Ankunft einer ordinären Post.

Zahl der Wagen.

Abgang der Wagen.

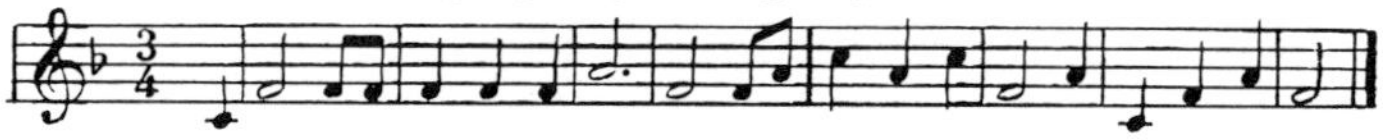

Ankunft der Wagen.

Extraposten.

Ankunft einer Extrapost.

Zahl der Pferde.

Nothruf.

Gute Bläser pflegten dem Signal das Vorspiel voraus-:

und den Schluß nachzuschicken:

Nürnberger Postsignal.

Altbayerisches Postsignal.

Württembergisches Postsignal (stimmt mit dem Nürnberger überein).

Altes preußisches Postsignal.

Alte preußische, auf die Reichspost übergegangene Signale.

1. Für Estafetten.

Hierauf folgt die Andeutung eines Pferdes, wenn die Estafette weiter geht.

2. Für Couriere.

Hierauf folgt die Andeutung des Wagens und der Pferdezahl.

3. Für Extraposten.

Hierauf folgt Andeutung des Wagens und der Pferdezahl.

4. Für Güter- und Cariolposten, Bahnhofsfahrten u. s. w.

Hierauf folgt Andeutung der Zahl der Nebenwagen.

5. Für Personenposten.

Hierauf folgt Andeutung der Zahl der Beiwagen.

6. Für Briefposten (Estafettenposten, Reitposten u. s. w.).

7. Nothsignale.

Zahl der Pferde zu Nr. 1, 2 und 3.

(3 Pferde.)

damals ist wohl in der bayerischen Pfalz nie geblasen worden. Die Folge davon war, daß ein pfälzischer Notar einen gewiß einmaligen Auftrag erhielt: er mußte beurkunden, über welche Entfernung der Ton eines Posthorns trug. Mit diesem Dokument setzte der streitbare Geistliche beim Oberpostamt in Speyer eine Bannmeile von 500 Metern rings um Waldfischbach durch, innerhalb der es den Postillionen strengstens verboten wurde, noch etwas anders als die amtlichen vorgeschriebenen Töne zu blasen.

Der traurigen Komödie letzter Teil spielte in München. Dort wurden die endlosen Schriftsätze Pfarrer Gerbers, in denen er die gänzliche Abschaffung des Posthornblasens verlangte, zwischen der Generaldirektion der Posten und Telegraphen und dem Staatsministerium des Kgl. Hauses und des Äußern hin- und hergereicht. Das Ergebnis der wechselseitigen Beratungen war eine völlige Abkehr vom alten Standpunkt, der eine Beschränkung oder Aufhebung von Posthornsignalen völlig ausschloß. Aus der Einsicht, daß die Tage des Posthorns im Zeichen der Eisenbahn und des Automobils ohnehin gezählt waren, erklärte sich die Generaldirektion in einem Schreiben an Pfarrer Gerber deshalb jetzt bereit, „an Stelle der drei seither vor der An- und Abfahrt der Postwagen vor den Posthäusern, sowie beim Ausweichen von den Postillionen zu blasenden Signale alsbald ein auf einen Takt beschränktes, gemeinsames Anfahrts-, Abfahrts- und Ausweichsignal zur Einführung zu bringen."

Mit dieser, für das gesamte Königreich verbindlichen Entscheidung, durfte Pfarrer Gerber zufrieden sein: Beeinflußt von seinen Querelen, verzichtete die Post auf wesentliche Teile eines Privilegs, das sie Jahrhunderte zu verteidigen bemüht war.

Das neue Signal – den c-dur Akkord c, e, g, c – mußten die 1724 Postillione, die es in Bayern im Jahre 1903 noch gab, „umgehend und zur Vermeidung von Klagen in geschlossenen Räumen einüben."

Klagen dieser Art, die sich im Gegensatz zu den Beschwerden Pfarrer Gerbers nur gegen übende Bläser richteten, hatte es schon öfter gegeben. Zuletzt war es das „Kleine Journal", das im Jahre 1902 unter der Schlagzeile „Akademie der Tonkunst für Postillione" über den Poststall München I in der Dachauer Straße herzog: „Mit dem Hahnruf fangen dort die Postillioneleven ihre Musikstunde an und so schön sonst die gut geblasene Piece auf dem Posthorn auch klingt, so schrecklich hören sich die Studien aus dutzenden martikulierter Kehlen an, so recht ein Lied, das Menschen rasend machen kann." Am

häufigsten nahm das Publikum die stümperhaften Musikanten auf's Korn. „Mein Postillion blies so erbärmlich, daß die Vögel aus der Luft hätten fallen mögen", schrieb ein Reisender über seine Fahrt zwischen Rastatt und Karlsruhe; ein norddeutscher Postillion wurde aktenkundig, weil er das Instrument unter stetem Rülpsen blies. Zu denen, die wegen ihres Unvermögens resignierten, zählte der Postillion Reich aus Münsingen. Er hielt das Horn, wo es nur anging, im Futtersack versteckt oder „vergaß" es daheim. Einmal zur Rede gestellt, antwortete er verdrossen: „I hab gar kei Gschick zum Blase, i bring nix rechts raus. Der Herr Postassistent hat mir gsagt, i soll aufhöre, es thät zu wüst. S'ist au wahr, der Schulbube lacht mi alleweil aus. Der Herr Postmeister hat mir scho oft mit dem Klapphorn droht, aber dös blas i net, do lacha die Leut erst recht, dös sei s'reinst Kindertrompetle, sage se. I weiß scho, s'bleibt mir nix übrig, als mi nach em andere Gschäft unzusehe."
Von dem Allersberger Postillion Franz Anton Dorr, der blasen wollte und nicht konnte, weil ihm die Vorderzähne als Stütze für das Mundstück fehlten, berichten die Akten des Oberpostamts Nürnberg. Auf sein Bitten um einen Zuschuß für ein künstliches Gebiß wurde ihm der schöne Bescheid zuteil, daß „. . . Gesuchen um Gewährung einer Unterstützung behufs Bestreitung der für die Anschaffung künstlicher Zähne erwachsenden Kosten mangels für derartige Zwecke zur Verfügung stehenden Mittel nicht zu entsprechen werden vermag."
„Ihre Lieblingsjünger", so der sächsische Postrat Thieme, „scheint die Posthornkunst in den Bergen und in den großen Badeorten geschult zu haben. So in Schlesien bei den Eilposten nach den berühmten Kurorten des Riesengebirges, so in Sachsen auf den Poststraßen, welche nach Bad Elster und nach den böhmischen Bädern führten. Bei den Taxisschen Posten galten die Postillione des musikalischen Thüringerlandes als gute Bläser, ebenso die Postillione in den weltbekannten Taunusbädern. In Süddeutschland hatten die Badischen und Württembergischen Postillione als Meister auf dem ‚Posthörnle' einen Ruf, vor allem aber war Bayern die Heimat vortrefflicher Posthornkünstler. Süddeutsche Postillione nahmen auch gern Dienste bei den schweizerischen Posten, wo tüchtige Posthornbläser gleichfalls geschätzt wurden. Die österreichischen Postillione verstanden sich nicht minder gut auf ihr Instrument, allen voran die Karlsbader Postillione." Von ihnen genoß um 1860 der Postillion Wenzel Wolfert sogar internationalen Ruf, weil er seine Fahrgäste unter anderem mit virituos vorgetragenen französischen, italienischen und russischen Weisen unterhielt. In

einem Stammbuch, das Wolfert bei sich führte, wurde ihm, „dem ersten und besten Postillion" seine Könnerschaft von Königen und Fürsten und anderen hochgestellten Persönlichkeiten bezeugt. Zu guter Letzt war das „Stammbuch" zu vier stattlichen Bänden gewachsen, die später ihren Platz im Wiener Postmuseum fanden.
Es versteht sich, daß den musikalischen Postillionen von den Reisenden manches „Douceur", ein Extratrinkgeld, zufloß. Ein besonderes Beispiel hierfür ist aus dem Jahre 1858 belegt, als die Kaiserin von Rußland über den Splügen nach Magadino reiste. Dort spendierte sie den Postillionen ihres Wagens für das gute Blasen einen Dukaten extra. Ähnliches Glück widerfuhr auch einem sächsischen Postillion, der eine gräfliche Kutsche von Pirna nach Dresden begleitete. Den Lohn für sein meisterhaftes Blasen – einen Speciestaler – drehte er verblüfft in Händen, bedankte sich alsdann überschwenglich und – bat noch „um ein kleines Trinkgeld", da er doch den schönen Speciestaler nicht vertrinken könne.
Natürlich fielen die „Extratrinkgelder" in aller Regel bescheiden aus; sie waren indes nicht weniger willkommen. So gut und gern nämlich manche Postillione auch ohne den Ansporn durch klingende Münze bliesen, das Wort, wonach Kunst nach Brot geht, galt auch für sie. Verständnis weder für das eine noch für das andere zeigte die bayerische Königin, als sie im Jahre 1830 in Bad Kissingen zur Kur weilte. Sie ließ jedem, der im Orte das Posthorn blasen würde, einen Arrest von 24 Stunden verheißen.
Soweit es das „Musikantenhonorar" betraf, waren die Postillione der stillen Nebenstrecken, auf denen keine Eil- und kaum jemals Extraposten verkehrten, benachteiligt. Sie wetteiferten wegen der Aussicht auf ein Extraposthorn, das manchem ungleich begehrenswerter war als jedes Trinkgeld, jedoch nicht minder mit ihren Kollegen auf den „besseren" Strecken. Die Voraussetzungen für diese Auszeichnung – gutes Blasen, geschicktes Fahren und gekonntes Reiten – haben, wie die alten Amtsblätter ausweisen, erstaunlich viele Postillione erfüllt. Zur Ehrung wurden sie meist von den Posthaltern vorgeschlagen, häufig aber auch von den Gemeindevorstehern und viele von den geistlichen Herrn, die sich für ihre gut beleumundeten Schäflein gerne höheren Orts verwandten. Von der Verleihung eines Ehrenposthorns an einen Postillion des Königreiches Hannover, die auf recht ungewöhnliche Weise zustande kam, erzählt die alte Ausgabe einer postalischen Fachzeitschrift: „Im Jahre 1858 wurde die Kavallerie der „König-

lichen Hannoverschen Armee" zu einer größeren Truppenübung zusammengezogen. Gemächlich ritt man, einschließlich des Herrn „Kommandierenden Generals" die Landstraße dahin. Weniger „gemächlich", war die Fahrt des Postillion, der im Dienst war und über die Aufgabe des Militärs seine eigene, etwas eigenartige Meinung hatte. Der Postler gab Signal. War doch sein Posthorn nicht nur dazu da, um „die Annehmlichkeiten des Reisens mit der Post zu erhöhen", sondern diente vor allen auch dazu, das amtlich verfügte „Vorfahrtsrecht der Post" durchzusetzen, auch „gegenüber dem Militär". Mehrere Posthornsignale des biederen Postillions waren ergebnislos verhallt. Langsam trottete die Armee, einschließlich des Herrn Generals dahin. Alle Versuche, die Durchfahrt oder eine Beschleunigung der Pferdegangart zu erreichen, blieben vergeblich.
„Hat man denn umsonst die Bedeutung der Kavalleriesignale erlernt?" dachte der Postillion. Gedacht! Getan!
Plötzlich tönte aus dem Posthorn das bekannte Armeetrabsignal. Alle Militärpferde spitzten die Ohren. Sie kannten ja die Signale besser, als die Reservisten und Sommerleutnante, die nur zeitweise aktiv waren. Die „Hannoversche Kavallerie" setzte sich sofort in „Trab". Auch das Generalpferd wußte, was es seiner Ehre schuldig war. Der Postillion erinnerte sich jetzt, daß in einer alten Militärdienstvorschrift stand: „Übereifer ist immer besser als Lässigkeit im Dienst." Im gleichen Augenblick ertönte das „Attackesignal". Die Landstraße war wunschgemäß hindernisfrei. Staubwölkchen verkündeten, daß in weiter Ferne die „Königlich-Hannoversche Armee" einschließlich des Herrn Generals auf Veranlassung eines kleinen Postillions „Attacke" reiten mußte, um der Post die notwendige Fahrmöglichkeit zu geben. Die „dicke Beschwerde", die folgte, hatte für den Postillion keine üblen Folgen. „Dienst ist Dienst!" Der Postillion hatte seinen Dienst nach bestem Wissen und Gewissen wahrgenommen. Stand nicht gerade in der Militärvorschrift: „Übereifer ist immer besser, als Lässigkeit im Dienst!?" Den Feind mit den eigenen Waffen zu schlagen, galt seit Jahrtausenden als erlaubte Kriegslist. Daß der Postillion durch Verleihung des Ehrenposthorns ausgezeichnet wurde, muß daher ergänzend bemerkt werden, um die Chronistenpflicht getreulich zu erfüllen."
Eine Geschichte „Rund um das Posthorn" wäre unvollständig ohne die Geschichte, die das Abbild des Instruments als Emblem gespielt hat. Bis auf den Anfang des 16. Jahrhunderts nachweisbar, diente es den

von den Habsburgern geadelten Postmeistern bereits zur Wappenzier; im Wappen der Taxis war das Posthorn seit dem Jahre 1512 belegt. Die Dienstsiegel der bayerischen Posthaltereien und Postexpeditionen zeigten seit 1826 an Stelle des Wappens das an einer mit Schleife versehenen Schnur hängende Posthorn, ferner wurden nach der Reichsgründung im Jahre 1871 die Amtssiegel genormt und dabei ein Siegel in stehender Eirundform mit einem gewundenen, schlanken Posthorn in der Mitte für die unteren Postdienststellen eingeführt. In Sachsen wurde das Posthorn in die im Jahre 1822 gesetzten, mit dem Kursächsischen Wappen geschmückten, steinernen Postsäulen eingemeißelt. Schon frühzeitig ist das Posthorn auf Land- und Postkurskarten abgebildet worden, um Orte mit Poststationen zu kennzeichnen.

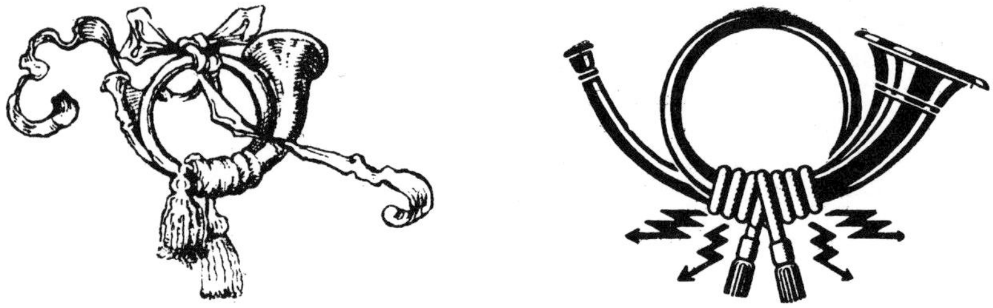

Das Posthorn als Emblem

Viele Postverwaltungen haben in früheren Jahren das Horn auf Briefmarken verwendet. Zuerst benutzte die Schweiz, Postkreis Genf, das Posthorn auf den im Jahre 1848 gedruckten Marken, dann folgten Rumänien, Hannover, Ungarn, Finnland, Norwegen, Schweden, Rußland, Dänemark, Niederlande und Braunschweig. Auf verschiedenen Marken mochte auch die Taxissche Lehenspost und später die Reichspost nicht auf das Motiv verzichten.

Gevatter Tod bläst zum Abschied

Auf Wirtshausschildern – besonders auf den vorspringenden „Nasenschildern" – ist das Posthorn bis heute unzählige Male kopiert worden, zudem dient es immer noch als Bauschmuck an manchem Postgebäude. Beliebt war das Posthorn auch als Abbildung auf kunstgewerblichen Gegenständen aller Art und sogar auf den Grabsteinen verstorbener Posthalter. Schließlich galt es als Symbol des Abschiednehmens im Diesseits und in das Jenseits. Dafür stehen die Darstellungen des hornblasenden Gevatter Todes ebenso wie Eichendorffs Wanderspruch:

„Was willst auf dieser Station
So breit dich niederlassen?
Wie bald nicht bläst der Postillion,
Du mußt doch alles lassen!"

Als heraldisches Hoheitszeichen ist das Posthorn nicht so alt, wie sich vermuten ließe. Zur Unterscheidung von anderen Behörden wurde das Symbol erstmals 1871 von der Reichspost in die neugeschaffene „Kaiserlich deutsche Reichspostflagge" aufgenommen. Die Reichspostflagge entsprach der deutschen Kriegsflagge, war weiß und wurde durch ein schwarzes Kreuz in vier Felder geteilt. In der Mitte des Kreuzes ruhte auf einer weißen Scheibe der heraldische preußische Adler. Das obere Feld neben der Stange zeigte auf schwarzweißrotem Grund das Eiserne Kreuz, das untere ein goldgelbes Posthorn. Das martialische Tuch wurde noch zu Kaisers Zeiten durch eine Dienstflagge mit den Insignien Reichskrone und Posthorn ersetzt, gegen den Widerstand des Generalpostmeisters Heinrich von Stephan. Er wollte das Eiserne Kreuz nicht missen, gab aber schließlich mit der für ihn bezeichnenden Bemerkung nach: „Das Aussehen der Flagge ist mir ziemlich gleichgültig. Das Ansehen ist die Hauptsache."
Die nach der Staatsumwälzung von 1919 geschaffene Reichspostflagge bestand aus drei Querstreifen, schwarz, rot und goldgelb. Das Posthorn, mit goldgelber Schnur und zwei goldgelben Quasten ausgestattet, bildete nun den Mittelpunkt.
Im Jahre 1930 – bekanntlich war das Posthorn wenig zuvor in natura verschwunden –, gedachte die damalige Reichspost ebenso dem Abbild den Garaus zu machen. Dem Selbstverständnis einer Verkehrsverwaltung, die sich mittlerweile modernster Beförderungsmittel zu Wasser, zu Lande und in der Luft bediente und Nachrichten durch elektrischen Strom übertrug, schien das überlieferte Sinnbild zu wenig zeitgemäß. Sie verfügte deshalb, das Posthorn dürfe „als Sinnbild der Deutschen Reichspost zur Kennzeichnung von Postgebäuden, Postfahrzeugen, Geräten und dergleichen nicht mehr verwendet werden." An seine Stelle tritt, so hieß es, „soweit ein Hoheitszeichen nötig ist, der Reichsadler". Auch die Dienstsiegel durften künftig als Hoheitszeichen nur den Reichsadler und als Inschrift nur noch die Angabe „Oberpostdirektion", „Postamt" usw. sowie die Ortsangabe zeigen.
In jenen Jahren trug es den Anschein, als hätte das Posthorn auch als Emblem endgültig verspielt. Indes, die 1950 errichtete Deutsche Bundespost erinnerte sich des alten Hauszeichens. Modernisiert, als goldfarbenes Horn mit Schnur, zwei Quasten und vier Strahlenblitzen, wurde es in die neue Postflagge genommen und ist seither sichtbares Zeichen einer Verkehrsverwaltung, die Tradition und Fortschritt zu verbinden weiß.

Posthornklänge

Der Postillion

Nikolaus Lenau

Lieblich war die Maiennacht,
Silberwölklein flogen,
Ob der holden Frühlingspracht
Freudig hingezogen.

Schlummernd lagen Wies' und Hain,
Jeder Pfad verlassen;
Niemand als der Mondenschein
Wachte auf den Straßen.

Leise nur das Lüftchen sprach,
Und es zog gelinder
Durch das stille Schlafgemach
All der Frühlingskinder.

Heimlich nur das Bächlein schlich,
Denn der Blüten Träume
Dufteten gar wonniglich
Durch die stillen Räume.

Rauher war mein Postillon,
Ließ die Geißel knallen,
Ueber Berg und Thal davon
Frisch sein Horn erschallen.

Und von flinken Rossen vier
Scholl der Hufe Schlagen,
Die durch's blühende Revier
Trabten mit Behagen.

Wald und Flur im schnellen Zug
Kaum gegrüßt – gemieden;
Und vorbei, wie Traumesflug,
Schwand der Dörfer Frieden.

Mitten in dem Maienglück
Lag ein Kirchhof innen,
Der den raschen Wanderblick
Hielt zu ernstem Sinnen.

Hingelehnt an Bergesrand
War die bleiche Mauer,
Und das Kreuzbild Gottes stand
Hoch in stummer Trauer.

Schwager ritt auf seiner Bahn
Stiller jetzt und trüber;
Und die Rosse hielt er an,
Sah zum Kreuz hinüber:

„Halten muß hier Roß und Rad!
Mag's Euch nicht gefährden:
Drüben liegt mein Kamerad
In der kühlen Erden!

Ein gar herzlieber Gesell!
Herr, 's ist ewig schade!
Keiner blies das Horn so hell,
Wie mein Kamerade!

Hier ich immer halten muß,
Dem dort unterm Rasen
Zum getreuen Brudergruß
Sein Leiblied zu blasen!"

Und dem Kirchhof sandt' er zu
Frohe Wandersänge
Daß es in die Grabesruh'
Seines Bruders dränge.

Und des Hornes heller Ton
Klang vom Berge wieder,
Ob der tote Postillon
Stimmt' in seine Lieder. –

Weiter ging's durch Feld und Hag
Mit verhängtem Zügel;
Lang mir noch im Ohre lag
Jener Klang vom Hügel.

Von Rössern und vom Reiten

Wer „wie ein alter Postgaul schnauft", der hat sich plagen müssen. Wirklich waren es die Postpferde, die sich in aller Regel mehr als andere Rösser schinden und deshalb mehr als andere Rösser „schnaufen" mußten. Schuld trugen Reisende, die sich weigerten, bei aufgeweichten Straßen Vorspann zu bezahlen. Schuld trug auch die Verwaltung mit knapp bemessenen Fahrzeiten und nicht zuletzt waren manche Posthalter schuld mit der Ansicht, eine alte und klapprige Mähre sei immer noch gut genug, um sich den aerarischen Hafer zu verdienen.
Im Jahre 1842 ist die üble Schinderei der Postpferde sogar im bayerischen Parlament zur Sprache gekommen, als ein Posthalter in seiner Eigenschaft als Abgeordneter ausführte: „Man muß einen Eilwagen im Trab durch den tiefen Kot der Straße fahren sehen. Man muß sehen, wie die armen Tiere schwitzen und keuchen und nicht mehr weiter können, und wie der Postillion mit aller Macht der Peitsche auf sie einhaut. Ein Stein möchte sich darüber erbarmen. Allein, nur einige Minuten fehlen, wenn gleich die armen Pferde alle zugrunde gehen."
Am wenigsten störte es die „Hohen, die Höchsten und die Allerhöchsten Herrschaften", wenn die Postpferde in den Strängen umfielen. Die Kreatur mußte laufen, bis sie krepierte. Dann war sie mit Geld zu ersetzen. Die Ehre, gekrönte Häupter zu fahren, war daher gewöhnlich recht zweifelhaft. Den Münchner Poststallmeister Clemens Pachmeyer beispielsweise kostete im Jahre 1838 ein solcher „Vorzug" 17 Pferde. Sie waren ihm „im Dienst der russischen Majestäten" durch übermäßige Anstrengung der Reihe nach verendet.
Wie der taxissche Posthalter von Eurasburg, Ignaz Heckl, sogar durch ein Mitglied des Fürstlich Thurn und Taxisschen Hauses in Regensburg zu Schaden kam, berichtet er im Jahre 1801. Er habe, so klagte der Posthalter, „durch die Verführung des Herrn Erbprinzen Karl Alexander nach Schwabhausen" ein Sattelpferd eingebüßt, das ihm um 200 Gulden nicht feil gewesen wäre. Der Befehl, rasch zu fahren, sei gegeben worden, um womöglich der Erbprinzessin (Therese Mathilde, geborene Herzogin von Mecklenburg-Strelitz, einer Schwester der Königin Luise von Preußen), die gleichzeitig mit Hofpferden fuhr, mit einer halben Stunde Vorsprung in Nymphenburg zuvorzukommen.
 Der höchste Wille des durchläuchtigsten Herrn Erbprinzen wäre erfüllt

Sturz eines Pferdes (Votivbild)

und Höchst selber eine starke Viertelstunde vor der Frau Erbprinzeß nach Nymphenburg verführet worden. Beiläufig schrieb Heckl, daß „bei der übertriebenen schnellen Fahrt" auch die Posthalterswitwe von Schwabhausen ein Pferd einbüßte und zwei andere dienstuntauglich wurden.
Der Erbprinz ließ darauf wissen, er habe das schnelle Fahren zwar nicht befohlen, „nichts destoweniger er aber gerne schnell geführt würde, welche Neigung denen Posthalters wohl bekannt seye, dahero diese dann auch immer ihr Möglichstes thäten, gleich wie Höchst Seine Durchlaucht bey der neulichen Reise nach München und zurück ganz vorzüglich gut und mit einer beinahe unglaublichen Geschwindigkeit wären bedient worden, demnach auch nicht zweifelten, daß dieses schnelle Fahren und die große Hitze die Ursachen von dem Fall zweyer Pferde seyen und denen Posthaltern eine Entschädigung gebühre." Am 19. September 1801 bewilligte die Thurn und Taxissche Kanzlei daher, daß der Münchener Oberpostamtsverweser Lindemann eine Entschädigung von 75 fl an jede der beiden Posthaltereien überwies.

Als einer, dem seine guten Rösser mehr galten als der Auftrag, schnell und gewissenhaft König Max I. von Bayern zu fahren, wurde der Posthalter Buchberger von Aichach im ganzen Königreich verrufen. Sein „stattgehabtes Vergehen und Strafe" löste folgende, an alle Standesgenossen gerichtete „Warnung" aus:

„Den 27ten Juli d.J. (1818) ergab sich der Unfall, daß der Wagen, in welchem sich Se. Majestät der König befanden, auf der Rückreise von Baden nach München, zwischen Aichach und Schwabhausen nahe bey dem Dorfe Oberzeittelbach umgeworfen wurde. Die Vorsehung verhütete, daß ein Unglück geschah. Der Postexpeditor Buchberger zu Aichach, welchem die Stellung der Pferde auf die Relais zu Oberzeittelbach oblag, wurde hierüber vernommen und durch das köngliche Landgericht der Stand der Pferde und des Geschirrs unter Beiziehung von Sachverständigen untersucht; nachdem Se. Majestät der König den Postillion Aschenmaier als schuldlos an dem stattgehabten Unfalle zu erkennen geruht hatten. Aus der eingeleiteten Untersuchung ergab sich folgendes: Postexpeditor Buchberger giebt zwar an, er sei an diesem Ereignisse unschuldig, allein aus dem durch das königliche Landgericht aufgenommene Protokoll ergiebt sich, daß die beyden Stangen-Pferde, auf welchen die Sicherheit des Fuhrwesens vornehmlich beruht, in dem schlechtesten Zustande waren, nemlich:

a) das Sattel-Stangenpferd war 15 Jahre alt und an den Füßen steif;
b) das zweite Stangenpferd war beiläufig 17 Jahre alt und an beiden Augen blind. Da diese schlechten Pferde nicht vermögend waren, den Wagen bei einer mäßigen Abhänge mit gleicher Kraft zurückzuhalten, so ereignete sich hierdurch der Unfall des Umwerfens, wodurch das Leben Sr. Majestät des Königs in Gefahr gesetzt wurde.

Die königliche General-Post-Administration hat bey der Allerhöchsten Stelle den Antrag gemacht, Buchberger zur wohlverdienten Strafe sogleich den Postdienst aufzukündigen. Allein Se. Majestät der König geruhten, diese vorgeschlagene Bestrafung in eine zu entrichtende Geldstrafe von 150 Gulden zum Postarmenfond zu mildern."

Aus dem Postarmenfond wurden „verarmte Postillions, deren Witwen und andere, so etwa bey der Post zu Schaden gekommen oder verunglücket", unterstützt.

Den Postpferden erging es woanders nicht besser als hierzulande. Auch wenn es, wie in der Donaumonarchie, hieß: „Sieben Todsünden gibt's, und die achte ist's Roßschinden", die Poströsser profitierten kaum von der frommen Meinung. Sie wurden, wie zum Beispiel aus Wien überliefert, gedroschen, bis der Wagen rollte. Dort war die Kutsche einst beim Stubentor festgefahren, weil die ausgemergelten Tiere keine Kraft mehr besaßen. Erst nach mehrmaligem Pferdewechsel und durch zusätzlichen Vorspann kam dann der Wagen in Fahrt – begleitet vom Klatschen der Peitschen und dem Gejohle der Zuschauer.

Aktive Tierschützer taten sich sehr bald in England auf. Sie konnten gegen Tierquäler kraft Gesetzes einschreiten – und taten dies auch nach Kräften. Von allen „Fällen", die ihnen unterkamen, ging einer mehr um seiner Kuriosität als um der geschundenen Kreatur willen sogar durch die europäischen Zeitungen: man hatte einen Viererzug mit Postpferden ausgemacht, die sämtliche auf beiden Augen blind waren. Der Postillion selbst war einäugig.

Ein Dreiergespann, von dem Generalpostmeister Stephan berichtet, war da noch besser beschaffen. Bei ihm war nur das mittlere Pferd blind, das linke sah auf dem rechten und das rechte auf dem linken Auge nichts. In dieser „glücklichen Kombination" genügten dem Kutscher die beiden, nach außen gekehrten Augen.

Manche Postillione sollen blinde Tiere mehr als sehende geschätzt haben. Zwar mußten blinde Pferde mit mehr Aufmerksamkeit geführt werden, doch gingen sie dafür kaum jemals durch.

Englischer Eilpostwagen (Beginn des 19. Jahrhunderts)

Französischer Eilpostwagen (Beginn des 19. Jahrhunderts)

Um das Durchgehen der Pferde zu verhindern, gab es mechanische Mittel. Eines bestand aus beweglichen Scheuklappen, die bei Gefahr durch einen Riemenzug vom Bock aus zu verschließen waren.
Von einem Postillion, dem „der Gaul durchging" im Umgang mit den Pferden, erfuhren anno 1838 die bayerischen Posthalter: „Der bei der k. Postexpedition Dinkelsbühl in Diensten gestandene Postillion Johann Ziegler von Hohenaltheim, Herrschaftsgericht Bissingen hat eines seiner 4 Pferde so gepeinigt und geschlagen, daß dasselbe augenblicklich am Wagen tod blieb und bei dem ihm zum Ersatz gegebenen Pferde diese barbarische Behandlung nicht nur wiederholt, sondern auch seinen übrigen Pferden kein Futter gegeben und sie so geprügelt, daß das Handpferd in der Tränke umfiel, mehrere Minuten liegen blieb und wahrscheinlich auch draufgehen wird.
Wegen dieser boshaften Tierquälerei und außerdem wegen Dienstbothenbuch-Verfälschung sitzt Postillion Ziegler im Arreste, ist seines Dienstes entlassen und darf von keinem Poststallhalter mehr in Dienst genommen werden.
Dies zur Wissenschaft und Warnung."

Trotz dieser Beispiele: roh waren die wenigsten Postillione, die meisten allenfalls rauh. Und aktenkundig wurde halt nur das Schlechte. Das Gute wurde pauschal gemeldet. Etwa als „tadelfrei verbrachte, jahrzehntelange Dienstzeit" des Postillions N. N. Das „Pferdegefühl" eines also Belobigten stand dann ohnehin außer Zweifel. Ein solcher Postillion hielt auf die Tiere, er war wie ein Teil des Gespanns. „Seine" Pferde wurden jeden Morgen geputzt. Sie erhielten die Mähne und den Schweif in regelmäßigen Abständen ausgekämmt, die Hufe wurden gewaschen, ausgekratzt und geschmiert, auch in die Schwemme wurde geritten und nicht zuletzt hielt mancher Postillion auch das Pferdegeschirr auf Hochglanz. Da konnte der Posthalter schon – wie es mancher gern tat – den Pferden mit der Hand prüfend über den Buckel streichen. Ein Postillion, der sogar auf die „Passagiers" vergaß, als es um seine Pferde ging, war im oberfränkischen Rattelsdorf daheim. Darüber schrieb eine Reisende, die zu den „Betroffenen" zählte:
„Gestern sind uns zwei Pferde vor dem Wagen gefallen; bei dem ersten hielten wir uns vier Stunden auf und versuchten alles, um es zu retten; allein es war umsonst, wir mußten es am Ende für den Scharfrichter des nächsten Dorfes liegen lassen. Der Postillion war ein Original. So gut als dumm, beides im äußersten Grade. „O Gott, o Gott!" war alles, was er vier Stunden lang sagte, wobei er beständig fortarbeitete, um das Pferd auf die Beine zu bringen; es war aber so kraftlos, daß, wenn er es auch etwas in die Höhe hatte, es gleich wieder auf die Seite fiel, wobei er hundertmal in Gefahr war, sein Leben zu verlieren. Ich schrie in einem weg: „Kerl, seid nicht rasend, das Tier ist hin, was wollt Ihr Euch denn auch noch unglücklich machen?" „Ei, was!" gab er mir immer zur Antwort, „da es mit meinem Pferde so ist, so mag es mit mir werden, wie es nur immer will." Ich sagte, er sollte fortfahren.
„Nein, wenn Sie mich auch prügelten, so gehe ich nicht von meinem Pferde, solange ich noch Hoffnung habe"; und dies hielt er auch ehrlich. Selbst wie es schon krepiert war, mußten wir ihm noch verstatten, daß er es mit den andern Pferden auf einen Acker schleppte, aus dem nächsten Dorfe Stroh und Heu holte; das Stroh, um es damit zu decken, und das Heu, damit es, wenn es wiederauflebte, etwas zu fressen fände. Der Kerl dauerte mich, denn er war völlig abgemattet; und nun wollte es vollends das Unglück, daß als wir kaum eine Viertelstunde gefahren waren, ihm im Wasser das zweite Pferd auch fiel. Dies hat er denn doch noch gerettet, weil zum Glück Leute in der Nähe waren, die ihm zu Hilfe kamen."

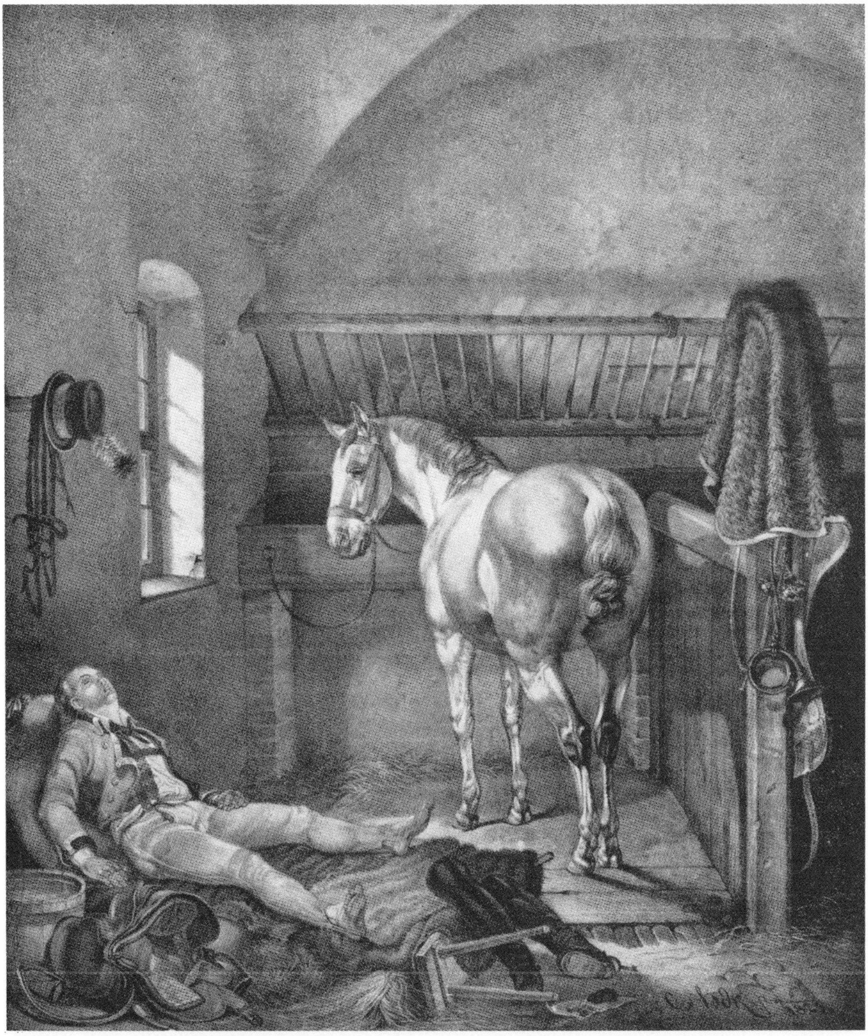

Bayerischer Postillion im Poststall schlafend

Manche Postillione hielten es mit dem Spruch: „Denken sollen die Rösser, ihr Kopf ist größer." Das schienen manche Gäule wirklich zu tun. Sie kannten den Weg und die Haltestellen und sie unterschieden die Hornsignale. Daß sie einen bier- oder weinselig entschlummerten Kutscher bis vor die heimische Stalltür fuhren, ist des öfteren verbürgt. Überaus beliebt waren beim Publikum Geschichten wie etwa die folgende:

„Am 18. September 1844 Abends spät stürzte zwischen Immendorf und Lutter am Barenberge in der Nähe des Chausseehauses vor der Braunschweig-Höxterschen Postkutsche ein Pferd englischer Rasse, welches lange Jahre hindurch bei der Posthaltestelle Immendorf als Postpferd gedient hatte, und wurde sowohl vom Sturz wie durch das Vorderrad des Postwagens dermaßen beschädigt, daß es ausgespannt werden mußte und für todt liegen blieb. Kurze Zeit darauf, nachdem die Post an dem Chausseehaus vorüber gekommen, wurde der Einnehmer durch ein Geräusch an seinem Fenster geweckt und sah zu seinem Erstaunen ein lediges Pferd davor stehen. Das wackre Postpferd hatte sich wieder aufgerafft, war dem gewohnten Weg gefolgt und schien nun den Einnehmer um Aufziehen des Schlagbaums ersuchen zu wollen. Fast zu gleicher Zeit kam die Höxter-Braunschweiger Postkutsche angefahren, und der Einnehmer sah sich deshalb genöthigt, den Schlagbaum zu öffnen, bei welcher Gelegenheit das treue Roß durchschlüpfte und nun seinen Weg bis Lutter a. B. zurücklegte. Wie erschrak der Postillion aber, als er am andern Morgen um 4 Uhr zurückreiten wollte und bei Oeffnung des Pferdestalles seinen todtgeglaubten Engländer vor sich sah. Er bot ihm Futter, das Thier verschmähte es jedoch, und nun nahm es der Postillion am Zügel mit den übrigen Pferden zurück. Unterwegs stürzte das arme kranke Geschöpf mehrmals, erhob sich indeß wieder. Als es aber an die Stelle kam, an welcher es am Abend zuvor gestürzt war, da legte es sich nieder und – starb. –"
Von allen Postpferden, die es um 1880 in Deutschland gab, hatten es die 450 Pferde des Poststalles Berlin vermutlich zum Besten getroffen. Sie waren „reichseigen", daher gewissermaßen „beamtet". Ein Berliner Postpferd war in der Regel in Mecklenburg daheim und kostete 825 Mark in der Anschaffung. Es durfte täglich nicht länger als acht Stunden beschäftigt und jährlich nicht mehr als 7500 Kilometer bewegt werden. Seine tägliche Futterration bestand aus 8 kg Hafer, 4 kg Heu, 4 kg Stroh, 1/2 kg Erbsen sowie Weizenkleie und Leinkuchen. Mit dem Hufbeschlag der Berliner Postpferde waren ständig zwei Werkmeister und vier Schmiedegesellen ausgelastet, zwei festangestellte Tierärzte überwachten die Gesundheit. Wo diese zu wünschen übrig ließ, gab es für kranke Tiere „Erholungsaufenthalt" auf einer Koppel an der Straße nach Tegel.
Den Acht-Stunden-Tag kannten die ländlichen Postpferde nicht. Eher einen von früh bis spät. „Frische" Umspannpferde, frisch vom Pflug gesträngt und dementsprechend ermattet, boten den Reisenden

Eilkurier

Sturz eines Eilkuriers

daher steten Anlaß zur Klage. Einen Vorteil besaßen die „Provinzpferde" wenigstens: sie mußten nicht als „Pflastertreter" laufen, was ihnen manche Fußleiden ersparte.

Mehr als sechs Zentner auf sehr schlechter und 35 Zentner auf guter Straße „sollte" ein Postpferd nicht ziehen müssen. Sollte. Denn darüber entschied nicht das Pferd. Allenfalls konnte es „über die Stränge schlagen."

Die Pferde der „Fahrposten" mußten vor Kutschen ohne Bocksitz oder im Viererzug auch zum Reiten taugen; das Tier links nächst dem Wagen wurde alsdann zum „Sitzplatz" des Postillions. „Postklepper", die auch als Reitpferd dienten, sollten ein „lindes Maul" und eine ausgewogene Gangart haben.

Das „Glück der Erde auf dem Rücken der (Post)pferde" teilten sich Postillione, Reisende mit eigenem oder Mietpferd und die staatlichen Kuriere.

Von den Reitern, die beim Poststall Pferde verlangten, waren die Kuriere berüchtigt. Durch eilige Mission „legitimiert", trieben sie manches Roß so zuschanden, daß es als „Schindluder" endete. Worauf der Posthalter die ursprügliche Gesundheit des Tieres „beweisen" und Ansprüche stellen „durfte". Es kam vor, daß Kuriere ihr Pferd mit Messerstichen „anspornten" (nachzulesen in den Akten des Oberpostamts München); ein französischer Kurier hieb einem Pferd des Poststalls Fürstenfeldbruck aus schierem „Übermut" beide Ohren ab.

Um 1630, als die Gräfin Alexandrine von Taxis das Reichspostwesen verwaltete, standen auch die „Studierten", die Akademiker, nicht eben in dem Ruf, ein Herz für die Kreatur oder „Pferdegefühl" zu besitzen. Den Postmeistern wurde deshalb ausdrücklich befohlen, sich die Reisenden darauf anzusehen, ob sie mit Pferden umzugehen verstünden, wobei ganz besonders auf die „lateinischen Reiter" zu achten war.

Zu Zeiten, wenn es zu arg herging, suchte die Post dem Treiben der Rosseschinder durch mehr oder minder scharfe Verordnungen zu steuern. So etwa, als sie gebot:

„Weil durch Aufladung großer Truhen und schwerer Felleisen, auch ungewöhnliches Üeberreiten der Posten, die Pferd krumm, untüchtig und öfters zu Boden geritten werden, so soll keinem Courrier noch anderer der Post zu Pferd sich bedienender Person über 30 höchstens 40 Pfund schwer mitzuführen, noch weniger die von voriger Post gehabte Pferde weiters als bis auf die nächst gelegene Post zu gebrauchen erlaubet sein . . .

Postpferd

Weil einige Courriers, die Post-Pferde verlangen, selbige vor den Wirts-Häusern öfters 2, 3 und mehr Stunden warten lassen, wodurch dann die Pferde müd und zum reiten oder fahren untüchtig werden, so soll kein Posthalter mehr als eine halbe Stunde zu warten verbunden sein. Sollten hergegen alle und jede Posthalter sich mit guten, sowohl zum reiten als fahren tüchtigen Pferden versehen, die auf der Post ankommenden Kuriers und Personen wohl bedienen und selbigen mit aller Höflichkeit und gutem Willen (dessen man sich von seiten der Kuriers gleichfalls versieht) aufs möglichste begegnen."

Bei der bayerischen Post wurde die „Zuladung" per Reitpferd durch die „Extrapostordnung" vom Jahre 1833 auf 20 Pfund beschränkt – ohne Rücksicht auf das Gewicht des Reiters. Die Entfernung von einer „Post" (14,8 km) sollte ein Reitpferd in 1 ½ Stunden schaffen.
Zum Reiten waren Postpferde nie sonderlich begehrt, denn, ein Leihpferd war selten ein gutes Pferd. Wer es sich leisten konnte, zog deshalb das eigene Tier einer angemieteten „Mähre" vor.
Den Leuten, die auf eigenem „Untersatz" ritten, empfahlen sich gedruckte Ratgeber wie „Der Passagier zu Pferd" oder das „Handbuch für Reisende", 1820 bei Lentner in München verlegt. Darin wurden vornehmlich die „Sonntagsreiter" belehrt:
„Anfangs macht man nur kleine Routen, etwa täglich 6 Stunden, und dann immer eine Stunde weiter, bis ungefähr 12 Stunden. Um den dritten, oder vierten Tag macht man einen Ruhetag. Schritt und kurzer Trapp sind die gewöhnlichsten Gänge, um das Pferd nicht übermäßig zu ermüden.
Bei Annäherung des Mittagsquartiers läßt man sein Pferd sachte gehen, damit es nicht erhitzt in den Stall komme; sollte es dennoch warm seyn, so läßt man es nicht sogleich in den Stall bringen, sondern erst herum führen, gurtet dann den Sattel los, lüftet ihn, bindet es hoch an, und reibt es mit Stroh, bis es trocken ist; alsdann laßt man es abzäumen und absatteln, läßt ihm die Schenkel bis nahe übers Knie abwaschen, und die Augen, Nasenlöcher und das Maul von außen und innen mit einem in warmes Wasser getauchten Schwamm abwischen; eine nöthige Vorsicht, besonders bei schmutzigem Wege, ist: es vorne zwischen den Schenkeln mit Inbegriff der Brust wohl abwaschen zu lassen, und darauf zu sehen, daß kein Sand oder Schmuz da zurückbleibe, indem das Pferd sonst auf einige Zeit zum Dienste untauglich wird.
Krippe und Raufe muß sorgsam gereiniget, und mit Stroh ausgewischet, auch das Wasser zum Tränken einige Stunden vorher, ehe man es dem Pferde reicht, in dem Stall gesetzt werden, damit es überschlage.
Man thut wohl, am Abend eines jeden Tags dem Pferde den Rücken mit Essig, oder in Ermangelung dessen mit kaltem Wasser zu waschen. Sollte sich ja eine Geschwulst durch den Druck des Sattels verursacht befinden, so wird Seife, die in Branntwein bis zu einem dicken Brei aufgelöset ist, und stark gegen die Haare eingerieben wird, guten Dienst leisten.

Sollte ja das Pferd sehr ermüdet seyn, so nehme man Branntwein, und wasche damit die Schenkeln des Pferdes.
Sehr nöthig ist es, öfters nach dem Beschlage zu sehen, den Huf inwendig mit einem Holze zu reinigen und zu untersuchen, ob sich vielleicht ein Stein u. dgl. unter das Eisen gesezt hat.
Die Abende vor den Ruhetagen schlägt man den Huf mit Kuhmist oder rohen Sauerkraut ein, und thut das um so öfter, wenn man auf bösem und trockenem Boden oder Chausseen reiset.
Ein nicht ungewöhnlicher Vorfall auf Reisen ist, daß das Pferd Stallen übergangen hat. Ein solches Pferd ist sehr unruhig; hackt mit dem Vorderbeine, und riecht mit der Nase nach der Erde hin. In der Geschwindigkeit diese Krankheit zu heilen, ist eines der leichtesten Mittel, das Pferd in einen Schafstall zu bringen, und da so lange zu lassen, bis es stallt.
Nicht selten geschieht es, daß Pferde auf Reisen nicht fressen, oder saufen wollen. – In diesem Falle gebe man dem Pferde eine mäßige Hand voll Salz auf das erste Futter, und das einigemal.
Gute, gelinde Behandlung auf dem Wege, und genaue Aufsicht im Stalle werden ein Pferd, das gesund die Reise antritt, am besten vor Zufällen schützen. Die Meinung, daß vieles Futter Kräfte gebe, hat manchen um sein Pferd gebracht, so gewiß es übrigens ist, daß ein Pferd auf der Reise etwas mehr als zu Hause erhalten müsse.
Daß der Reisende zu Pferd seine eigene Striegel, Abwisch- und Putzlappen, Bürste bei sich führe, ist eine gewöhnliche Regel."
Um die Gesundheit des Reiters zeigten sich die „Ratgeber" weit weniger besorgt als um das Wohlbefinden des Pferdes. Man begnügte sich mit Empfehlungen wie etwa starken Wind zu meiden oder bei kalten Füßen neben dem Pferd zu laufen. Wichtigstes Requisit einer „Reiterapotheke" war das „Goulardische Bleiwasser" das aus einer Mischung von

Bleiessig, Branntwein und „Flußwasser" bestand und zum Kühlen der „hämorrhoidalischen Geschwülste" diente.
Als die Eisenbahn aufkam, sattelten die Reiter behend um – vom eigenen oder Postroß auf das „Dampfroß". Dies geschah so eifrig, daß ein Spötter den „vielen, plötzlich brotlosen Pferden" zu einer Bewerbung beim Zirkus riet.
Über den Einfluß der Eisenbahn auf die als „Reitposten" betriebenen Postverbindungen gibt die Statistik der preußischen Post Aufschluß. Danach waren von 129 „Reitposten" im Jahre 1821 im Jahre 1884 noch drei übrig. Zwei davon führten in das russische Postgebiet. 1892 wurde die letzte Reitpost als „endgültig überholt" eingestellt.
Seinerzeit bestieg einer das Dichterroß mit dem Seufzer: „O Eisenbahn, was bist du kommen?" und brach in die Klage aus:

„Sie schirrten tote Rosse auf
Aus wildem Elementsgespann,
Ihr Leib ist Erz und Dampf der Schnauf
Und Feu'r der Sporn und Sturm der Lauf;
Das Leben hängt als Schweif sich an
Mit Ketten, Riegeln und Verschluß,
Daß es dem Tode folgen muß."

Heftiger denn je ritten die Dichter den Pegasus, als sich unter dem Namen „Automobil" auch noch die „toten Rosse" Gottlieb Daimlers aufmachten und das Verkehrsmittel Pferd endgültig verdrängten. Von den Abgesängen allerorten schloß einer der gefühlvollsten:

„Bin ein alter Postillion,
bin ein alter Scherben,
und das Auto lauert schon
und wir müssen sterben.

Ich, des Posthorns lieber Gruß
und der Rößlein Schreiten,
und der alte Omnibus
und die alten Zeiten."

Es ging nicht mehr lange her, da wurden aus den Ställen Garagen, das Pferd hieß fortan auch „Hafermotor". Für das Maß einer mechanischen Leistungseinheit aber fand man den Ausdruck, der, wie selten einer, geläufig wurde: den Begriff der „Pferdestärke".

Die Not der Pferde nach der Eröffnung der Eisenbahnlinie Anvers–Köln
(Satirisches Bild um 1840)

Unterwegs auf Schusters Rappen

Zu Fuß reisen, das machten einst die Handwerksburschen, die Pilger und die Karner, die Kraxenträger und „manch liederlich Gesindel". Fußreisen roch nach Armut, nach „minderen" Leuten. Wer auf sich hielt, der reiste auf dem „gelben Wagen" oder noch besser – per Extrapost und eigener Kutsche. Erst, als die „feinen" Leute merkten: „Oh, es geht keine Lust und Freiheit über die Lust und die Freiheit des Fußgängers . . ., dem Fußgänger gehört die Welt", da wurde auch das Fußreisen gesellschaftsfähig, es wurde sogar Mode.

Des „zu Fuße Reisenden" nahmen sich bald „praktische Ratgeber" an mit Titeln wie: „Der deutsche Wanderer" oder „Der Fußreisende; was hat man zu thun, um angenehm, nützlich und bequem zu Fuße reisen zu können?"

Ein überaus erfolgreiches Reisehandbuch – ein Bestseller – war der „Passagier auf der Reise in Deutschland, der Schweiz, nach Venedig, Amsterdam, Paris und St. Petersburg", das die Fußgänger aufklärte: „Die Zahl der Fußreisenden mehrt sich jetzt unter allen Ständen; viele ziehen diese Art zu reisen sogar dem Extrapostfliegen vor, ohnegeachtet es nur von ihnen abhängt, sich diese Bequemlichkeit zu verschaffen. Dadurch sind auch die Wirthe von ihrem alten Vorurtheil gegen Fußreisende allmählich zurückgekommen, und es möchten ihrer nur noch wenige, und nur in unbesuchten Gegenden geben, welche den Dilettanten von Fußreisenden kalt empfangen, bis er ihnen eine bessere Meinung von sich beibringt, indem er auf so gute Zimmer und Bewirthung besteht, als ob er mit Extrapost angekommen wäre, oder sich nach diesem oder jenem bedeutenden Mann erkundigt, an den er Adressen hat.

Uebrigens giebt es noch einige große Länder, wo das Fußreisen in schlechtem Kredit steht und nicht zu empfehlen ist, z. B. England, Italien und Rußland. Auch ist dieses in den großen Gasthäusern und Hotels großer Städte der Fall, deren Umgebungen nicht so häufig zu Fuß besucht werden.

Der Reisende, der aus Oekonomie das Fußreisen gewählt hat, wird es von selbst vermeiden, in zu großen Gasthäusern abzutreten. Man findet an vielen Orten Bäcker, Metzger, Bierbrauer, die recht gut und wohlfeil speisen. Auch giebt es in großen Städten Garküchen, Kaffeehäuser, wo man immer gute und nahrhafte Speisen zu billigen Preisen

haben kann. Auf dem Lande findet man gute Milch, unvermischten Landwein oder selbst gebrautes Bier, gutes Hausbrod, Würste, Käse, was alles nicht theuer, und doch, zumal dem von der Bewegung Hungrigen und Durstigen, eine willkommene und nahrhafte Kost ist. In Weinländern haben die Landleute meistentheils selbst Weinberge, und schenken in ihrem Hause guten Wein um geringes Geld.
Im Hessischen, Brandenburgischen, Sächsischen usw. ist freilich der Bauer nicht darauf eingerichtet, und in beiden ersten Ländern oft arm. Allein in den meisten großen Dörfern und Flecken, besonders im Thüringischen, trifft man immer ein leidliches Wirthshaus zur Einkehr an. In Schwaben, der Pfalz, Franken, Vorderösterreich, am Rhein, in Baiern, die Donau hinab und in der ganzen Schweiz sind Landleute und Bauern wohlhabend, und gegen Fremde artig und dienstfertig. Bei ihnen kann sich der Wanderer mit den Landesprodukten am wohlfeilsten bewirthen. In der Schweiz mit Käse, Butter, Milch, Wein; in Baiern und dem Oesterreichischen, so wie im alten Reich, mit gebackenen Fischen, Mehlspeisen, Kuchen, Würsten, gutem Bier; in der Pfalz mit Rheinwein und Märzenbier, und was sonst die Schnabelweide des gesegneten Landes auftischt. Uebrigens thut der Fußreisende wohl, wenn er in einer umflochtenen Flasche, die an einer Schnur umgehangen wird, etwas Rum, Kirschgeist, Cognac o. dgl. bei sich hat.
Allemal lästig ist das viele Mitschleppen von Kleidern, nirgends aber mehr als bei Fußreisen. Auf der Reise trage der Fußreisende eine kurze Jacke mit Taschen (seit der Erfindung des wasserdichten Tuchs wird wohl jeder Reisende, ohne unsere Erinnerung, sie von solchem Tuche machen lassen), lange, besonders weite Beinkleider oder Pantalons, eine zum Gehen so bequeme Tracht, der Stoff leicht oder stark, nach der Jahreszeit; zu nankingnen Beinkleidern habe man immer noch ein Paar tuchne in Reserve; kurze Stiefeln oder lieber Schuhe und Halbkamaschen von Tuch oder Linnen, einen runden Hut oder Mütze mit Schirm, mit einem wachstaffetenen Ueberzuge vor dem Regen, leicht, und inwendig mit Stirnleder. Schuhe und Stiefeln müssen schon ausgetreten, nie ganz neu und mit starken, mit Nägeln beschlagenen, nicht zu plumpen Sohlen, oder dazwischen genähetem Kork versehen sein. Schuhe sind den Stiefeln in gar vieler Rücksicht vorzuziehen. Sie schrumpfen nicht ein, wie diese in den Schäften, sind bei Nässe und schwitzenden Füßen leicht aus- und anzuziehen, müssen aber, wie man sie jetzt zu Kamaschen und Pantalons überall findet, bis dicht an den Knöchel herangehen. Darüber knöpft man die Kamasche, welche

bis an die Wade reicht. Leinene sind im Sommer die besten. Diese ganze Fußbekleidung kann leicht abgeworfen und aus dem Reisetornister gegen neue vertauscht werden, und man muß selbst gefühlt haben, welche Wohltat es sei, seinen nassen Fuß mit trockenen neuen Socken (Socken von dünner Wolle sind besser als Strümpfe), Schuhen und Kamaschen zu erquicken; zumal da das Gebrauchte, im Sommer wie im Winter, leicht gewaschen und getrocknet werden kann. Das Alles ist bei Stiefeln schwieriger. In einen ledernen Tornister oder Reisetasche packt man seine übrigen Habseligkeiten, 3 bis 4 Hemden, so viel Schnupftüchter, mehrere Paar Strümpfe, Socken oder noch ein oder zwei Paar Kamaschen von der oben beschriebenen Art, und was man sonst für seine Gesundheit oder Bequemlichkeit nöthig erachtet; noch ein Paar Schuhe oder Pantoffeln und einen simplen Frak, um an Oertern, wo man sich umsehen oder verweilen will, anständig gekleidet zu erscheinen. Auf den Tornister schnallt man den Ueberrock, Mantel oder Spencer, den man zum Schutz vor bösem Wetter bei sich führt. Ein Mantel hüllt freilich den ganzen Körper ein, ist aber schwerer wie der Oberrock, schlägt um die Beine, erhitzt oder ermüdet. Ein Spencer aber (d.i. eine Jacke von Biber oder Tuch, die man über die andere zieht) schirmt den Oberleib, Brust, Arme, und hindert nicht im Gehen. Jetzt ist ein Ueberwurf-Kittel, von dunkelblauer Leinwand, wie ihn in vielen Ländern die Fuhrleute tragen, bequem, leicht, und doch die Kleidung darunter vor Schmutz und nicht zu starkem Regen schützend, eine Modebekleidung vieler Fuß-Pilgrimme geworden. Wählt man den Mantel, so sei er Halb-Mantel, mit Kapuze, von dichter, getränkter Leinwand; die wachstaffetnen sind freilich vorzuziehen, aber außer ihrer Kostbarkeit schwitzt man auch gar zu leicht darunter. Empfehlung verdient eine kleine lederne Tasche, die an einer Schnur oder Riemen von Leder, von der rechten Schulter zur linken Seite hängt, und worin in kleinen, leichten und nicht steifen Fächern Scheere, Messer, Brieftasche, Feuerzeug, ein kleiner lederner, zum Zusammenklappen eingerichteter Becher, Besteck und was man sonst gleich bei der Hand haben will, verwahrt wird. Alle Riemen müssen lakirt sein, damit Regen und Staub ihr Spiel nicht haben. Ein kleiner Kompaß sollte auch darin stecken. Mit dessen Hülfe kann man nicht viel irre gehen, wenn man von dem Standpunkte der Abreise die Gegend, wohin man will, genau weiß . . .

Die Reisetasche, die nicht über 50 (!) Pfund wiegen darf, wird entweder vom Reisenden selbst getragen, oder der Fußreisende, oder die

Gesellschaft Fußreisender, miethet zur Fortschaffung des Gepäcks, auf den Tag oder auf mehrere Meilen, einen Mann aus der Gegend, der zugleich, da einem solchen Menschen alle Fußpfade und nähere Wege gewiß bekannt sind, trefflich als Wegweiser nützt. Es versteht sich, daß man zu solchem Behuf nicht den ersten und besten aufrafft, sondern ihn sich von dem Wirth, wo man geherbergt hat, oder von einem andern Manne, dem man trauen darf, vorschlagen läßt. Auf der Reise darf man nicht leiden, daß er mit den Sachen zurückbleibe, oder zu weit vorausgehe, oder sich sonst aus dem Gesicht entferne. Sollte man aber auch nicht Jemand zum Transport seines Gepäcks nöthig haben, so verfehle man doch nie, bei schwer zu findenden Wegen, oder durch Wälder, einen Boten mitzunehmen. Fragt man auf dem Felde oder auf der Landstraße einen Landmann usw. nach dem Wege, so wähle man einen nahen Ort, auf den man kommen muß, denn weit entlegene sind ihm oft selbst fremd.

Die Fußreisen im Spätherbst oder Winter sind ungesund, beschwerlich und langsam; die Wege sind kothig, die Tage kurz. Wer es also vermeiden kann, der richte seine Wanderungen auf die Monate April, Mai, Juni ein; Juli und August sind fast zu brennend heiß; hingegen das Ende Augusts, September, Oktober gewähren die angenehmsten, weder zu kühlen noch zu heißen Tage, wo man auch überall reife Früchte unterwegs antrifft.

Man reise immer früh aus, um den Tag vor sich zu haben und das Nachtquartier bequem zu erreichen, ohne sich zu stark angreifen zu dürfen. Die ersten Tagereisen sollten kurz, nicht über sechs Stunden sein; in der Folge kann man nach und nach eine oder zwei Stunden mehr zulegen. Der Fußgänger, der eine lange Reise vor sich hat, sollte überhaupt nie über acht Stunden des Tages sich zumuthen. Eine große Stärkung ist es, sich des Abends die Füße und Schenkel mit gemeinem Kornbranntwein zu waschen; so empfindet man am andern Morgen fast gar keine Müdigkeit. In der Schweiz thut der Kirschgeist gleiche treffliche Dienste und halbe Wunder. Des Sommers, bei großer Hitze, ruhe man in der Mittagszeit, von 12 bis 4 Uhr Nachmittags, und mache sich dafür früh um 4 bis 9 Uhr und Abends von 4 bis 9 Uhr auf den Weg.

Man trete keine Fußreise ohne einen begleitenden Bekannten an. Ein Paß ist einem Fußreisenden unentbehrlicher noch, als jedem andern Reisenden.

Man bleibe auf der Landstraße. Nicht genug bekannte Wege und Seitenpfade schlage man nicht eher ein, als wenn man einen landeskundigen Gefährten bei sich hat. Man erkundige sich bei dem Wirthe, wo man geherbergt hat, nach dem Wege, und schreibe sich sorgfältig die Oerter auf, durch welche man kommen muß, auch die Seiten- und Schleifwege. Sind verdächtige Personen zugegen, denen man, vielleicht dem Wirthe selbst, zu trauen nicht wagt, so frage man entweder gar nicht, oder frage nach mehreren Orten und Straßen, und lasse nicht merken, wohin eigentlich unser Weg geht. Auch kann man bei der Abreise von einer Stadt am sichersten unter dem Thore nach dem Wege fragen. Verirrt man sich, und hat man sich vorher nicht, was man nie vergessen sollte, nach den Himmelsgegenden orientirt, auch keinen Kompaß bei sich, um sich danach zu richten, so mache man es wie die Indianer, und untersuche in einem Walde die Rinde der Bäume; die rauheste Seite zeigt allezeit Norden an.

Unbekannte lasse man vorangehen, und richte es immer so ein, daß sie, zumal auf schmalen Pfaden und in Wäldern, nie hinter uns hergehen. In Städten kann man immer sicherer übernachten, als in Dörfern und Weilern. Auf einzelnen Mühlen, Schänken, Höfen, zumal wenn sie in Wäldern liegen, halte man sich nicht zu lange auf und übernachte nie in denselben. Man ziehe seinen Geldbeutel nie öffentlich vor verdächtigen Fremden heraus, oder zähle gar seine Baarschaft, sondern habe immer etwas kleine Münze zu den geringeren Ausgaben in der Westentasche.

Das Trau, Schau, Wem! das eine stets erinnerliche Hauptregel für jeden Reisenden in der Fremde ist, muß es noch mehr für den Fußreisenden werden, den seine Stellung mehr als alle andere Reisende mit Unbekannten zusammenbringt. Es ist immer gefährlich, Gegenden, die wegen ihrer Unsicherheit verrufen sind, besonders des Morgens, Mittags und Abends, zu durchwandern.
Pistolen öffentlich als Fußgänger zu führen, sieht gar zu renommistenmäßig aus, und Taschenpistolen geben ein gewisses Banditen-Air, und man könnte leicht darüber Händel mit der Polizei des Landes bekommen; allenfalls stecke man ein doppelläufiges Terzerol in die oben erwähnte Umhängetasche. Ein tüchtiger Stock, allenfalls oben mit einem starken bleiernen Knopfe versehen, um im Nothfalle als Streitkolbe zu dienen, scheint noch immer die bequemste Wehre für die Fußgänger, ja zweckmäßiger als Hirschfänger oder Säbel. Stockdegen zu tragen, ist streng verboten, und kann selbst Gefängnisstrafe herbeiführen. Ein großer Hund ist freilich der sicherste und treueste Beschützer; allein wie jede Sache ihre gute und ihre schlimme Seite hat, so kann ein solcher Hund, wenn er nicht gut dressirt ist, uns unterwegs durch Anfälle auf fremde Thiere und Menschen in große Verdrießlichkeiten bringen. Außerdem setzt er uns auch in die Nothwendigkeit, in jeder Stadt oder jedem Lande nach den Polizeiverordnungen wegen der Hunde zu forschen, um nicht in Strafe zu verfallen.
Ein Schrittmesser ist ein Instrument, das, wie der Wegmesser am Wagen, auf eine bequeme und unmerkliche Weise die Distanzen nach Schritten abzählt, die man zu Fuße zurückgelegt hat. Obgleich dieses Instrument kein unentbehrliches Meuble für den Fußgänger ist, so kann es doch manchem Fußreisenden willkommen sein. Da man sich beim Zählen der Schritte leicht irrt, und einen Schrittmesser nicht immer hat, so mache man sich bei jedem Hundert ein Zeichen durch einen Strich mit Bleistift, oder ein Steinchen aus einer Tasche in die andere gelegt. . .
Der tabackrauchende Reisende sehe sich wohl vor, ob in dem Lande, das er durchwandert, das Tabackrauchen auf der Straße, in Wäldern u.s.w. nicht unter die verbotenen Dinge gehört. Taback den Berg hinauf zu rauchen, oder bei schwülem Wetter, oder starkem Winde, ist nicht rathsam."
Der „Passagier" war kein billiges, bestimmt aber ein seinen Preis wertes Buch. Versehen mit der treuherzigen Versicherung des Autors, des „weiland Kriegs-Directors" Heinrich August Reichard, die „stete Ver-

vollkommnung und Verbesserung" sei ihm „heilige Pflicht", erschien es zwischen 1804 und 1841 in elf Auflagen.

Zur Volkstümlichkeit des Fußreisens trugen ihr Teil Dichter bei wie Eichendorff, der selbst ein begeisterter Fußreisender war oder Heinrich Heine, der von einer 1824 unternommenen Harzreise schwärmte: „Ich bestieg Hügel und Berge, betrachtete, wie die Sonne den Nebel zu verscheuchen suchte, wanderte freudig durch die schauernden Wälder, und um mein träumendes Haupt klingelten die Glockenblümchen von Goslar. In ihren weißen Nachtmänteln standen die Berge, die Tannen rüttelten sich den Schlaf aus den Gliedern, der

frische Morgenwind frisierte ihnen die herabhängenden, grünen Haare, die Vöglein hielten Betstunde, das Wiesental blitzte wie eine diamantenbesäte Golddecke, und der Hirt schritt darüber hin mit seiner läutenden Herde. Ich mochte mich wohl eigentlich verirrt haben. Man schlägt immer Seitenwege und Fußsteige ein und glaubt dadurch näher zum Ziele zu gelangen. Wie im Leben überhaupt, geht's uns auch auf dem Harze. Aber es gibt immer gute Seelen, die uns wieder auf den rechten Weg bringen; sie tun es gern und finden noch obendrein ein besonderes Vergnügen daran, wenn sie uns mit selbstgefälliger Miene und wohlwollend lauter Stimme bedeuten, welche großen Umwege wir gemacht, in welche Abgründe und Sümpfe wir versinken konnten und welch ein Glück es sei, daß wir so wegkundige Leute, wie sie sind, noch zeitig angetroffen.
Einen solchen Berichtiger fand ich unweit der Harzburg. Es war ein wohlgenährter Bürger von Goslar, ein glänzend wampiges, dummkluges Gesicht; er sah aus, als habe er die Viehseuche erfunden. Wir gingen eine Strecke zusammen, und er erzählte mir allerlei Spukgeschichten, die hübsch klingen konnten, wenn sie nicht alle darauf hinausliefen, daß es doch kein wirklicher Spuk gewesen, sondern daß die weiße Gestalt ein Wilddieb war und daß die wimmernden Stimmen von den eben geworfenen Jungen einer Bache (wilden Sau) und das Geräusch auf dem Boden von der Hauskatze herrührte. „Nur wenn der Mensch krank ist", setzte er hinzu, „glaubt er Gespenster zu sehen"; was aber seine Wenigkeit anbelange, so sei er selten krank, nur zuweilen leide er an Hautübeln, und dann kuriere er sich jedesmal mit nüchternem Speichel. Er machte mich auch aufmerksam auf die Zweckmäßigkeit und Nützlichkeit in der Natur. Die Bäume sind grün, weil Grün gut für die Augen ist. Ich gab ihm recht und fügte hinzu, daß Gott das Rindvieh erschaffen, weil Fleischsuppen den Menschen stärken, daß er die Esel erschaffen, damit sie den Menschen zu Vergleichungen dienen können, und daß er den Menschen selbst erschaffen, damit er Fleischsuppen essen und kein Esel sein soll. Mein Begleiter war entzückt, einen Gleichgestimmten gefunden zu haben, sein Antlitz erglänzte noch freudiger, und bei dem Abschiede war er ganz gerührt. Solange er neben mir ging, war gleichsam die ganze Natur entzaubert, sobald er aber fort war, fingen die Bäume wieder an zu sprechen, und die Sonnenstrahlen erklangen, und die Wiesenblümchen tanzten, und der blaue Himmel umarmte die grüne Erde. Ja, ich weiß es besser: Gott hat den Menschen erschaffen, damit er die Herrlichkeit der Welt

bewundere. Jeder Autor, und sei er noch so groß, wünscht, daß sein Werk gelobt werde. Und in der Bibel, den Memoiren Gottes, steht ausdrücklich, daß er die Menschen erschaffen zu seinem Ruhm und Preis."

Einer, den mehr das fehlende Geld denn romantische Gefühle zur Wanderschaft trieben, war der Student Friedrich Hebbel. Er trabte im März 1839 binnen drei Wochen von München nach Hamburg und zeichnete eifrig auf, was ihm unterwegs widerfuhr: Kälte und Hunger und schlechte Wirtshäuser. Von unliebsamen Weggenossen berichtet er in seinem Journal: „Nach Suhl führte außer der Chaussee noch ein sich über die verschneiten Berge durchs Gehölz windender Fußweg; kurz bevor ich zu diesem gelangte, gesellte sich ein rothaariger, höchst widerwärtiger Kerl zu mir und trug sich zum Gesellschafter an. Ich erklärte ihm, ich wolle allein gehen, aber er wußte es so einzurichten, daß er immer in meiner Nähe blieb. Bald blieb er stehen und betrachtete einen der Berge, die er als Einheimischer schon tausendmal gesehen haben mußte; bald redete er einen Begegnenden an und fragte nach Weg und Steg, die er, da er sich mir als Wegweiser und Ränzchenträger angeboten hatte, ohne Zweifel kannte; bald machte er sich an seinen zerrissenen Schuhen etwas zu schaffen. Dann schwang er, indem er weiterschritt, seinen keulförmigen Knittel um den Kopf. Ich konnte mich zum Umweg über die Chaussee nicht entschließen und hütete mich nur, daß der unheimliche Gesell mir nicht in den Rücken kam, was bei dem schmalen, auf beiden Seiten von himmelhoch getürmten Schneelagen eingefaßten Paß, der nicht so viel Raum darbot, daß zwei Menschen nebeneinander hätten schreiten können, gefährlich gewesen wäre; in den Wipfeln der Bäume horsteten ganze Scharen von Raben. Von dem Kerl, der sich fleißig umwandte, fortwährend mit Frechheit beobachtete, machte ich den Weg durch den Wald; die Handschuh' hatte ich ausgezogen, um nötigenfalls meinen Stockdegen ziehen zu können, und eigentlich verdroß es mich, daß ich keine Gelegenheit fand, ihn zu gebrauchen. In Suhl fürchtete ich, mit einer Kneipe vorlieb nehmen zu müssen, und wurde mit dem besten Wirtshaus überrascht, das ich noch auf der ganzen Reise getroffen; der Kerl stellte sich mir noch einmal in den Weg, nun aber als Bettler und in höchster Demut, ich gab ihm aber nichts. . .

Von Einbeck nach Elze; bis Alfeld in Gesellschaft eines aufschneiderischen hannöverschen Studenten, der mir sehr zuwider wurde; er hatte einen halb verhungerten Hund bei sich, dem er auch nicht das geringste zu fressen gab. Kurz vor Elze traf ich mit einem Kandidaten der Theologie zusammen, welcher den Namen Klingsohr führte; ein in Honig getauchtes Gesicht, lange Pfeife im Maul. Er blieb in Elze wie ich, es war mir angenehm, weil ich mir von seiner Unterhaltung für den

langen Abend etwas versprach, er war aber unbedeutend bis zur Durchsichtigkeit und, wie ich mich den nächsten Morgen überzeugte, ebenso gemein. Die Wirtin kam nämlich des Morgens, als er hinuntergegangen war, zu mir aufs Zimmer und fragte, ob ich für ihn mit bezahle; als ich dies mit Verwunderung verneinte, versetzte sie, sie hätte es wohl gedacht, er habe es jedoch behauptet und gesagt, es sei nicht nötig, daß sie mir die Zeche spezifiziert angäbe, ich sei kein Freund von Umständen, sie brauche mir nur die ganze Summe zu nennen; dies sei ihr verdächtig vorgekommen. Als der geistliche Freund wieder heraufkam, hielt ich ihm seine Schmutzigkeit vor; nun hatte die Frau ihn natürlich mißverstanden, als er aber seine paar Groschen hergeben mußte, wurde er kreideweiß vor Ärger, schimpfte über die ungeheuer-teuren Preise und ergoß seine Galle ins Fremdenbuch. Ich dagegen fand die Zeche äußerst billig und sprach es ebenfalls im Fremdenbuch aus. Den Abend zuvor hatte er den Betrug schon einzufädeln gesucht, indem er, da wir das Zimmer miteinander teilten, mehrmals zu mir sagte: „Ich logiere also gewissermaßen bei Ihnen", worauf ich, ohne Arges zu denken, erwiderte: „Oder ich bei Ihnen."
Jenen Fußreisenden, die zur „Classe der besseren Stände" nicht zählten, galt zu jeder Zeit nicht nur die Abneigung der Wirte, sondern auch das besondere Augenmerk der Exekutive, landläufig der „Schandarmen". Sie waren zur „fleißigen Spähe" auf arbeitslose Handwerksburschen oder Walzbrüder, auf Vaganten und Bettler eigens gehalten. Und sie waren schnell bei der Hand, wenn es galt, ein „verdächtiges Subjekt gefänglich einzubringen."

Was „ihr" Schandarm mit solch einem „Fußreisenden" erlebte, das hat im Winter des Jahres 1893 die Kelheimer belustigt.

Es war Anfang Februar. Ein eisiger Wind pfiff über die Donau, trieb den Schnee über Land und häufte meterhohe Wehen. Wer nicht hinaus mußte, blieb in diesen Tagen gern hinter dem Ofen hocken. Was Wunder, wenn auch ein zerfrorener Handwerksbursch, ansonsten eher ängstlich die großen Ortschaften meidend, nun die Nähe der schützenden Mauern suchte. Da er beileibe nicht zu jenen zählte, die mit der Arbeit viel im Sinn haben, klopfte er bescheiden an die Haustüren, kleine Münzen zu erbitten.

Das Geschäft ging über die Maßen gut, doch – es ging nicht lang gut. Das Auge des Gesetzes wachte auch an diesem kalten Wintertag, und ehe sich's der arme Kerl versah, stand vor ihm der Ortspolizist. Beim Betteln in flagranti ertappt, nannte dieser, was der Handwerksbursch

mit einem harmlosen Aufbessern der Reisekasse zu erklären suchte. Ungerührt der Ausflüchte eröffnete ihm der Ordnungshüter, er sei verhaftet, und stellte ihm einige Tage Gefängnis in Aussicht.
Doch weit gefehlt, nun zu glauben, der leichte Vogel sei über das Versprechen auf einige Tage „Staatspension" recht erfreut gewesen. Er zog die kalte Freiheit der warmen Gefangenschaft vor und nutzte einen günstigen Augenblick, um Reißaus zu nehmen. In langen Sätzen jagte er plötzlich davon – schnurstracks der zugefrorenen Donau zu. Krachende und berstende Eisschollen nicht achtend, floh er über den Fluß und erreichte glücklich das andere Ufer.
Dem Wächter, der ihn todesverachtend verfolgte, fehlte das Glück des Flüchtigen. Er brach ein und konnte sich nur mühsam am Rande des Eises festhalten. Als der Verfolgte das merkte, packte ihn ein menschliches Rühren, das seine Ängste vor der Staatsräson überwog. Er kehrte um, schob sich, nun auf dem Bauche liegend, vorsichtig dem Eingebrochenen entgegen und konnte seinen Verfolger glücklich retten. Seinerseits gerührt von des Verfolgten Anstand, stellte der vor Kälte und Nässe schlotternde Schandarm dem Retter jetzt eindringlich vor, es würde bei Anzeige dieser mutigen Tat mit Sicherheit eine behördliche Belobigung folgen. Doch der Handwerksbursche traute dem Landfrieden nicht. Er widerstand dem eindringlichen Bitten des Polizisten, ihn nun freiwillig zu begleiten und meinte nach einigem Hin und Her, eine soforte Belohnung sei ihm lieber. Seiner Argumente selbst nicht ganz sicher, hatte der Gerettete schließlich ein Einsehen, schenkte dem Handwerksburschen zwei Mark – nahezu sein Tageseinkommen – und ließ ihn in Frieden des Weges ziehen.
Die Profis unter den Fußreisenden der Vergangenheit waren die Boten. Von cirka 30 Boten, die um das Jahr 1800 aus allen Himmelsrichtungen nach München gingen, ging mehr als die Hälfte wirklich zu Fuß. Über ihren „Geschäftsbereich" gaben eigene Botenlisten Aufschluß. Es hieß darin zum Beispiel vom Straubinger Boten: „Alle Donnerstage kommt der Both um 9 Uhr Vormittags an, und geht am Freytage zu Mittag um 12 Uhr weg; er wohnt beim Weinwirth Hagen auf dem Paradeplatz, und nimmt alle Bestellungen nach Grafenau, Diessenstein, Regen, Zwisel, Viehtach, Kötzting, Bernstein, Fuhrt, Kamm, Deggendorf, und in den ganzen Wald an."
Ähnliche Leistungen auf Schusters Rappen vollbrachten später nur noch die Landpostboten. Sie waren, wie die privaten Boten, keine Fußreisenden im landläufigen Sinn. In Wirklichkeit marschierten sie

jedoch das Vielfache eines jeden noch so passionierten Gelegenheitsreisenden. Ihr werktäglicher Zustellgang führte über 30 bis 35 Kilometer, aufgepackt und bei jedem Wetter. Ein Leiterwägelchen „durfte" mitgezogen werden, wenn es der Postbote selbst beschaffte. Nichts einzuwenden fand man gegen einen Tegernseer Postboten, dessen Leiterwagen ein großer Hund zog, und keinen Anstoß erregte auch ein Esel mit Tragekörben, der mit einem Briefträger im Bayerischen Wald Dienst tat. Als sich manche Postboten aber ein „Velociped" kauften (das um 1897 bis zu 300 Mark kostete), da warnte ein Oberpostdirektor: „. . . muß ich es scharf mißbilligen, wenn namentlich unangestellte Beamte und Unterbeamte, welche für ihren Unterhalt lediglich auf ihre Diensteinkommen angewiesen sind, sich Fahrräder anschaffen. Die Betreffenden lassen die Tragweite solch leichtfertigen Handelns offenbar ganz außer Acht. Da sie in der Regel nicht in der Lage sind, das gekaufte Rad sofort zu bezahlen, so entstehen ihnen durch die nicht geringen monatlichen Theilzahlungen mitunter recht erhebliche Schwierigkeiten. Mit den Anschaffungskosten allein ist es auch nicht gethan, die Instandhaltung des Rades, kleine Unfälle usw. verursachen weitere Ausgaben. Dazu tritt womöglich die Neigung, im Sportsanzuge zu fahren, Radfahrvereinen sich anzuschließen und dergleichen, was ebenfalls zu nicht unerheblichen Ausgaben nöthigt. Daß derartige, an sich völlig überflüssige Ausgaben die wirthschaftliche Zerrüttung unbemittelter Beamten zur Folge haben müssen, liegt klar auf der Hand.

Aus diesen Erwägungen richte ich an die Herren Vorsteher die dringende Mahnung, das oben Gesagte g.F. selbst zu beachten, wie auch den nachgeordneten Beamten von der Beschaffung von Fahrrädern nachdrücklich abzurathen, wenn ihnen die Mittel hierzu nicht offenkundig zu Gebot stehen.

Beamte, welche sich Fahrräder beschaffen, haben falls sie später in Noth geraten, auf Unterstützung seitens der Verwaltung in keinem Falle zu rechnen. Bezügliche Anträge solcher Beamten sind überhaupt nicht hierher einzureichen."

Zur Ehre der Post muß gesagt sein: bald darauf erhielten die „Unterbeamten" (die Postboten) Dienstfahrräder und wurden „zum Behufe des richtigen Gebrauchs derselben" in eigenen Radfahrschulen ausgebildet.

Wollte man von einer Blütezeit des Fußreisens sprechen – um die Jahrhundertwende war sie bestimmt vorbei. Die Technik hatte endgültig auch die Fußgänger gewonnen. Und wenn die neuen Verkehrsmittel auch manchmal noch unvollkommen und unbequem waren, so lief doch bald die Redensart: „Lieber schlecht gefahren als gut gelaufen" als Motto einer neuen Zeit um.

Briefträger, Bayern, 1892

Das älteste Gasthaus Deutschlands in Miltenberg am Main, 12. Jahrhundert

Das Wirtshaus war kein Gasthaus

Das älteste Gasthaus Deutschlands steht vermutlich in Miltenberg am Main. Es heißt „Zum Riesen" und war Jahrhunderte als Luxusherberge berühmt. Kaiser Ludwig der Bayer, Kaiser Karl VI. und der schwedische König Gustav Adolf sollen in seinen Mauern genächtigt haben, ebenso Luther und Götz von Berlichingen.

„Bessere" Gasthöfe wie den „Riesen" gab es früher nicht allzu viele. Es kam daher vor, daß auch zahlungskräftige Reisende und solche von Rang und Namen mit dem „Komfort" des einfachen Wirtshauses vorlieb nehmen mußten, das abends am Wege lag. Eines der ältesten Zeugnisse über das Leben und Treiben in solch einem deutschen „Gasthaus" ist dem viel- und weitgereisten Humanisten Erasmus von Rotterdam zu danken, der darüber erzählt:

„Kommt Einer an, so grüßt ihn Niemand. Es soll nicht so aussehen, als ob sie viel nach Gästen fragten. Man kann sich die Lunge aus dem Leibe schreien, ehe Jemand hört. Man steht draußen und friert. Endlich wird in der geheizten Stube ein Fensterchen aufgemacht, und ein Menschenkopf schiebt sich vor, wie eine Schildkröte aus der Schale. Giebt es Nachtquartier? – Gott sei Dank, er nickt gnädig – wir können bleiben. Von vielen Worten sind sie nämlich nicht; die Frage nach dem Stall wird mit einer Handbewegung beantwortet. Man führt sein Pferd eigenhändig dahin, sorgt für Futter und Streu; kein Knecht rührt einen Finger. Nun begiebst Du Dich, mein Lieber, in die geheizte Stube. Wie Du bist, wie Du gehst und stehst, mit Deinen schmutzigen Stiefeln, in Deinen durchnäßten Kleidern, mit Deinem Mantelsack, so trittst Du in die allgemeine Gaststube. Hier kannst Du Deine Stiefeln ausziehen und Dir ein Paar Pantoffeln geben lassen; hier kannst Du das Hemd wechseln, Deine Sachen trocknen, Deine Stiefeln putzen. Die Anderen geniren sich auch nicht: hier kämmt sich Einer, hier wäscht sich Einer, hier trocknet sich Einer, hier schnarcht Einer – Waschwasser steht bereit, aber nur ein einziges Waschbecken für Alle, und dieses so unsauber, daß man erst das Waschbecken waschen möchte. Wagt Einer, ein Wort zu sagen und sich zu beschweren, so bekommt er Grobheiten – wenn es ihm nicht anstehe, möge er anderswohin gehen. Es sind an die Hundert Menschen in der einen Gaststube beisammen: Reitende, Fahrende, Schiffer und Frachtfuhrleute, Schüler, Handelsleute, Weiber und Kinder, Gesunde und Kranke; auch die Gauner, Abenteurer,

Spieler fehlen nicht – das schreit und lärmt durcheinander, wie auf dem Thurm zu Babel. Kommst Du meinetwegen Nachmittags um 4 Uhr an, so wirst Du doch vor 9 oder 10 Uhr nichts zu essen bekommen, Freundchen; denn es wird nicht eher angerichtet, als bis voraussichtlich alle Gäste beisammen sind, damit das Gelaufe nicht immer sei. Also etwa um 9 Uhr Abends taucht ein alter, graubärtiger, struppiger, sauer blickender, schmutziger Ganymed mit geschorenem Haupthaar auf und überzählt mit grämlicher Miene, ohne einen Laut von sich zu geben, mit den Augen die anwesenden Gäste. Je mehr ihrer sind, desto unbarmherziger wird eingeheizt, mag es draußen noch so warm sein; denn es gilt als Haupterfordernis einer guten Bewirthung, daß die Gäste schwitzen. Es ist zum Ersticken! Kann Einer den Dampf nicht vertragen und öffnet ein Fenster, so heißt es gleich: Zumachen, zu, zu! Antwortet er, es werde ihm übel, so ruft man: Suche Dir eine andere Herberge! – Es bleibt nichts übrig, als auszuhalten und zu schwitzen. Die Tische werden gedeckt. Es sind die reinen Segeltücher, die der Graubart über die hölzernen Tafeln breitet. Nun ist der große Augenblick gekommen, Alles setzt sich: Reich und Arm, Herr und Knecht, in bunter Reihe durcheinander ohne Unterschied der Stände, gewöhnlich je acht an einen Tisch. Siehe, da erscheint der liebliche Ganymed und bringt Jedem einen hölzernen Teller und Löffel, dazu einen gläsernen Krug und ein Stück Brot, mit dem man sich einstweilen, bis die Suppe kommt, die Zeit vertreibt, nämlich ein Stündchen, während dessen man sein Brot kurz und klein schneiden und kauen kann. Endlich kommt Wein auf die Tafel. Du lieber Himmel! Wein? – Essig! Untrinkbar! – Ich biete dem Kellner einen Groschen, damit er mir eine bessere Sorte bringe. Er hört nichts, und komme ich noch einmal, so schnauzt mich der Kerl an: Hier sind Grafen und Markgrafen eingekehrt, und kein einziger hat sich beschwert! Dazu der beliebte Refrain: Wem's hier nicht ansteht, der suche sich ein anderes Nachtlager! Bald werden mit großem Gepränge die Schüsseln aufgetragen. Erst eine Brotsuppe; hierzu Würzallerlei oder ein Stück Pöckelfleisch; sodann ein Hirsebrei; zuletzt, wenn man beinahe satt ist, ein Braten, der nicht weit reicht und bald wieder verschwindet. Wenn nun abgeräumt würde! Es ißt Niemand mehr. Aber nein, jetzt erscheint der graubärtige Ganymed wieder, oder auch der Wirth selbst, der nicht viel besser aussieht, und fragt, ob Jemand noch Appetit habe. Besserer Wein wird aufgetragen, dazu alter madiger Käse, und getrunken, was das Zeug hält. Ein betäubender Lärm geht los. Die Gaukler und die Spaßmacher treten auf – es ist kaum

213 *Altes Postgasthausschild in Partenkirchen*

zu glauben, was die Deutschen an den Lappereien für Vergnügen finden. Diese fahrenden Leute singen und spielen, fiedeln und blasen, springen und pochen den Gästen die Ohren voll, die wohl oder übel zuhören und bis in tiefe Nacht aufbleiben müssen. Endlich kommt der Bärtige mit der Rechnung, nämlich mit einer großen Schiefertafel, die mit Kreide in so viele Kreise eingetheilt ist, als Gäste da sind; hier findet jeder sein Nachtgeld angemerkt. Die Tafel legt er stillschweigend auf den Tisch. Die Gäste besehen sie sich der Reihe nach; wer das Geschreibsel lesen kann, legt das Geld darauf, das er schuldig ist. Einer nach dem Anderen geht hin und bezahlt, bis die Tafel voll ist; der schreckliche Mensch zählt nach. Stimmt es, so nickt er mit seinem Igelkopf. Er merkt sich, wer gezahlt hat. Niemand beschwert sich; sollte ja Einer finden, es sei zu viel, so wird er angefahren: Was wiltu, Gottverdammich! Weß Menschen Kind bist Du. Du zahlst nicht mehr, als alle Anderen. – Damit gibt er sich zufrieden. Möchte Einer gern gleich nach dem Essen zu Bett gehen, weil ihm die Augen vor Müdigkeit zufallen, so heißt es: Warte bis sich die ganze Gesellschaft niederlegt. Dann wird einem Jeden sein Nest gewiesen – will sagen sein Bett. Außer dem Bett gibt es nichts, absolut nichts. Die Laken sind vor sechs Monaten zuletzt gewaschen worden."

Der gute Erasmus hat nicht, wie es scheinen mag, dick aufgetragen. Dafür steht der Brief eines Grafen Hans Ludwig von Gleichen, der hundert Jahre später, zu Beginn des 17. Jahrhunderts, seinem Sohn schrieb:

„So Du Dich an einem fremden Ort zu Bette legst, so sollst Du an den leinenen Tüchern zu Häupten und zu den Füßen ein Eselsohr machen. Wenn es steif steht und nicht umfällt, ist es ein Zeichen, daß die Tücher neu und rein sind; sind sie nicht neu gewaschen, so sollst Du die Hosen anbehalten; denn in solchen Betten kann man die Pestilenz bekommen."

Im 18. Jahrhundert ließ sich der Physiker und Schriftsteller Georg Christoph von Lichtenberg (1742–1799) über die Wirtshäuser seiner Zeit vernehmen:

„Weil die Postwagenreisen mit so vielen Trübsalen verbunden sind, so hat man dafür gesorgt, daß die Wirtshäuser noch um so viel schlechter sind, als nöthig ist, um den Postwagen wieder angenehm zu machen. Ja, man kann sich nicht vorstellen, was das für eine Wirkung thut. Ich habe Leute, die zerstoßen und zerschlagen waren und nach Ruhe seufzten, als sie das Wirthshaus sahen, wo sie sich erquicken sollten,

Poststation

sich mit einem Heldenmuthe entschließen sehen, weiter zu reisen. . ."
Zu Lichtenbergs summarischen Notizen über das deutsche Wirtshaus steuerte eine prominente Zeitgenossin Einsichten über das „Innenleben" der Wirtshäuser bei. Sie hieß Johanna Schopenhauer, war die Mutter des Philosophen Artur Schopenhauer und schrieb Romane. Ihr widerfuhr in einer Stube zu nächtigen, in der zugleich in drei Betten acht betrunkene Bauern ihren Rausch ausschliefen. Über eine Westfalenfahrt hielt sie fest:
„In den jetzt nicht zu umgehenden Nachtquartieren lauschte ich die Nächte hindurch dem traulichen Gepiepe gesellig mich umtanzender Mäuse; in den vereinzelt liegenden Posthaltereien, wo wir anhielten, um Pferde zu wechseln, und ich aus dem Wagen stieg, um von der langwierigen Session in demselben mich zu erholen, wurde ich jedesmal in die sehr geräumige Küche gleich am Eingange geführt, die zugleich zum Wohnzimmer diente. Mitten in derselben, auf einem sehr wenig erhöhten Herde, brannte ein gewaltiges Torffeuer, über wel-

chem in an der Decke befestigten eisernen Ketten ein ziemlich großer offener Kessel hing, in welchem ein schwärzliches Gebräude brodelnd kochte, das die Leute Kaffee nannten. Übrigens war es unmöglich, hier aufrecht zu gehen oder zu stehen, ohne zu ersticken; denn wegen der unter dem Dache zum Räuchern aufgehängten Schinken und Speckseiten, dem weltberühmten Erzeugnis dieses Landes, war das Gebäude mit keinem Schornsteine versehen, und eine undurchdringlich dicke Rauchsäule senkte bis etwa zwei Ellen über dem Fußboden sich von oben herab, die den ganzen übrigen Raum ausfüllte.
Eine Gesellschaft des Rauches wegen ganz gebückt sitzender Bauern bildete, den Tabakspfeifenstummel im Munde, rings um das Feuer einen Kreis, und hatte auch wohl die Gefälligkeit zusammenzurücken, um mir in ihrer Mitte ein Plätzchen, wo ich mich erwärmen könne, einzuräumen, wenn die Wirtin sie darum ersuchte."
Einen guten Ruf genossen die englischen Gasthäuser. Johanna Schopenhauer schwärmte davon in einem ausführlichen Kapitel ihres England-Reisebuches:
„Die Annaehmlichkeiten eines Gasthofes in England kennt man auf dem festen Lande nicht; darum erlauben wir uns hier einiges darüber zu sagen. Durchgängig, auch in den Städten, sind die englischen Gasthöfe sehr lobenswert: Zimmer, Betten, Bedienung, Reinlichkeit übertreffen alles, was man in anderen Ländern in dieser Art antrifft . . . Alle Vorräte des Hauses an Fleisch, Fischen, Gemüsen und dergleichen sind mit der höchsten Sauberkeit und mit einer Art Eleganz in einem auf dem Flur befindlichen, mit Glasfenstern versehenen Kabinett zur Schau gestellt. Hier trifft man gewöhnlich die Wirtin oder ihre Stellvertreterin an . . . Und welch ein Bett! Die schönsten Matratzen, die feinsten Bettücher und Decken. Schöne Vorhänge umgeben das Bett, ein hübscher kleiner Teppich liegt davor, eine feine weiße Nachtmütze und ein Paar Pantoffeln fehlen auch nie dabei, deren sich reisende Engländer, die immer wenig Gepäcke mit sich führen, ohne alle Scheu bedienen . . . Je weiter man ins nördliche England dringt und sich Schottland nähert, je mehr nimmt diese Aufmerksamkeit der Wirte zu, verbunden mit einer Art Kordialität, die nicht unangenehm auffällt. Der Wirt bringt immer die erste Schüssel auf den Tisch, sei sein Gasthof noch so groß und ansehnlich; ihm folgt seine Frau, selbst alle Kinder des Hauses, die nur einigermaßen sich dazu schicken, folgen dem Alter nach in Prozession, alle bringen etwas; oft sahen wir zuletzt so einen kleinen goldlockigen Cherub von drei, vier Jahren geschäftig mit

Weinkarte mit Postrouten, 1740

einem Pfefferbüchschen dahergetrippelt kommen. Die Aufwärter, Waiters, scheinen Flügel zu haben, so schnell kommen sie auf jeden Klingelzug . . . Abends beim Zubettegehen wird jedesmal das Kammermädchen, Chambermaid, gerufen, sie erscheint im feinen kattunenen Kleide, mit einer schneeweißen Musselinschürze, einem artigen Spitzenhäubchen, kurz, so nett und damenhaft gekleidet als möglich. Ihr Amt ist, den Fremden, ohne Unterschied der Person und des Geschlechts, einen Nachttischleuchter mit einem Wachslicht anzuzünden, ihn ins Schlafzimmer zu führen und zuzusehen, daß es ihm an keiner Bequemlichkeit mangle. Dies geschieht jeden Abend, und wenn man Monate lang im Hause verweilte."

Eine kontinentale „Bleibe" war für die, den heimischen „Luxus" gewöhnten, doch allzeit reiselustigen Engländer eine schlimme Prüfung. Schaudernd berichtet denn auch einer der ihren, der schottische Dichter James Boswell (1740–1795) über sein „Schlafgemach" in einem hannoverschen Wirtshaus:

„Mein Nachtlager bestand aus Stroh, das mitten auf dem Boden eines großen Stalles ausgebreitet wurde, mit einem Leintuch darüber; hier ruhte ich, zugedeckt mit einem weiteren Leintuch und einer dünnen Decke.
Auf der einen Seite waren acht oder zehn Pferde, auf der andern vier oder fünf Kühe. Etwas weiter weg saß ein Hahn mit seinen Hennen auf einer Stange; vor dem Einschlafen krähte der Hahn mir die Ohren voll, so daß mir die Weisheit der Sybariten einleuchtete, die diese lärmigen Vögel alle umbrachten. Was mich in nicht geringe Angst versetzte, war ein riesiger Bullenbeisser, der unweit vom Kopfende meines Lagers angekettet lag. Er knurrte höchst bedrohlich und rasselte mit der Kette."
Klagen „reisender Passagiers", die in Postgasthäusern vergebens um „Kost und Logis" baten und daher „übel accomandiret" waren, veranlaßten den Kurfürsten Friedrich Wilhelm von Brandenburg zu der Verordnung, „. . . daß Reisende nicht allein willigst und gerne aufzunehmen, sondern auch dieselben gegen billigmäßige Befriedigung mit Speise und Trank zu versehen seien." Widrigenfalls das Gewerbsprivileg an die Konkurrenz fiele.
Die Posthalter, meist Wirte auch in einer Person, waren davon nicht sonderlich beeindruckt, so daß erneut Mahnung erging, daß „durchreisende Passagiere fernerhin in denen Posthäusern abtreten und gespeiset . . ., hingegen übernachtende jederzeit nach denen Wirthes Häusern verwiesen werden sollen . . ." Nach den „Ausführungsbestimmungen" bedeutete dies: Reisende mußten bis zur Weiterfahrt in der Gaststube oder in einer sogenannten Passagierstube aufgenommen werden und sie mußten sich Essen und Trinken bestellen können. Aber: sie mußten nicht essen und trinken, wenn sie nicht wollten. Sie machten dann, wie es in Bayern hieß, „nur den Laden dreckig." (Was den Unmut der Wirte erklärt.)
Im 19. Jahrhundert wurde eine „Hausordnung" für Passagierstuben „zur Nachricht für Postreisende" öffentlich angeschlagen. Sie gab „kund und zu wissen":
„1. Diese Post-Passagier-Stube muß anständig meubliert und stets reinlich sein. Im Winter muß sie warm erhalten werden. Auch dürfen keine Betten darin aufgestellt werden.
2. In die Passagier-Stube muß jeder Postreisende bei Tag und bei Nacht unentgeltlich aufgenommen werden, ohne daß derselbe nöthig hat, etwas zu verzehren.

3. Der Aufenthalt in der Passagier-Stube wird gestattet:
I. Bei Reisen mit Extrapost und Courierpferden:
a) Am Abgangsort eine halbe Stunde vor der bestimmten Abfahrtszeit.
b) Während der Reise bis drei Stunden auf jeder Station, insofern nicht die Verzögerung der Bespannung, oder eine nothwendige Reparatur des Wagens einen längeren Aufenthalt bedingt.
c) Am Endpunkt der Reise eine Stunde, beim Übergange zu einer Fahr- und Schnellpost aber bis drei Stunden.
II. Bei Reisen mit den Fahr- und Schnellposten:
a) Am Abgangsorte eine halbe Stunde vor der ihnen angegebenen Zeit der Abfahrt.
b) Auf der Reise mit derselben Post während der Dauer der Abfertigung auf jeder Station.
c) Am Endpunkte der Reise eine Stunde nach der Ankunft.
d) Beim Übergange von einer Post auf die andere während drei Stunden.

Personen, welche die Reisenden bis zur Post begleiten, oder welche die Ankunft der Reisenden erwarten wollen, kann der Aufenthalt in den Passagierstuben nur ausnahmsweise, und in geringer Zahl gestattet werden.

4. Müssen zur Ankunft der Posten die auf dem Preis-Courant verzeichneten Erfrischungen in Bereitschaft gehalten werden.

Jeder Reisende mit Extraposten muß solche auf Verlangen schnell erhalten.

5. Wo die Passagiere der Schnell- und Personen-Posten nach den Stundenzetteln zu Mittag essen, muß die Suppe auf dem Tische stehen, wenn die Reisenden in die Passagier-Stube treten, und die übrigen Speisen müssen so rasch auf einander folgen, daß die Reisenden sie mit Bequemlichkeit genießen können, bevor der Postillion zur Weiterfahrt bläst.

Die Passagiere haben das Recht, zu verlangen, daß die Abfahrt nicht vor Ablauf der im Stundenzettel zum Speisen festgesetzten Zeit geschehe.

6. Darf der in der Passagier-Stube ausgehängte vom Post-Cours-Bureau gestempelte Preis-Courant unter keinem Vorwande überschritten werden.

7. Muß jedesmal für die speisenden Passagiere ein reines Tischgedeck aufgelegt, und die Teller müssen nach jedem Gange gewechselt werden.

8. Muß auch in den Passagier-Stuben jeder Reisende freundlich, zuvorkommend und bescheiden behandelt werden.
9. Es wird hingegen aber auch von einem jeden Reisenden erwartet, daß er die Meubel nicht muthwillig ruinire oder beschmutze, in der Passagier-Stube nicht Tabak rauche, die Achtung gegen das weibliche Geschlecht nicht aus den Augen setze, und aller unpassenden Bemerkungen in diesem Buche (Beschwerde-Buch) sich enthalte.
10. Dem Reisenden, welcher absichtlich hiergegen handelt, wird, wenn der von ihm begangene Unfug vor seiner Abreise entdeckt und erwiesen wird, außer der gesetzlichen Strafe, die Weiterreise mit der Post untersagt, und geht er des bezahlten Personengeldes verlustig, wird der Unfug aber erst nach seiner Abreise bemerkt, so wird das Königliche General-Post-Amt ihn gerichtlich, oder bei seiner vorgesetzten Behörde belangen."

Die Passagierstuben boten häufig Anlaß für verschiedenartige, sich oft widersprechende Wünsche der Reisenden. Während z. B. Studenten und Soldaten in den Beschwerdebüchern schimpften, sie hätten statt Bier oder Wein nur Kaffee bekommen, beantragten Geistliche und „Mäßigkeitsvereine", den Ausschank von Alkohol an „Passagiers" zu verbieten. Über die Verhältnisse in der Passagierstube der Posthalterei zu Borna entrüstete sich 1829 ein Leser im sächsischen „Kometen": „Die mit Steinen gepflasterte, mit einigen hölzernen Stühlen und einem wacklichen Tische geschmückte Passagierstube war zwar anscheinend geheizt, nur spürte man in der Stube nichts davon. Wir wollten das dabeiliegende Holz noch in den Ofen werfen, aber es waren nur Schaustücke und viel zu große Klötze, um in die kleine Öffnung des Ofens gebracht werden zu können. Lag doch Holz da, und bei vorkommender Beschwerde oder Visitation war der Posthalter vor dem Buchstaben des Gesetzes frei. Einer der Mitreisenden bat nur um ein Glas Wasser, hätte es auch seiner ernstlichen Äußerung zufolge gern bezahlt, aber niemand ließ sich sehen oder war zu errufen. Dies streitet selbst gegen das Interesse des Posthalters. Es waren 15 Passagiere, wovon jeder gern Kaffee genossen und wenn er gut war, sogar ohne Murren teuer bezahlt hätte . . . So mußte aber in Borna die ganze Reisegesellschaft frieren, dursten und Geduld haben; denn des Nachts kann nicht so schnell expediert werden als am Tage . . ."

Daß sich der Posthalter von Borna wehrte, steht zu vermuten. Schon früher war er nämlich einer Beschwerde begegnet, indem er den Reisenden einen niederträchtigen Verleumder hieß und ihn schriftlich

Postgasthausschild in Schwaz/Tirol

und öffentlich abkanzelte: „. . . rate ich doch dem Herrn wohlmeinend, mich mit seinem Geifer nicht mehr zu besudeln, ich würde nach Befinden andere Repressalien zu ergreifen wissen; lieber mag er die Zeit zur Erlernung der deutschen Sprache anwenden, damit sein, wenn auch an sich ungewaschenes Zeug, nicht auch wie jenes Machwerk mit grammatikalischen Fehlern zu Markt kommt, für die schon dem Sextaner die Rute gewiß ist . . ."
So ein grober Patron wie der Posthalter von Borna war gar keine Seltenheit. Sonst hätte ein namhafter Reiseschriftsteller seinen Lesern kaum geraten zu schweigen, „so man unterwegs nicht alles nach Wunsch findet." „Wirthe und Posthalter", begründete der Autor, „ sind bisweilen stolz und man thut sehr übel, wenn man mit Ungestüm etwas fordert."
Auf die Reisebuchautoren der Postkutschenzeit war schon Verlaß. Sie wußten nicht nur, wie man Wirten und Posthaltern begegnete, sondern auch, wie man sich in der Kutsche und im Gasthaus gegen Standespersonen und „Individuen aller Classen" richtig verhielt. Ein amüsanter Beleg dafür ist das „Hand- und Reisebuch" des Ernst Friedrich Zobel von 1737, worin dieser ernsthaft mahnt: „Im Fahren mit vornehmen

Personen, muß man mit geradem Leib und entblößtem Haupte, ohne sich anzulehnen, sitzen, bis man Befehl empfangen sich zu bedecken. Übrigens muß man auf dem Rücksitz sein Angesicht immer gegen die hohe Person wenden, ohne Noth nicht aus dem Wagen gucken oder gar rücklings sehen.
Beym Absteigen muß die geringere Person zu erst aus der Gutsche oder Wagen, und der Führnehmern also die Hand bieten um selbiger bequem heraus zu helfen. Geschähe es daß man in schlechten Herbergen mit vornehmen Personen, in einer Kammer logiren müßte, so muß man selbige am ersten entkleiden und niederlegen lassen; nachgehends sich aber selber an einem solchen Ort wo man am wenigsten gesehen wird, in aller Stille ausziehen und niederlegen, des Morgens aber am ersten aufstehen und sich ankleiden, ehe es die höhern Personen gewahr werden; inmassen es wider die Höflichkeit wäre, wann Leute die wir zu ehren schuldig sind, uns blos und entkleidet, oder unsere Kleider hie und da herum liegend, das Bett aufgedeckt u.s.m. sehen sollten.
Eben so wenig schicket sichs, daß man in Gegenwart vornehmer Personen sich wäschet, kämmet, im Spiegel beschauet etc. sondern man muß solche Dinge außerhalb der Kammer in ihrer Abwesenheit verrichten." Unser Autor ließ seine Leser auch nicht mit den Problemen der Sittlichkeit allein, indem er über Delikates referierte: „. . . schöne (auch wollüstige und freche) Weiber, haben manchen bethöret, und böse Lust entbrennet davon wie ein Feuer. Unverschämtes Küssen und Betasten ist als ein Gift zu fliehen. Rede mit der Magd im Hause nicht mehr als die Noth erfordert, sey zwar gut Freund mit ihr; gewöhne dich aber nicht dieselbe unverschämt zu küssen oder sonst unziemlich anzugreiffen, noch weniger aber gar zu ihrem Bette zu nahen. Wenn du es aber so weit kommen lässest; so bist du schon gefangen, und wirst nicht leicht wieder aus dem Netze kommen. Denn das Frauen-Volk ist wie der Vogel-Leim, wer demselben zu nahe kommt, der muß entweder Federn lassen, oder er wird gar gefangen."
Wirtshaus-Ratschläge, meist in der beliebten Form von Frage und Antwort, gab es überhaupt jede Menge. Zum Beispiel:
„Welches Wirtshaus sollte man wählen? Es ist eine alte Regel, daß man, wo viel Einkehr ist, immer am wohlfeilsten herbergt.
Wie soll man das beste Wirtshaus erfragen? Aus dem öffentlichen Rufe und am sichersten aus dem Munde anderer Reisenden! Der Anpreisung der Postillione ist da nie zu trauen; oft auch nicht der Empfehlung

Alte Post in Eger, 1840

anderer Wirthe. Nichts ist wandelbarer als die Güte der Wirthshäuser, sie hängt von der Veränderung der Besitzer – öfter noch von der Veränderung des ersten Kellners ab. Der Posten eines Kellners ist zuweilen in einem Wirtshause wichtiger als der des Wirths. In manchen Wirthshäusern richtet sich auch oft die Güte und Billigkeit der Bewirthung nach der Jahreszeit, in der man reiset.

Auf was kommt es beim Bette an? Da nichts der Gesundheit nachtheiliger ist, als in einem Zimmer, das lange verschlossen war, zu essen oder zu schlafen, so sollte man auch allezeit in dem Zimmer, das einem im Wirthshause angewiesen wird, sobald man hineinkommt, die Fenster öffnen lassen, um die Luft zu reinigen. Gemalte Zimmer oder welche mit Papiertapeten versehen worden, oder die ganz weiße Wände haben, sind lieber zu wählen, als Zimmer mit wollenen oder seidenen Tapeten, weil nichts eine giftige Luft länger bewahrt, als Wolle und Seide.

Als allgemeines Haupterfordernis bleibt Reinlichkeit wohl das erste Requisit. Hauptsächlich sollte man auf Reinlichkeit des Bettes bestehen und daß es nicht feucht sei. Ist ein Himmel über dem Bette aufgehangen, so thut man besser, solchen sogleich zurück zu schlagen, damit das Bett frei wird und die Luft der geöffneten Fenster es bestreichen kann. Um Ansteckung zu vermeiden, führe man ein Bettlaken und zwei zusammengenähte, gegerbte Hirschhäute, 6 Fuß einige Zoll lang, und 2 Fuß einige Zoll breit, bei sich. Diese Hirschhäute werden im Wirthshause auf die Unterbetten oder Matratze gelegt, und mit des Reisenden eigenem Bettuche bedeckt, wodurch alle schädliche, in den Betten etwa verhaltene Ausdünstung verhütet wird. Über sich nimmt man die wollene oder seidene Decke, die man ebenfalls bei sich hat, und legt darauf, der Wärme wegen, entweder die Decke des Wirthshauses oder seine eigenen Kleidungsstücke. Reicht die Hirschhaut bis über das Kopfkissen, so bedarf man keins an dessen Stelle. Wo nicht, so bedient man sich statt dessen eines kleinen, viereckigen, mit Haar fest ausgestopften ledernen Kissens, das man dann beim Fahren im Wagen oder auf der Postkutsche, zum weichern oder bequemern Sitz, unter sich legt. Decke, Hirschhaut und Bettuch lassen sich in ein Pack zusammenrollen, oder unter dem Sitze aufbinden. Die Hirschhaut muß jedoch des Morgens, vor dem Einpacken, einige Minuten jedesmal gelüftet werden. Wer nicht mit einem solchen Reisebettzeug versehen ist (was immer mit Umständlichkeit verbunden ist), sollte sich wenigstens nie ganz entkleidet in ein verdächtiges Bette legen. Doch löse er dann Halstuch, Strumpfbänder usw., damit der Umlauf des Bluts nicht gehemmt werde.

Was hilft gegen Wanzen? Unter tausend Mitteln dagegen ist folgendes eins der wirksamsten: Man stecke vier Stück Kampher, jedes wie eine Walnuß groß, zwei zu den Füßen des Bettes und zwei zum Haupte, zwischen Bettuch und Matratze, und rücke zugleich das Bett von der Wand ab. In die Länge würde dieses etwas narkotische Mittel auf die Nerven wirken, allein von Zeit zu Zeit gebraucht, wird es nicht schädlich sein. Auch zwei oder drei brennende Lichter auf Gueridons oder Stühlen neben das Bett, und dieses in die Mitte des Zimmers gestellt, sollen vor Wanzen schützen. Lady Craven vervollkommnete diese Bequemlichkeit noch durch eine artige Erfindung, um sich vor dem kriechenden Ungeziefer zu sichern. Sie ließ nämlich die Füße ihres eisernen Bettgestelles in kleine blecherne, mit Wasser gefüllte Becher oder Eimerchen setzen, wodurch dem Ungeziefer alle Communication abgeschnitten wurde. Das sind nun freilich Reisebequemlichkeiten für Reiche, und welchen eine Diener- und Dienerinnen-Menge zu Gebote steht.

Wie verwahrt man Effekten? Durch Verschließung unsers Zimmers und durch das Zusichstecken des Schlüssels ist noch nicht alles verwahrt; denn andere Schlüssel sind in den Händen des Wirths und seiner Leute. Man lasse also nie seinen Koffer unverschlossen stehen. Indem man seine wichtigsten Effekten, sobald man sich von seinem Zimmer entfernt, unter dem Schlosse hält, thut man auch besser, beim Ausgehen den Zimmerschlüssel dem Wirthe oder dessen Leuten zu übergeben. Nie lasse man sein Zimmer offen, und wäre unsere Abwesenheit auch nur von wenigen Minuten. In einsamen, abgelegenen Gegenden sind Schraubschlösser und Nachtriegel vom größten Nutzen. Man brenne dann auch Nachtlicht und lasse seine Bedienten bei sich schlafen. Hat man keine Schraub- und Nachtschlösser bei sich, so verrammle man die Thüren mit Tischen, worauf man Stühle setzt.
Was achtet man am Wirtshaustisch? Die Wirthe fragen den Reisenden gemeiniglich, was er zu essen befehle? Er thut am besten, sich nennen zu lassen, was gerade im Hause und schon zubereitet ist, und sich daran zu genügen. Jeder einzelne Reisende speiset wohlfeiler und unterhaltender an der Wirthstafel, als allein auf seinem Zimmer. Solche Wirthstafeln sind vorzüglich da aufsuchenswerth, wo rechtliche Einwohner des Orts sich daran mit einzufinden pflegen. Man macht dann oft sehr interessante Bekanntschaften. In Kenntnis des Orts, seiner Merkwürdigkeiten, den Sitten der Einwohner, ihrer Denkungsart usw. erlangt man größere und reellere Fortschritte, als wenn man wochenlang mit dem Lohnbedienten durch alle Museen, Schlösser, Kirchen usw. gewallfahrt wäre. Eine Unbequemlichkeit haben diese Wirthstafeln: wer nicht zugreift, sondern den Bescheidenen macht, der riskirt, hungrig aufzustehen und von mancher Schüssel nur den Anblick gehabt zu haben, daher Personen, welche mit Familie reisen, oder gern bei Tische Ruhe und Bequemlichkeit genießen, gern bei einem Lieblingsgerichte verweilen, immer besser thun, auf ihrem Zimmer zu speisen, wenn Letzteres gleich immer höher in der Zeche zu stehen kommt, auch solche Wirthe, welche Tables d'hôte halten, die Zimmertafeln selten gern sehen.
In großen Städten ist es angenehm und selbst ersparnisvoll, nicht immer in dem Gasthofe, wo man wohnt, zu essen; man sagt, man sei eingeladen, und geht in ein anderes Speisehaus: dort bezahlt man nach der Taxe, und im Hause, wo man wohnt, muß man mehr als solche bezahlen – weil man fremd ist. Es kann überhaupt als feste Regel gelten: je weniger man in seinem Gasthause nimmt, je weniger kann

man geprellt werden. Wer bloß in seiner Wohnung frühstückt und dann ausgeht, um Mittags und Abends zu essen, kann nicht sehr übertheuert werden; denn gewöhnlich ist der Preis des Zimmers, der Heizung und Beleuchtung bekannt, oft an den Stubenthüren angeschlagen, und so kann man fast die Rechnung ohne den Wirth machen, was nicht möglich ist, wenn man viel und mancherlei durcheinander fordert und sich geben läßt.

Was schützt gegen Lärm? Woran man sich auf Reisen nicht gleich gewöhnt, ist der Lärm in den Gasthöfen. Die Zeit der Nacht, wo es in großen Wirthshäusern am stillsten ist, dauert etwa von 10 Uhr des Abends bis 5 des Morgens, und diese Zeit sollte man zum Schlafen anwenden. Das beste Mittel empfiehlt die Gräfin Gentis. Man stecke in jedes Ohr in Baumöl wohl eingeweichte Baumwolle, ungefähr von der Größe einer kleinen Nuß, und stopfe darüber andere trockene Baumwolle. So wird man völlig taub gegen alles Geräusch sein.

Wie hält man's am Abtritt? Man setze sich nie mit entblößten Schenkeln auf einen Abtritt im Gasthofe; man vermeide auch, wo möglich, ihn unmittelbar nach dem Gebrauche eines Dritten zu besuchen. Ungereinigter Nachtstühle sollte man sich nie bedienen. Grassiren in einer Gegend ansteckende Krankheiten, z. B. Ruhrepidemien, so handelt man klüger, wenn man zur Befriedigung des Naturbedürfnisses lieber das Feld als einen Gasthofabtritt wählt.

Wann begleicht man die Rechnung? Man muß bei längerem Aufenthalt jeden Tag, oder wenigstens alle 2 oder 3 Tage, seine Zeche bezahlen. Ist man mit eines Wirths Bewirthung nicht zufrieden, so lasse man es ihn ja nicht merken, sonst schnellt er gewiß, weil er versichert zu sein glaubt, daß man das erste und letzte Mal bei ihm gewesen sei. Man spreche im Gegentheil von öfterem Wiederkommen, von Bekannten usw., die man hierher weisen will, und man wird oft dadurch eine leidlichere Zeche erhalten.

In einigen Ländern, vorzüglich in Italien (doch jetzt nicht mehr überall), muß man, sobald man in einem Gasthofe absteigt, akkordiren, sonst läuft man Gefahr, drei- bis vierfach übersetzt zu werden. In Deutschland und andern Ländern ist diese Vorsicht unnöthig und würde Mißtrauen gegen den Fremden erwecken; doch kann man immer fragen, was das Zimmer in 24 Stunden kostet. In Städten, wo man einen Tarif angeschlagen findet, ist keine zu große Uebertheuerung möglich. Wo die Kreide des Wirths gar zu doppelt geschrieben hat, bleibt dem Reisenden nichts übrig, als den Staub von seinen Füßen

über die Schwelle des Gasthofs zu schütteln; denn die Fälle sind selten, wo man durch Klage bei der Ortsobrigkeit mehr gewonnen hätte, als Kosten und Aufhalt.
Man hüte sich, daß Gastwirthe (auch andere Personen, denen man etwas zu zahlen hat) auf Gold oder andere größere Geldsorten uns kleine Münze herausgeben, welche schon im nächsten Orte nicht gültig ist. Man lasse sich, so viel thunlich, größere Münzsorten, und sonderlich solche zurückgeben, von denen man weiß, daß sie einen ansehnlichen Strich Weges gelten.
In den meisten Gasthöfen wird das Trinkgeld in eine gemeinschaftliche Büchse gethan, und unter die Theilnehmer vertheilt. Der Kellner pflegt dies Trinkgeld zu empfangen, der Hausknecht jedoch, als der an jener Theilung nicht participirt, für sich noch eine angemessene kleine Gabe zu erhalten. Das Maaß des Trinkgeldes läßt sich nicht bestimmen, sondern richtet sich 1) nach der Zeit des Aufenthalts; 2) nach dem Grade der Zufriedenheit mit Aufwartung und Bewirthung. Je länger man in einem Gasthofe verweilt, desto mehr klingende Erkenntlichkeit gebührt dem Dienenden. Denkt man bald wieder zu kommen, so karge man nicht; im Gegentheil gebe man, was recht ist, wenn man auch schiefe Gesichter sieht, so macht es nichts aus. Nie gebe man aber eher das Trinkgeld, bis man die Zeche bezahlt hat."
Gasthäuser, die eine Zeche wert waren, erschienen in den „Routenbeschreibungen der Reisehandbücher oft namentlich gedruckt, zum Verdruß jener Wirte, deren Einkehr an der gleichen Wegstrecke der Autor überhaupt nicht oder bestenfalls als „Wirtshaus" erwähnte. Mancher Wirt, der eine solche Lektion bezog, merkte plötzlich, daß er für den Gast da sein mußte, nicht umgekehrt. So wurden aus schlechten oder mittelmäßig geführten Häusern oft gute und aus guten oft noch bessere oder gar ein „Hotel".
Plötzlich veränderte sich vieles: über bessere Straßen fuhren schnellere Postkutschen und schließlich kam noch die Eisenbahn. Der Tourismus fing an, zu florieren und als Folge davon das Geschäft.
Zu keiner Zeit waren die Wirte um einen Hausnamen verlegen. Vornehmlich mußte das Tierreich – vom Adler bis zum Walfisch – dafür herhalten. Pate standen aber auch Sonne, Mond und Sterne, nicht minder Personen der Zeitgeschichte und die gesamte Geographie. Eine Bezeichnung war besonders begehrt: die „Post". Der Name wies den Wirt in der Regel auch als Amtsperson, nämlich als Posthalter aus und als solcher war er als solventer und ehrenwerter Mann befunden.

Die „Post" als Wirtshaus profitierte von der Post im Haus; nur dort und an den vorgeschriebenen Haltestellen über Land durften die Postreisenden zu- und aussteigen. Es sei denn, der Postillion „genehmigte" sich auf eigene Faust eine Ausnahme.
Zuweilen kam vor, daß die Post ihr Domizil wechselte. Außer dem neuen Gasthof „Zur Post" gab es dann die „Alte Post" oder gar, wie in Wasserburg am Inn, eine „Alte Post" und einen „Gasthof zur Post", beide am Hauptplatz. Dazu kam die wirkliche Post (mit Wirtshaus), diese in einer kleinen Seitengasse.
Solche Praktiken brachten dort keine Reisenden mehr ins Haus, wo die Pferdepost von der Eisenbahn abgelöst und eine „Bahnhof-Restauration" eröffnet wurde.
Die neue Einkehr folgte dem Zug der Zeit. Sie bot, was der eilige, der „moderne" Reisende brauchte, nämlich: schnelle Erfrischung zwischen zwei Anschlüssen.

Brautfahrt mit Hindernissen

Franz v. Pocci
1807–1876

Wer bei uns zu Land mit Extrapost reist, hat sich neben der Trefflichkeit der Chausseen auch der schnellsten Bedienung von Seiten der Postmeister zu erfreuen . . . Ich fuhr in der seligsten Stimmung vor Kurzem durch das Bayerland, um meine Braut – als Frau – abzuholen; hatte aber nicht die Vorsicht getroffen, einen Laufzettel vorauszuschikken, wodurch ich auch wirklich der Geschwindigkeit meines Fortkommens einen nicht ungewichtigen Hemmschuh einlegte. Ein Moment dieser Fahrt wird mir aber ganz besonders unvergeßlich bleiben. Es war gegen 11 Uhr nachts, als ich mich der Poststation in N. . . näherte. Mein Schwager blies auf seinem Hörnchen, und ich drückte mich höchst pomadig in meine Wagenecke, in süßen Träumen; denn das ersehnte Ziel rückte mir ja immer näher! Der Wagen hielt am Posthause; gänzlich Finsternis und Stille. Die Hornklänge hatte niemand gehört; der Postillion klatschte mit der Peitsche, mein Diener schrie aus vollem

Halse. Nach langem Harren ertönte eine feine Stimme aus einem Fenster des Posthauses: „Was gibt's?" – der Postillion: „Allo, auf! a Patascher" (Passagier)! Nach fünf Minuten öffnet sich die Haustüre und eine Kellnerin in reizender Nachttoilette erscheint, das Nachtlämpchen in der Hand: „Schaffens Umspannen?" – „Ja freilich, macht nur vorwärts, ich hab' Eile!" – „Gleich" – war die Antwort – „will ich den Herrn Posthalter wecken!" – Abermals fünf Minuten. „Ich hab die Ehre, recht guten Abend zu wünschen" – ertönt es in tiefem etwas verschlafenen Bierbasse – „es soll gleich umgespannt werden; habens nur eine kleine Geduld!" „Mariannl" – sich zur Kellnerin wendend – „geh' weck' den Hausknecht!" – Ich fing an, etwas ungeduldig zu werden. „Hausl, Hausl" – rief die Kellnerin in die schwarze Nacht hinein – „Hausl, einspannen!" Hierauf wieder fünf Minuten Stillschweigen und Finsterniß. Endlich knarrt am Ende des Hofes ein Thürchen und es nähert sich ein Laternenlicht, das wie ein fernes Hoffnungssternchen heranwankt. Während dieser Ereignisse war ein fürchterlicher Platzregen eingetreten, so daß ich gezwungen war, meinen Wagen hermetisch zu verschließen.

Endlich, endlich waren die Laterne und der Hausknecht am Wagen. Abermalige Frage: „Schaffens Umspannen?" – „Ja, ja – in des T. . . Namen!" schrie mein Bedienter. Die Laterne entfernte sich. Pause von 10 Minuten! Fernes Gemurmel: „Nehmen wir die Bräuneln oder die Schimmel; geh' Hiesl, hol dein' Mantel und 's Posthorn!"

Endlich etwas Pferdegetrampel. Roß und Mann nähern sich. Der Posthalter an der Thüre: „Hiesl, nimm fein an Haber mit!" Wieder drei Minuten, denn der Haber muß geholt werden. Mittlerweile fing der Hausknecht mit Hülfe meines Bedienten an einzuspannen. Ich saß auf Kohlen und begann meiner Ungeduld Luft zu machen. Der Regen ward aber immer ärger, so daß ich den Wagen gerne wieder schloß. Es erscheint der Postillion mit dem Futtersack. Endlich, endlich. – „Halt!" schreit der Hausknecht, „der Sattelgaul hat ein Eisen verloren, wir müssen den Schimmel nehmen!" – Man spannt wieder aus! Fünf Minuten Pause! – Klipp, klapp durch den Hof hinein und wieder heraus. Der Substitut wird angespannt. Der Postillion setzt sich auf den Bock, ich fange an zu athmen: der Wagen setzt sich in Bewegung. Ungefähr 30 Schritte und – ich liege im Graben.

Der Postillion hatte die Wendung um eine Ecke zu kurz genommen. – Ich dankte dem Himmel, daß ich mit heiler Haut davonkam; es vergingen wohl ein paar Stunden, bis der Wagen wieder im Gleise war.

Ein Wagenumwurf auf der Fahrt von München nach Nürnberg 1827

Georg Kirchmayr, kgl. bayer. Postwagenkondukteur
1795–1861

Im Winter des Jahres 1827 fuhr mit mir ein schon dem äußeren Ansehen nach höchst zärtlich erzogenes Fräulein, ungefähr 18 Jahre alt, nach Nürnberg. Es war zur Zeit, als die großen, schweren vier- und sechsspännigen Postwägen noch bestanden. Eine ältliche Dame begleitete das Fräulein an den Wagen, empfahl mir dieselbe zur besonderen Obhut, und steckte zwei Flaschen Wein nebst sonstigen Leckerbissen in die Wagentaschen, bemerkte hiebei, daß auch ich als Gast dazu bestimmt wäre, und empfahl mir, namentlich die geräucherte Zunge mir schmecken zu lassen, was mich in die heiterste Stimmung versetzte, und ich gab die Zusicherung, daß ich mich gewiß um das Fräulein annehmen und ihr wo nöthig beistehen werde. Heiter und flüchtig, nicht achtend die Kälte, bestieg das Fräulein den Wagen. Ihre Kleidung war wohl äußerlich mit Pelz hübsch geziert, aber nicht von der Art, um sie vor strenger Kälte zu schützen. Die Fußbekleidung war ebenfalls einfach. Die filzenen Ueberschuhe waren nicht hinreichend, um die Kälte, die meistens an den Füßen eindringt, zu verhindern. Kurz, der Anzug war wohl hübsch und wohlkleidend gefertigt, aber zu leicht, um eine so empfindliche Gestalt warm zu erhalten. Von München aus ging die Fahrt ohne Anstand. Das Fräulein bot mir an, von ihrem Burgunderweine zu genießen, was ich getreulich befolgte. Sie war durchaus nicht schüchtern, im Gegentheil sehr beredtsam und verstand es vortrefflich, ohne die mindeste Verletzung von Anstand und Tugend, durch witzige Erzählungen und sonstigen Deutungen die Zeit zu verkürzen, um so mehr, da wir beide ganz allein in erwähntem großen Wagen, wo sechs Personen bequem sitzen konnten, uns befanden. Sie verglich den Wagen mit der Arche Noe und die harten ledernden Sitzkissen mit Hackbrettlein, was sie aber so witzig vorbrachte, daß ich laut lachen mußte. In Pfaffenhofen wurde das Mittagsmahl eingenommen, das ihr wohl sehr schmeckte. Dort ging ein Passagier zu, ein Mann aus der Handelswelt, und obwohl derlei Herren bekanntlich eben so klug als beredtsam und artig sind, so machte dieser eine Ausnahme davon. Es gibt unter der menschlichen Gesellschaft Leute, die man Gecken zu nennen pflegte, und auf diesen Titel hatte unser Commersritter den gerechten Anspruch. Mit einer weiteren Schilderung seiner absurden Complimente und anmaßenden Aeußerungen gegen das Fräulein will ich den verehrten Leser nicht belästigen, aber die naive Abweisung, die ihm zu Theil wurde, mag den geneigten Leser mehr interessiren. Nachdem er mit Fragen: woher, wohin reisen das gnädige Fräulein? in welcher Angelgenheit x. nicht aussetzte, rief sie mir in herrischem Tone zu: Herr Condukteur, ich bitte Sie, diesem Herrn zu sagen, er möchte so gefällig sein, und nichts mehr zu mir sprechen. Mein Herr, Sie haben nun vernommen, was das Fräulein wünscht, und werden so gütig sein, es zu beobachten, erwiderte ich ihm entgegen. Auf diese Art von Abweisung war unser Handlungsheld nicht gefaßt und bei all' seinem Rednertalent nicht besonnen genug, eine schickliche Antwort zu geben. Nachdem er dem Fräulein mittelst bedenklicher Miene eine Kopfneigung machte, lehnte er sich in ein Eck und verfiel in einen Scheinschlummer, den er bis Ingolstadt fortsetzte, wo der beschämte Geck, ohne sich zu beabschieden, uns verließ, wahrscheinlich aber diese Art Lektion nicht so schnell vergessen haben wird. Beim Aussteigen klagte das Fräulein über Frost, genoß aber unter heitern und witzigen Vorträgen das Nachtessen, das ihr auch sehr gut schmeckte. Ich legte etwas mehr Stroh und Heu in den Wagen und gab dem Fräulein meine wollene Decke, damit ihre Füße einzuwickeln. Wieder ganz allein fuhren wir fort. Nachdem ich die Verlegenheit des Handlungsreisenden erwähnte, in die er durch die Abweisung des Fräuleins gerieth, lachte sie herzlich und erzählte mir sonstiges, aber meistens wirklich witziges Allerlei. Als wir ungefähr eine Glockenstunde lang fuhren, klagte sie mir, daß es sie sehr friere, ich rieth ihr, aufzustehen, sich mit den Füßen zu bewegen und einen Schluck Burgunderwein zu nehmen. Nachdem sie dies befolgte, nahm auch ich einen nicht unbedeutenden Schluck aus der Flasche; sodann verfiel sie in einen Schlummer, aus dem sie erst, als wir in Eichstädt einfuhren, erwachte. Unter Zähneklappern gestand sie mir sodann, sie könne es kaum noch aushalten vor Frost. Der damalige, bekanntlich nicht zur artigen Menschenklasse gehörende Postpacker Lehner hob sie aus dem Wagen, führte sie in das Posthauslokal und dort erwärmte sie sich wieder. Von Eichstädt weg über den Berg unterhielt sie sich mit dem neben dem Wagen gehenden Postillion, darauf aber schlief sie ein und schlummerte fort, bis der Wagen auf einer Seite etwas tief in den Schnee einsank; durch mein Aussteigen erwachte sie. Als ich wieder einstieg, klagte sie wehmütig, daß sie zweifle, diese Kälte länger aushalten zu können. Ich tröstete sie so viel wie möglich. Immer mehr nahm der Schnee zu. Als der Postwagen oben an der Berghöhe, wo der Wald sich endet, ankam, präsentirte sich uns eine bekannte Stelle, die ich immer das zweite Sibirien zu nennen pflegte, weil dort im Winter immer die Luft schneidend kalt ist, und immerfort Windwehen sich zeigen, die hie und da vollkommene Schneewände bilden. An benannter Stelle rief mir der Postillion zu: Herr Condukteur, jetzt kenne ich mich nicht mehr aus, ich weiß nicht, bin ich noch auf der Straße oder nicht. Als das vor Frost zitternde Fräulein dieses vernahm und ich aussteigen wollte, hielt sie mich zurück und sprach: Um Gotteswillen, Herr Condukteur, verlassen Sie mich nicht, ich habe Todesangst, wenn Sie fortgehen. – Seien Sie doch vernünftig, gerade Ihnen zu Liebe und zum Schutze muß ich nachsehen, wie es aussieht. Sodann stieg ich aus, nahm die Wagenlaterne herunter, und schritt ungefähr eine halbe Stunde lang vor den Vorderpferden einher. In weiter Entfernung erblickte ich ein Licht und erkannte, daß es aus dem Dorfe Rothenstein her schien. Wie ich nun eben mit der Laterne den Weg besah und dem Postillon zurief: Fahre nur mir nach, in demselben Momente versank ich bis an die Brust in eine Schneetiefe, wodurch das Licht in der Laterne erlosch. Ich raffte mich wieder aus der Schneemasse und suchte die Straße ausfindig zu machen. Wo ich hinsah, erblickte ich nur Himmel und Schnee; kein Baum, keine Stange, kein Aussteckstäudchen war zu sehen. Nach ungefähr 20 Minuten hörte ich den bekannten Postillionsruf: O! mit einer Stimmung, die nichts Gutes hoffen ließ. Schnell griff ich an die Vorderpferde, von da an die Stangenpferde, und sah zu

Wagenumwurf bei Rothenstein

meinem Schrecken, daß der Wagen umgelegt im Schnee lag, so zwar, daß ein Seitenschlag aufwärts gegen den Himmel zu stehen kam. Die Fenster des Wagens waren eingedrückt, und beide Füße des bedauernswürdigen Fräuleins reichten heraus; ihr Körper lag mit Schnee bedeckt auf dem Wagenfußboden. In Masse drängte sich der Schnee in das Innere des Wagens. Auch die ganz ermüdeten, vor Kälte zitternden Pferde standen bis an die Knie im Schnee. Der Postillon eilte herbei, und wir beide ergriffen sodann das Fräulein bei den Füßen und zogen sie durch die Seitenschlagfensteröffnung heraus. Sowohl beim Herausziehen als Abschütteln des Schnees, der an ihrem Körper so allmälig anfror, vernahm ich keinen Laut von ihr, und hielt sie für erfroren, bis mir der Postillon, der sie auf dem Arme trug, sagte: Sie schnauft ja. Hierauf nahm ich beide Sitzkissen aus dem Wagen heraus, breitete auf selbe meine wollene Decke, auf die ich etwas Heu legte, und dann wickelten wir beide das halberfrorene Fräulein gleich einem Wickelkinde in die Decke, legten sie auf ein Sitzkissen und das zweite auf sie. Als das alles arrangiert war, rief ich ihr zu, sie solle doch einen Laut von sich geben. Als dieses durch schwach lautendes Aechzen erfolgte, tröstete ich sie mit der Zusicherung, daß sie bald in eine warme Stube kommen werde. Nun besann ich mich, was nun weiter zu thun sei. Eben schlug eine Dorfuhr 2 Uhr, um welche Zeit auf Menschenhilfe nicht zu hoffen ist. Ich erinnerte mich der beiden Weinflaschen, und als ich selbe in der Wagentasche ergriff, griff ich auch auf meine Dienstpistole, und da kam mir der glückliche Einfall, selbe abzufeuern, durch deren Knall am sichersten dann Leute kommen würden. Auf beide Schüsse erfolgte ein wirklich imposantes, dreifaches, laut erschallendes Echo, und wie ich es vermuthete, so geschah es auch. Kaum hatte ich und der Postillon den Wein ausgetrunken und die ganz gefrorene geräucherte Zunge verzehrt, so vernahmen wir Männerstimmen und Hundegebell, und binnen einer Viertelstunde erschienen 12 Männer mit zwei Laternenlichtern, einige mit Pickeln, mehrere mit Schaufeln versehen. Sie vermutheten einen Räuberanfall auf den Postwagen, da sie wußten, daß er um diese Zeit die Gegend passirte, in der es nicht ganz sicher war. Unter diesen Männern befand sich ein Jäger, der mit Neugierde fragte, wer geschossen hätte. Ich erklärte ihm, daß ich selbst die Lockschüsse gethan hätte und aus welcher Absicht. Anfangs brummte der alte Graubart, dann aber belobte er mein schlaues Verfahren. Wie wir so mitsammen plauderten, kam ein Metzgerschlitten, mit zwei Pferden bespannt, dahergefahren, auf welchem geknebelte Kälber lagen; auch diese armen Thiere waren dem Erfrieren nahe. Ich bat den Metzger, zu seinen Kälbern das eingewickelte Fräulein aufzulegen, und da er mit seinem Schlitten leicht durchkomme, sie in Rothenstein im Wirthshause abzulegen, was er gerne that, und so fuhr er mit seiner Fracht rasch dahin. Jetzt erst machten wir uns insgesamt daran, den umgefallenen Postwagen aufzurichten, was uns mit vieler Anstrengung nach einer Stunde gelang. Morgens 7 Uhr fuhr ich sodann mit dem Postwagen am Wirthshause zu Rothenstein an, trat dort ein und staunte sehr, als das Fräulein, förmlich aufgewärmt, in heiterster Stimmung mir entgegen trat und mich versicherte, daß die brave Frau Wirthin so sehr besorgt für sie war, daß sie nun ganz gesund und wohl sich befinde, und sich nun freue, die Fahrt fortsetzen zu können. Vom Aufladen auf den Kälberschlitten wußte sie nichts, ebenso hörte sie nicht das Abfeuern der beiden Pistolen; erst in dieser Stube erwachte sie aus ihrem Frostschlafe. Mein Fräulein, wie konnten Sie sich entschließen, bei dieser rauhen Winterszeit so eine weite Fahrt zu unternehmen? sagte ich zu ihr. Lieber Herr Condukteur, eine gewisse Sehnsucht nach Bamberg trägt die Schuld. Weiter konnte ich von ihr nichts erfahren. Erst in

Weißenburg erklärte mir der damalige Postverwalter Rab, daß er das Fräulein näher kenne, und dieselbe in Bamberg mit einem hübschen jungen Manne versprochen sei und wahrscheinlich schon künftige Ostern die Vermählung stattfinden werde. Wir fuhren sodann ohne fernere Anstände nach Nürnberg, von wo aus sodann das Fräulein mit dem dortigen alten Postkondukteur Bär die Fahrt bis Bamberg glücklich fortsetzte.

Hochzeitsreise

Schlawiner gab's auch dazumal

Daß in der „guten alten Zeit" eine Postkutsche bestohlen oder überfallen oder ein reitender Postillion ausgeraubt wurde, war gar nicht so selten. Dieses „Geschäft" betrieben vornehmlich ganze Banden, in der Gaunersprache nach den Posthornklängen lautmalerisch „Trara-Umgänger" geheißen, insbesondere im 18. Jahrhundert. Den Räubern kam dabei zustatten, daß Geldfässer und größere Geldpakete nicht im Sitzkasten des Postillions Platz fanden, sondern im Wagen neben den Reisenden verladen werden mußten. Den Postillionen war deshalb vorgeschrieben, „die auf dem Wagen bloß gehenden Geldfässer mit einem Futtersack oder wie es sonst schicklich sein will, zu bedecken, und dadurch alle etwaige Anreizungen zu Beraubungen und Diebereien möglichst zu vermeiden." Solche Verhaltensmaßregeln wurden den Postillionen immer wieder bei aktuellen Anlässen eingeschärft. Die Verwaltung der taxisschen Reichspost sah sich im Jahre 1752 bewogen, den untergeordneten Postämtern und Posthaltereien „in Gnaden anzuzeigen": „Wie es leider durch die je länger je mehr überhandnehmende Raubbegierde dahin gekommen, daß seit etlichen Monaten die ordinari reitende Posten nicht nur in der Nacht, sondern auch bei hellem Tage, wie solches durchgehends bekant ist, von verwegenen Straßenräubern gewaltsam angegriffen und ausgeraubet worden. Obwolen nun die von der Kaiserl. Königl. Regierung der Marggrafschaft Burgau, durch öfteres Streifen und beständiges Wachhalten eines Husaren Commando angewendete Hülfsmittel so viel gefruchtet, daß die anfänglich meistens in der Gegend der Donau auf dem Weg zwischen Ulm und Augsburg sich ergebene Postraubereien Zeithero in etwas nachgelassen, mithin das boshafte Raubgesindel aus erstgedachter Gegend vertrieben zu seyn angeschienen: so hat jedennoch der Saame dieser schädlichen Brut nicht gänzlich ausgerottet werden können, sondern ist vielmehr in andern Gegenden angewachsen, und dergestalt rege gemacht worden, daß erst noch kürzlich die ordinari Post zwischen Ulm und Westerstetten gegen das Herzogthum Würtenberg hinunter, zwischen Ulm und Mörsburg gegen die Schweiz hinauf, auch zwischen Ulm und Nürnberg ohnweit Markt Dieschingen, so dann ganz neuerlich in dem Fränkischen Craise zwischen Nürnberg und Würzburg nahe bei Emskirchen von der vermuthlich sich zertheilten Diebsrotte angefallen und ausgeraubet worden. Bei allen obangezogenen offentlich und gewaltsamen Postdiebstählen seynd die Postillionen von denen Strassenraubern überwältiget und übel mißhandelt worden, den einzigen von Neuhaus ausgenommen, welcher, als er in einem Wald angegriffen wurde, mittelst des aus guter Sorgfalt mitgeführten kurzen Schiesgewehrs und Hirschfängers, sich vor zweien Raubern erwehret, und mit der Ordinari glüklich entkommen ist. Hieraus kan leichtlich gefolgert werden, daß die Bewafnung deren Postillionen nüzlich, ja allerdings erforderlich und nothwendig seye. Weilen nun das Postrauben schon in zweien so ansehnlichen Reichs Craisen eingerissen, mithin zu beförchten, daß solches im ganzen Reich allgemein werden dörfte: also versiehet man sich zwar, daß von den höchst- und hohen Reichsständen gegen ein so gemein schädliches Übel die erkleklich-landsherrliche Rettungsmittel werden vorgekehret, und dadurch denen Ordinari Posten die offentliche Sicherheit wiederum verschaffet werden; gleichwohlen aber, und damit auch durch die Mitwürkung deren Postbedienten denen weiters beförchtenden rauberischen Angriffen, so viel immer möglich, vorgebogen und gesteuret werde; Also befehlen des Herrn Erb General Reichs Obrist Postmeistern Hochfürstl. Durchl. denen Ihro untergebenen Kaiserlichen Reichs Postbedienten andurch gemessen und ernsthaft, daß

Erstlich bei keinem Postamt und Posthalterei, in Gefolg deren vielfältigen schon ergangenen Verordnungen, keine schwere Sachen in die Paqueter und Felleisen gepakt, mithin andurch dem Diebsgesindel alle Begierde zu rauben benommen werde.

Zweitens, sollen zu Führung der Ordinarien, sonderheitlich bei nächtlicher Weile, mannfeste, starke und herzhafte Postknechte genommen, und diese mit guten Schies-auch Seitengewehr versehen werden.

Drittens, ist denen Postknechten scharf anzubefehlen, daß sie die dike grosse Waldungen und Sträucherwege so viel immer möglich vermeiden, hingegen ihren Ritt in geraumen Feld- und der gewöhnlichen Landstrasse eilfertig fortsezen.

Viertens, mus keinem Postknecht erlaubt, sondern unter schwerester Bestrafung verboten werden, unterwegs bei Wirthshäusern des Trunks oder Tobakrauchens halber anzureiten, noch vielweniger aber vom Pferd abzusteigen.

Fünftens, solle man, wann es nur immer seyn kan, bei denen Nachtritten von einer Abwechslung zur andern einen braven und muntern Hund mitlaufen lassen, weilen dadurch die etwan vorstehende heimliche Gefahr leichter entdeket wird.

Sechstens, wann ein Postillion würklich angegriffen wird, oder solcher dem Angrif ausweichet, so hat zwar derselbe sein aufhabendes Felleisen zu der Station, wohin er zu reiten hat, ohnverweilt zu führen; hingegen mus bei denen Beamten des Orts von dem Vorgang sogleich die geziemende Anzeige geschehen, und dieselbe ersuchet werden, daß nicht allein über das Vorgegangene die Aussage des Postknechts und die Beschreibung deren Raubern ad Protocollum genommen, sondern auch mit genugsamer Mannschaft sowol bei dem Orte des Angrifs, als insonderheit in denen nächst angränzenden Wäldern ein Streif vorgenommen, und die einzele Höfe, auch vor allen die Schindershäuser durchsuchet werden möchten.
Siebendens, ist denen Postillionen wohl einzubinden, daß sie im nächtlichen Reiten auf alles Vorkommende aufmerksam, mithin bei einem sich ereignenden Angrif beherzt, und sich gegenwärtig sind; auch daß, wann sie in die Hände der Rauber zu fallen das Unglük haben, derselben Gesichtsbildnisse, Haar, Bart, derselben Farb, Ober- u. Unterkleider, auch ob sie Kappen oder Hüte tragen, und wie diese aufgestülpt, ob die Rauber nicht im Gesicht oder Leibspositur gezeichnet, ob selbe lang, kurz, dik oder schmal, auch ob sie Gewehr, Steken, Ranzen, oder was sie sonsten bei sich gehabt, so viel nur immer möglich, bemerken; nicht minder auf ihr Reden und Sprache, auch wohin sie nach vollbrachtem Raub ihren Weg nehmen, und von allem diesen bei der Aussage ad Protocollum die wahre unverfälschte Nachricht geben.
Diese auf Seiner Hochfürstlichen Durchlaucht des Herrn Erb General Reichs Obrist Postmeistern specialen Befehl, Ihren untergebenen Postbedienten zu Pflichtschuldiger Darnachachtung."
Wer „auf der Post" Geld und Wertsachen durch Diebstahl verlor, erhielt mit einigem Glück den Schaden ersetzt. Wer hingegen unter die Räuber fiel, konnte niemanden in Anspruch nehmen. Es blieb nur die Hoffnung, daß die Obrigkeit den oder die Verbrecher erwischte. Im übrigen mochte man Trost im „Gebet eines der geplündert worden" finden, das hieß: „Allmächtiger Gott, Gnädiger Vatter, ich klage dir mit betrübten Herzen, daß mir durch dein Verhängniß, zur Straf meiner Sünden, grosser Schaden, mit gewaltthätiger Plünderung und Beraubung meiner Armut widerfahren ist; indem mir durch die Soldaten (Rauber) alles, was ich biß daher mit meinen sauren Schweiß erworben, ist genommen worden. Nun lieber Gott! ich erkenne dieses für deine vätterliche Züchtigung und Heimsuchung, und nehme dieselbe zu

Dank an: Allein bitte ich dich, du wollest mir diesen erlittenen Schaden gedultig helfen überwinden, daß ich fleißig bedenke, es seye zwar eine Straf von dir, aber viel geringer als meine Sünden seynd. O lieber Gott! weil ja dieses Unglück über mich ergangen, so beschehre mir gutherzige Leut, die sich meiner aus Christlichem Mitleyden annehmen, und mir erweisen Güte und Barmherzigkeit. Gib auch, daß ich dir kindlich vertraue, du werdest mich mit zeitlicher Nahrung nicht lassen, sondern mir mein nothdürftiges Auskommen geben, und solchen Abgang anderwerts ersetzen, um Jesu Christi willen, Amen."

Die Reisenden haben sich angesichts von Räubern nicht anders verhalten wie die Leidtragenden ähnlicher Verbrechen heute. Während sich nämlich die einen furchtlos und mannhaft oder auch unvernünftig wehrten, hielten sich andere lieber an den Rat, „die Sache als fremden Handel zu betrachten."

„Besser", so meinte der Autor eines Reisehandbuches, „ist keine Wehr als nur eine schlaffe oder halbe." Wer dennoch schießen wollte, der sollte zumindest so lange warten, bis „das Weiße im Auge des Gegners" zu erkennen war.

Von den Räubern, die erwischt wurden, kamen die wenigsten glimpflich davon. Die Justiz des 18.Jahrhunderts sühnte einen „Postwagenraub" häufig noch mit der Todesstrafe, wobei die Rechtsprechung feine Unterschiede parat hielt. Je nach Schwere des Falles wurden die Räuber erschossen, enthauptet, erwürgt oder gehängt; strafverschärfend empfahl sich das vorherige Rädern von oben oder unten und das Abhacken von Gliedmaßen. Kurzen Prozeß mit solchen „Individuen" machten einmal die preußischen Behörden, worüber ein Gesandter am Berliner Hof schrieb:

„. . . Nunmehr weiß man endlich, woher es gekommen, daß seit vielen Post-Tägen keine Briefe allhier eingelaufen. Es hat sich nämlich eine Rotte bösen Gesindels und Spitzbuben in einem gewissen Dorfe, Klein-Grotkau genannt, versammelt gehabt. Weilen nun dieses Dorf an der Poststraße gelegen und die Postillons selbiges zu passiren unmöglich evitiren können, so hat jedesmal, so oft die Post vorbey gegangen, diese Bande den Postillons aufgepaßt, selbigen die Briefschaften abgenommen und sodann die Menschen ermordet, solches ist wohl fünf bis sechs Personen begegnet, worauf endlich, umb recht dahinter zu kommen, ein Commando in dieser Gegend versteckt worden, welches dann gefunden, daß diese Spitzbuben nahe beim Dorfe eine Zug-Brücke gehabt, welche sie, sobald der Postillon darüber passirt gewesen, aufgezogen, umb desto sicherer vom Ueberfall und Nachsetzen zu seyn. Man hat ihnen aber das verdiente Lohn- und Trank-Geld bestens abgezahlet, indem der König das ganze Dorf Klein-Grotkau hat anzünden und dieses gesammte Gesindel verbrennen lassen, so daß kein einziger davongekommen."

Auf die Ergreifung von Posträubern war in den meisten Fällen eine hohe Belohnung ausgesetzt. So auch auf jene Täter, die im Mai 1732 zwischen Postbauer und Neumarkt in der Oberpfalz eine „Reichs-Postillion" zu Boden geschlagen und um elf wertvolle Briefpakete erleichtert hatten. Sofort nach Bekanntwerden der Tat ließ Kaiser Karl VI. im ganzen Reich unter Trommelwirbel verkünden:

„. . . gesinnen und begehren wir hiermit an jeder Orts-Obrigkeit gnädigst und ernstlich nach vorgedachten Freveltätern oder den dahran Theil mithabenden allen Fleisses dem Publico zu Lieb und Besten ohnablässig zu forschen, u. sofern davon ein oder anderer in eueren Gebiethen ausgekundschafftet u. betretten würde, den oder dieselbe so forth in Verhafft zu nehmen, wohl zu verwahren, und uns solches unverzüglich zu anderweiter unser Verordnung zu berichten, u. wir zur Erfahrung dieser Bösewichter keine Kosten noch Mühen zu spahren, als erklähren und versprechen wir hiemit gnädigst, dass der oder diejenige, welche einen von den Thätern entdecken, zuforderst der Orths-Obrigkeit u. so dann Uns anzeigen werden, eine Vergeltung von 1000 Species-Ducaten nebst Verschweigung des Nahmens bekommen solle."

1000 Species-Dukaten – das half. Sie bedeuteten ein Vermögen. Im August 1732 sagte der Rotochsenwirt Franz Stohr von Feucht aus, daß der Wirt von Mittelrohnstadt, ferner ein Weber und ein Bauer von Stockelberg die Täter seien. Die Beschuldigten wurden daraufhin verhaftet und so lange „scharf verhört", bis sie die Teilnahme an dem Straßenraub gestanden. Als Anführer bezichtigten sie einen Jäger, einen „ganz durchtriebenen Bösewicht", der es mit der Zauberei verstünde. Dem Jäger kam man trotz eifriger „Spähe" nicht auf die Spur. Er blieb ebenso verschwunden wie das viele Geld aus den Briefen. Über die Untersuchung gegen die „gefänglich eingebrachten Verbrecher" schwieg sich der Chronist aus. Indes stand in dem zu Köln gedruckten „Historischen Journal" über den Strafvollzug zu lesen: „Zu Amberg in der Ober-Chur-Bayer. Pfalz sind am 8. Nov. (1732) morgens die zwei daselbst gefangen gesessenen Posträuber folgendermassen hingerichtet worden:

Der beraubte Postwagen

Beiden wurde die rechte Hand abgehauen, hernach jedem der Kopf abgeschlagen. Die zwei Körper wurden beim Hochgericht auf Räder geflochten. Die beiden Hände und Köpfe aber an den Ort verbracht, wo sie den Postillion ausgeraubt hatten. An dieser Stelle zwei Schnell-Galgen errichtet und auf diese die zwei Köpfe gesteckt, die zwei Hände aber an diese Galgen genagelt und eine Tafel angebracht welche besagt, daß alhier die Post beraubt wurde." Der Zeitungsartikel schloß mit der recht tröstlichen Aussicht für den Rädelsführer: „Man glaubt auch den Förster oder Jäger noch zu bekommen, dem es noch weit schlechter ergehen dürfte."

So grausam die Todesart auch gewesen sein mochte, die als Strafe auf einen Straßen- und Postraub folgte, und so lähmendes Entsetzen die öffentliche Hinrichtung solcher Missetäter auch auslöste – von Abschreckung war nichts zu spüren. Im 18. Jahrhundert blieb das Straßenräubertum gang und gäbe. 1789 suchte eine Landesregierung steckbrieflich nicht weniger als 13 Postwagenräuber auf einmal. Deren „Signalement" gab kund:

„Den Göttinger Postwagen haben im November 1784 bei Dransfeld beraubt: Fritz Bopp, Jörg Bopp, Franz Fischer und Joh. Klemm, und haben diese dabei bekommen 4056 fl. 8 kr an Geld und Geldeswerth.

Den Postwagen bei Grünberg haben angegriffen Anton Lautner, Johann Fischer, Joh. Klemm und Joh. Hen.

Den Postwagen bei Kaiserslautern haben angegriffen Sebastian und Johann Heidelmeier, Johann Fischer, Joh. Klemm, und Joh. Jörg Bauer im Oktober 1785 . . .

Den Coburger Postwagen haben beraubet im Dezember 1785 Joh. Fischer, Joh. Klemm, und Joh. Bauer, und haben erhalten 1452 fl. 22 kr.

Den Postwagen bei Schmalkalden haben beraubet im Dezember 1786 Sebastian und Jakob Heidelmeier, Joh. Mergenthal, Joh. Fischer, und Heinrich Wichmann, und haben erhalten 1832 fl. 30 kr.

Den Postwagen bei Paderborn haben beraubet im July 1787 Joh. Fischer, Joh. Klemm, Joh. Jörg Bauer, und Joh. Jörg Fischer, und haben bekommen 8929 fl. 31 kr.

Den Postwagen bei Mühlhausen haben beraubet im November 1787 Johann Klemm, Joh. Mergenthal, Heinrich Wichmann, Joh. Jörg Bauer, Sebastian und Jakob Heidelmeier und haben bekommen 900 fl.

Den Postwagen im Spessart haben im November 1787 beraubet Joh. Klemm, Joh. Mergenthal, Heinrich Wichmann, Joh. Jörg Bauer, Sebastian und Jakob Heidelmeier und haben bekommen 1600 fl.

Den Postwagen bei Hirschfeld, und jenen zwischen Salzungen und Vach sollen nach Anzeigen vor 10 Jahren beraubet haben Franz Fischer, Wichmanns Stiefbruder, Leonard, und einige noch Unbenannte.

Den Postwagen bei Poßenheim sollen beraubet haben im Jahre 1774 beide Boppen, Anton Lautner, Franz Fischer und Joh. Klemm.

Den Postwagen bei Luzerath sollen im September 1781 beraubet haben Anton Lautner, Joh. Klemm, Joh. Fischer und sind entkommen 3530 fl. 3 kr.

Den Postwagen bei Berneck sollen im Jahr 1782 beraubet haben Sebastian und Johann Heidelmeier, Joh. Klemm, und Joh. Fischer. Die berechneten Aufgaben von vorspezifizirten Postwagen und die denen darauf befindlichen Passagire abgenommenen Gelder betragen ausschließlich der Postwagenraub von Hirschfeld, Poßenheim und Berneck über 22000 fl., so daß nach einem beiläufigen Überschlag letztgedachten Postwagenraubes die Räuber über 30000 fl. baares Geld von den Postwägen allein durch Raub davon getragen haben."

Auf das Konto der Straßenräuber Johann Schmidt, Johann Otto und Johann Scheller ging 1773 ein Überfall auf die zwischen Eisenach und Gotha verkehrende Postkutsche, in der Kaufleute saßen, die von der Leipziger Messe kamen. Sie verdroschen den Postillion, einen begleitenden Knecht und die Passagiere „zünftig, ohne daß jemand ernstlich Schaden nahm, dann raubten sie die Uhren und die Pretiosen der Reisenden. Der Fürstlich Schwarzburgischen Justiz zu Arnstadt gingen die Missetäter schnell ins Netz. In einem hochnotpeinlichen Verhör, dem auch die „Eheweiber" unterworfen wurden, ließ das Geständnis nicht lange auf sich warten. Das Gericht verurteilte die drei zum Tode durch Rädern, doch wurden sie – angesichts der gezeigten Reue – zum Tode durch das Schwert „begnadigt."

Einer der scheußlichsten Postwagenüberfälle ging nicht auf das Konto einer Bande, als vielmehr zu Lasten eines Einzelgängers: des Oranienburger Schlachtergesellen Johann Lenz. Mit bestialischer Grausamkeit ermordete dieser drei Menschen, um die Postkutsche Berlin–Stettin berauben zu können.

Lenz war mit dem Fahrer der Kutsche, dem Postillion Wenger, von Jugend auf bekannt. Am Abend des 13. Juni 1789 trottete Wenger neben seinem als „Beiwagen" eingesetzten Gespann einher, wobei ihm sein 17jähriger Bruder Gesellschaft leistete. Der für die Fracht verantwortliche Schirrmeister (Kondukteur) Harnack tat indessen, wie er im Oranienburger Posthof lautstark verkündet hatte: er schlief inmitten der Ladung von 6800 Talern in barem Geld.

Einer seiner Zuhörer im Posthof war der Schlachtergeselle Lenz gewesen. Als Johann Lenz sich zwischen Havelhausen und Birkenwerder den beiden Brüdern anschloß, plagte diese kein Argwohn. Was dann geschah, hat Lenz später in vielen Versionen erzählt, bis er endgültig zu Protokoll gab:

„Ich habe mich zu den beiden gesellt und mich mit ihnen in ein Gespräch eingelassen. Von dem Jüngsten habe ich erfahren, daß soundso viel Fässer Geld auf dem Wagen wären. Während des Gesprächs faßte ich den Entschluß, mich des Geldes zu bemächtigen auf welche Weise es immer sei. Ich glaubte, dies um so eher ausführen zu können, weil der Schirrmeister ausgestreckt auf dem Wagen lag und recht fest schlief." Lenz fuhr dann fort: „Als wir bei dem Wirtshaus an der Havelhauser Brücke vorbeifuhren, nahm ich einen Feldstein, welcher am Torweg lag, zu mir in die Tasche und begleitete die beiden Wenger durch die Heide hindurch bis bald am Ausgang derselben. Hier suchte ich den jüngsten Wenger, der sich Feuer anschlug, in einiger Entfernung vom Wagen zu halten, und als derselbe etwa 50 Schritt voraus war, gab ich ihm mit dem Feldstein einen solchen Schlag auf den Kopf, daß er gleich mit dem Stein in den Graben stürzte. Ich sprang ihm nach

und versetzte ihm mit eben dem Stein noch einen Schlag, so daß er keinen Laut von sich gab, und sich auch nicht einmal bewegte.
Nun ging ich dem Wagen nach und fand den älteren Wegner noch nebenhergehen. Ich sprach verschiedenes mit ihm, und als er mich fragte, wo denn sein Bruder bliebe, antwortete ich, der würde schon nachkommen. Dies war am Ende der Heide und hier gab ich dem Postillon mit eben dem Feldstein einen Schlag an die linke Seite des Kopfes beim Ohr, wovon derselbe, ebenfalls ohne einen Laut hören zu lassen, zu Boden fiel. Hierauf ging ich auf den Wagen, gab dem schlafenden Schirrmeister mit eben dem Feldsteine zwei Schläge an den Kopf und versetzte ihm einige Stiche mit dem Messer in den Leib und in die Brust. Dann sprang ich hinten vom Wagen herunter, lenkte die Pferde links um in den Lehnitzschen Weg, ließ sie allein in diesem Wege fortgehen, ging wieder zu dem Postillon zurück, verübte an ihm (weil er noch zappelte) Schnitte und Stiche, welche ich nicht alle einzeln angeben kann, zog den Postillon abwärts ins Korn, lief dem Wagen im Lehnitzschen Wege wieder nach, zog den Schirrmeister herunter und warf ihn in die Heide.
Nach vollbrachter Tat fuhr ich mit dem Wagen links in den Schleifweg nach Borgsdorf und über Pinnow in die Heide. Hier verscharrte ich das Geld mit eigener Hand und ohne alle Hilfe. Die drei ganz gebliebenen Fässer nahm ich vom Wagen herunter und wälzte sie immer vor mir her bis an das Loch, wo sie aufgefunden wurden. Die übrigen 5 Fässer zertrat ich auf dem Wagen, teils ganz, teils stieß ich mit dem Fuß den Boden aus. Die Beutel verscharrte ich an verschiedenen Stellen bis auf 50 Thaler ungefähr, die ich aus dem einen Beutel nahm und zu mir steckte."
Auf der Suche nach dem oder den Tätern, bei dem zahlreiches Militär mithalf, war Lenz sehr schnell in Verdacht geraten. So entsann sich ein Postillion, daß Lenz in der Vergangenheit einmal auffälliges Interesse an Fracht und Ziel seiner Kutsche bekundete. In der Tatnacht war Lenz gleich mehreren Personen durch sein verdächtig schreckhaftes Benehmen aufgefallen und schließlich sagte eine Wirtin aus, Lenz habe am Tag nach dem Mord eine Geldkatze mit 30 Talern besessen. Noch am Vortag war Lenz drei Groschen schuldig geblieben, für die er seine Pfeife verpfändete. Als der Verdächtige festgenommen werden sollte, war er verschwunden und blieb es zwei Monate. Dann erkannte ihn ein Soldat vom Regiment Lichnowsky und fing ihn mit dem blanken Säbel ein.

Das Gericht kam, nachdem Lenz des „begangenen Post- und Straßen-Raubs und dreyfachen Mords" überführt und geständig war, zu folgendem Urteilsspruch:

„Auf die, vom General-Postamt eingesandten Untersuchungs-Akten wider den Schlächterknecht Johann Christian Lenz,
Erkennen
Wir FRIEDRICH WILHELM von GOTTES Gnaden
König von Preußen
für Recht:
daß Inquisit, wenn er zum Sterben wohl bereitet, auf einer mit einer Kuhhaut bedeckten Schinderkarre, rückwärts gegen das Pferd sitzend, zum Richtplatz zu schaffen, und mit dem Rade von unten auf vom Leben zum Tode zu bringen, der Körper aber aufs Rad zu flechten. Die Kosten der Untersuchung sind dem General-Post-Amt aufzulegen."

Das Rädern gehörte zu einer der grausamsten Todesstrafen. Der Täter wurde auf der Erde an Pflöcke gebunden. Dann wurden ihm mit einem schweren Rade die Knochen zerstoßen. Darauf wurde der Tote oder Sterbende auf das Rad geflochten und festgebunden in der Weise, daß die zerbrochenen Glieder einmal über und einmal unter den Speichen zu liegen kamen. Das Rad wurde auf einen Pfahl gesteckt und aufgerichtet. Wenn der Gerichtete am dritten Tag noch lebte, durfte ihm Hilfe gebracht werden. Da der Tod langsamer eintrat, wenn erst die unteren Extremitäten gebrochen wurden, galt Rädern „von unten auf" als eine Strafverschärfung gegenüber dem Rädern „von oben herab", wo der erste Stoß auf die Brust geführt wurde. Die grausame Strafe des Räderns galt in Preußen noch bis 1851. Allerdings war es seit vielen Jahrzehnten zur Gewohnheit geworden, vor jeder Hinrichtung dem Strafrichter eine Kabinettsorder einzuhändigen, die ihm befahl, den Delinquenten vor Beginn des Räderns heimlich, unsichtbar für die Zuschauermenge, zu erdrosseln.
Lenz wurde am 19. Januar 1790 von der Berliner Hausvogtei aus zum Richtplatz vor dem Oranienburger Tor geschafft, wo eine „unzählige Menge" Neugieriger der Hinrichtung beiwohnte.
Vom geraubten Geld blieben 1866 Taler verschwunden. Sie wurden, nach Ansicht der Polizei, in der Pinnow'schen Heide nur nicht gefunden.
Von ganz anderem Schlag als ein Johann Lenz war der Posträuber Carl Grossjean, seines Zeichens Spezialist im unbefugten Öffnen von

Geldtruhen. Wie gegen Sachen mied Grossjean jede Gewalt gegen Personen. In den 14 Jahren, die er unentdeckt blieb, bildete er sich zum Meisterdieb aus, der zum Schrecken der Fahrposten wurde. Carl Grossjean, alias Grandisson, alias Grandis, alias Walter, alias Schloßbrück, alias Griesbach, alias Groß, alias Rose – um nur einige Namen zu nennen, unter denen er reiste, wurde beim Stehlen nie in flagranti erwischt. Wie seine Frau später aussagte, nahm sich der „Gentlemanverbrecher" auf den Postwagen nur das Geld der Reichen und rechtfertigte sich selbst, „daß es nur die großen Herren trifft, diesen schadet es nichts, die machen es nicht besser."

Als junges Paar waren die Grossjeans bei einem schlesischen General in Diensten gestanden. Sie mußten die „Herrschaft" nach einer peinlichen, unaufgeklärten Diebstahlsgeschichte, bei der es „um mehrere tausend Thaler" ging, verlassen und zogen nach Berlin. Hier begann Grossjean, vermutlich mit diesem Geld, ein „neues Leben." Er ging auf Reisen. Als es die „Geschäfte" verlangten, schlug der gelernte Friseur mit Frau und den mittlerweile geborenen Kindern seinen Wohnsitz in Hamburg, danach in Kopenhagen, Petersburg, Straßburg, Dijon, Nancy, Bayreuth und schließlich in Heidelberg auf. Grandisson, wie sich Grossjean mit Vorliebe nannte, zeigte sich allerorten als vornehmer, wohlhabender und grundsolider Kaufmann mit einer bildhübschen Frau als Lebensgefährtin. Selbstverständlich, daß im Haus Grandisson nur Gäste „gehobener Bildung" verkehrten. Der dänische Reeder, für den die Heidelberger Grossjean hielten, fuhr eine Kutsche mit Silberbeschlägen und silbernen Wagenlaternen, für die er, wie sich später herausstellte, gestohlenes Besteck hatte einschmelzen lassen. Mit beispielloser Frechheit machte der reisende Gauner „sperriges" Diebesgut zu Geld. So veranstaltete er in Rastatt eine regelrechte Versteigerung, um Porzellan, Silberwaren, Weißzeug und vieles andere loszuwerden, was ihm auf seinen „Geschäftsreisen in Zahlung gegeben" worden war.

Einem Apotheker drehte Grossjean pfundweise teure Gewürze wie Muskat, Nelken und Pfeffer, aber auch Tee, Kaffee, Kognak und sogar Essig „aus dem Restposten einer Konkursmasse" an.

Nachdem sich bei der Verwaltung der taxisschen Posten in Frankfurt die Diebstahlsanzeigen häuften, wuchs allmählich der Verdacht, daß hinter vielen Delikten ein und derselbe Täter stecken müsse. Jenen Mann, der immer wieder in den Beschreibungen der Reisenden wie des Postpersonals auftauchte, erkannte ein taxisscher Kondukteur in

249 *Der Postwagenräuber Carl Grandisson*

Heidelberg. Als Grossjean verhaftet werden sollte, war er schon wieder auf „Geschäftsreisen". Seine Frau schützte Unwissenheit vor. Grossjean wurde ein Schreiben seiner Frau, das ihn warnen sollte, zum Verhängnis. Die Polizei spürte ihn in Berlin auf. Bei der Festnahme machte Grossjean einen Fluchtversuch. Ein Rasiermesser, das er verbergen wollte, wurde ihm abgenommen. Dennoch lag der Häftling am nächsten Morgen tot in der Zelle. Er hatte sich, wie die Akten verlauten „mit seinem Taschentuch und außerordentlicher Willensstärke" am Türpfosten erdrosselt und damit sein mutmaßliches Ende als „Postwagenräuber" vorweggenommen.

Der Freitod des Beschuldigten erschwerte es der Polizei nicht, dessen Identität mit dem gesuchten Dieb zu beweisen.

Frau Grossjean wurde vom Gericht der Mitwisserschaft angeklagt. Sie mußte in Bruchsal zwei Jahre Zuchthaus verbüßen und wurde anschließend der Großherzoglich Badischen Lande verwiesen.

Um die minderjährige Tochter der Grossjeans nahm sich die Stadt Heidelberg an. Dem Sohn Eduard bewilligte die taxissche Postverwaltung eine Freifahrt auf der Postkutsche nach Berlin, wo „ein hochherziger deutscher Prinz die Sorge für den Unterhalt und die Erziehung des talentvollen Jünglings übernahm".

Wenn bei der Post Geld und Gegenstände von Wert verschwanden, steckten nicht immer nur Außenstehende dahinter. Auch mancher Postler zeigte sich dem Anblick voller Geldtruhen nicht gewachsen und geriet durch sie auf die schiefe Bahn.

Tagesgespräch war 1842 der Fall des Hauptkassiers bei der Generaldirektion der königl. bayr. Posten in München, Leopold von Germersheim, durch dessen Hände die baren Einnahmen sämtlicher bayerischen Postkutschenlinien gingen. Germersheim war 1835 als „rechtlich gesinnt, wohltätig und gemütlich" für die Stelle qualifiziert worden, wobei niemand ahnte, daß ihn der Spielteufel plagte. Um seiner Leidenschaft zu frönen, trug er in sieben Jahren 115028 Gulden postalisches Geld – das Hundertfache seines Jahreseinkommens – zum Lotterieeinnehmer, in der steten Hoffnung auf den großen Gewinn. Der niemals eintraf. Anno 1842 wußte der Hauptkassier, daß es bei einer Revision nichts mehr zu verbergen gab. Als diese dann wirklich kam, nahm er aus der Postkasse geschwind noch einmal 100 Gulden, klagte über Unwohlsein, ging heim und verschwand.

Während die Post den ungetreuen Beamten mit Hilfe der bayerischen Botschaften in ganz Europa suchen ließ, saß dieser in Altötting, flehte,

wie man annehmen darf, in der Gnadenkapelle um ein Wunder und verspielte auch noch den letzten Kreuzer. Danach schrieb Germersheim ein Geständnis von 18 Seiten, kehrte nach München zurück und stellte sich der Polizei.
Leopold von Germersheim erkannte das Gericht den Adel ab und verurteilte ihn zu sechsjähriger Festungshaft. Zu Gunsten des Angeklagten war erheblich gewertet worden, „daß die veruntreuten Beträge aller Wahrscheinlichkeit nach beinahe ganz wieder in die Staatskasse geflossen sind."